I0796242

Sean fuertes en el Señor
y en su gran poder.

Efesios 6:10 NTV

INTRODUCCIÓN

Tenemos la increíble e importante oportunidad de guiar a las generaciones más jóvenes a través de aguas turbulentas, modelar la integridad en las relaciones y proporcionar el fundamento para la toma de decisiones sabias. Hay momentos en que podríamos sentir que tenemos todo resuelto; en otras ocasiones puede que nos sintamos indignos de nuestras grandes responsabilidades.

Mi tiempo con Dios para hombres está diseñado para ayudarte a meditar en la escritura, leer devociones que te instan a reflexionar y comunicarte con Dios a través de la oración. Esto te desafiará, equipará y animará para labrar la tierra que está frente a ti.

El tiempo que pasas con Dios te brinda la autoridad para ser un hombre de carácter, fortaleza y liderazgo. Que las palabras escritas aquí marquen tu vida y te animen a ser el hombre que Dios te ha llamado a ser.

ENERO

Dios es nuestro refugio y nuestra fuerza; siempre está dispuesto a ayudar en tiempos de dificultad.

Salmos 46:1 NTV

PRIORIDADES

¡Toda la gloria sea a Dios nuestro Padre por siempre y para siempre!

FILIPENSES 4:20 NTV

Nosotros, los hombres, luchamos por vencer la tentación de la necesidad de aprobación, afirmación o adoración de parte de quienes nos rodean. Queremos recibir amor y respeto de nuestros familiares, reconocimiento de nuestros compañeros de trabajo, y una buena relación dentro de nuestra comunidad. Nos esforzamos por estas recompensas condicionales y sociales. Algo que falta en nosotros anhela aceptación, y, por eso, volteamos nuestra atención a los elogios o galardones con los que el mundo tan seductoramente nos ofrece.

Quizá no recibimos la aprobación que necesitábamos de parte de nuestros padres. O tal vez, sabemos que internamente somos más frágiles que las altas expectativas que nos hemos puesto encima. Podría ser que nos tienta ser el foco de atención. Sea cual sea la razón, si no somos proactivos, nuestras prioridades pueden llegar a estar equivocadas. Podemos estar engañados al pensar "si tan solo los demás me levantaran". Se ha dicho que el fin principal del hombre es llevarle gloria a Dios. La pregunta sincera que todo hombre necesita enfrentar es esta: "Con toda sinceridad, ¿a quién quiero ver glorificado en mi vida hoy?".

Dios, en cualquier momento en que sea persuadido a buscar mi propia postura en tu pedestal, recuérdame quién eres y cuáles deben ser mis prioridades.

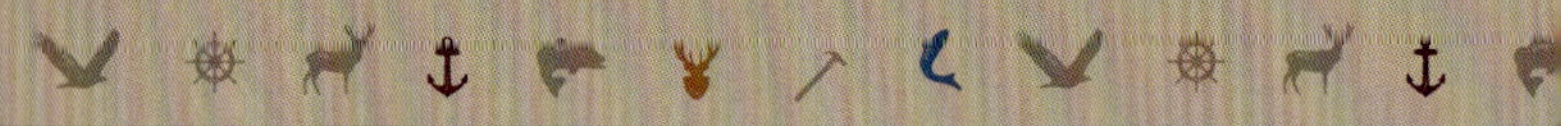

BENDICIÓN

Que la gracia del Señor Jesucristo sea con el espíritu de cada uno de ustedes.

FILIPENSES 4:23 NTV

Al final de la carta a sus amigos en la ciudad de Filipo, Pablo dio una bendición: "Que la gracia del Señor Jesucristo esté con el espíritu de cada uno de ustedes". ¿Hay alguien en tu familia o dentro de tu grupo de amigos que necesite recibir una bendición como esta de tu parte? Como hombre, estás en una situación privilegiada y única para hablar a la vida de quienes necesitan tu amor. Tienes la increíble oportunidad, por medio de tus palabras, para bendecir o para animar a los que te rodean.

Dios quiere que tú extiendas su bendición sobre los demás. Así que, hoy, recibe la gracia que Él tiene para ti a través de Jesús y, luego, comparte intencionalmente la gracia con tus seres queridos. Jesús te ama, ha dado su vida por ti, y te ofrece una relación constante. Ahora, haz lo mismo por los demás en su poder lleno de gracia.

Dios, si me dieras gracia más que suficiente, para que pueda bendecir a los que me rodean. En el nombre de Jesús.

CAMBIAR VIDAS

Esa misma Buena Noticia que llegó a ustedes ahora corre por todo el mundo. Da fruto en todas partes mediante el cambio de vida que produce, así como les cambió la vida a ustedes desde el día que oyeron y entendieron por primera vez la verdad de la maravillosa gracia de Dios.

COLOSENSES 1:6 NTV

La buena nueva de Jesús es que nuestros pecados están perdonados y nuestra relación con Dios se restaura a través de su obra salvadora en la cruz. Cuando se planta, esta semilla crece y da fruto por generaciones.

Como hombre, tienes un extraordinario llamado doble. Primero, estás llamado a abrazar la buena nueva donde quiera que estés, haciendo que la gracia y la verdad de Jesús sea el componente central de tu vida. Segundo, estás llamado a compartir esta buena nueva con aquellos que se crucen en tu camino. Siembra las semillas del evangelio de Jesús en sus vidas. Ayúdales a cultivar su fe para que florezca. Y observa con gozo mientras la buena nueva de Jesús se esparce a través de ellos. Sabes que Jesús ha impactado tu vida cuando Él te guía para impactar a los demás. Se ha dicho que tu fe en Dios no es verdaderamente tuya. Más bien, tu fe en Dios es para darla a los demás.

Dios, no permitas que esconda mi fe. Continúa cambiando mi vida por medio de tu Espíritu y facúltame para ser audaz en la manera en que llevo a cabo mi compromiso contigo.

TRABAJA MUY DURO

Por lo tanto, hablamos a otros de Cristo, advertimos a todos y enseñamos a todos con toda la sabiduría que Dios nos ha dado. Queremos presentarlos a Dios perfectos en su relación con Cristo. Es por eso que trabajo y lucho con tanto empeño, apoyado en el gran poder de Cristo que actúa dentro de mí.

Colosenses 1:28-29 NTV

Si te llamaran a una reunión con Dios, y si fuera especialmente tu responsabilidad para presentarle a Él a las personas que te rodean ¿qué dirías? ¿Cómo se los describirías a Dios? ¿Cuáles serían los aspectos importantes que querrías que Dios supiera mientras se los presentabas? Si tuvieras toda una vida para preparar esta reunión, ¿cómo usarías tu tiempo? ¿A qué le dedicarías tu tiempo cada día? ¿Qué clase de hábitos o características tuyas esperarías contagiarles a ellos?

Pablo invertía incansablemente las cualidades de su propia vida en los demás. Su deseo era presentarle a Dios a las personas, siendo perfectas a través de Cristo. Él buscaba la sabiduría de Dios en la práctica de su propia fe para que pudiera saber cómo enseñar y representar a Dios ante aquellos que eran importantes para él. Trabajaba muy duro, no para su propio beneficio, sino para que los demás pudieran descubrir y adoptar el perdón y la abundancia que viene de conocer a Jesús.

Dios, que el trabajo de mi corazón y de mis manos hoy sea determinante, fuerte y valiente a favor de aquellos que me rodean.

SIGUE VIVIENDO

De la manera que recibieron a Cristo Jesús como Señor, ahora deben seguir sus pasos.

COLOSENSES 2:6 NTV

Solo porque en algún punto de tu vida te comprometiste a Jesús, eso no significa que tu fe debe permanecer estática. Ser un discípulo significa ser un aprendiz. En otras palabras, un discípulo de Jesús es un aprendiz de Jesús.

Por lo tanto, continúa siguiendo a Jesús. De hecho, sigue sus pasos más atentos hoy que ayer. Aprende sus pensamientos, aprende sus acciones y aprende su voluntad. Busca las decisiones que Él tiene para ti, busca su consejo y clama por su sabiduría. Acude a su sanidad, camina donde Él permanece milagrosamente y métete en los líos en que tan voluntariamente se involucra. Abrázalo muy fuerte hoy como lo hiciste en algún momento de tu pasado. Si Jesús ha de ser tu Señor, que lo sea en todas las formas prácticas ahora.

Dios, dame la resolución para continuar encomendándome confiadamente a tu guía, tus pasos y tu presencia en mi vida. Quiero seguirte hoy otra vez de la misma manera en que lo hice ayer y como lo haré mañana.

QUE NO TE ATRAPEN

No permitan que nadie los atrape con filosofías huecas y disparates elocuentes, que nacen del pensamiento humano y de los poderes espirituales de este mundo y no de Cristo.

COLOSENSES 2:8 NTV

En Génesis 3, Satanás capturó a Adán y a Eva en el Huerto del Edén. Él los cazó, los tentó y los atrapó. Ellos creyeron sus tonterías astutas y altisonantes. En Mateo 4, Satanás volvió a probar sus argumentos seductores, esta vez para hacer tropezar a Jesús en el desierto. Cada declaración y pregunta que Satanás lanzaba era como una curva al receptor en un partido de béisbol. Si Jesús hubiera mordido el anzuelo, las consecuencias habrían sido explosivas. Sin embargo, Él mantuvo el curso. Jesús no le permitió al diablo que lo capturara con una de sus falsedades. De hecho, Él eliminó libremente las filosofías vacías de Satanás siendo incluso más astuto que la serpiente.

¿Cómo Él resistió mientras que Adán y Eva fracasaron? ¿Cuál fue el arma de Jesús? Era el misil balístico e inflexible de la verdad. Permanecer alerta y en el curso correcto no es solo por tu bien. Los argumentos que crees y las conclusiones que aceptas impactan las generaciones que vienen después de ti. Lo más probable es que tus hijos van a imitar tus pensamientos. Tus nietos reflejarán probablemente las creencias de sus abuelos. Si tú te pierdes, lo más probable es que ellos también.

Dios, en cuando a mí y a mi familia, te serviremos a ti. Entonces, ayúdame a permanecer fiel por el bien de los que me rodean.

NATURALEZA NUEVA

Vístanse con la nueva naturaleza y se renovarán a medida que aprendan a conocer a su Creador y se parezcan más a él.

COLOSENSES 3:10 NTV

En Génesis 1, Dios simplemente habló, y las estrellas nacieron. Él dijo: "Que haya…" y hubo. En el principio, Cristo era el Verbo (mencionado en Juan 1) quién declaró a las tinieblas que habría luz.

Jesús ha hablado en tu vida hoy. Él te declara libre de pecado. Proclama el año del favor del Señor, liberación para los que son capturados, y vista para los que la han perdido. Él habla de una vocación nueva para nuestros días. Te llama a acercarte a Él, y te llama a cambiar el mundo. Sus palabras te invitan a acercarte y te facultan para mover montañas. Te pide que hables con su voz, su autoridad, sus mandamientos y su creatividad. Renuévate hoy. Vístete de la naturaleza nueva que te dio Jesús, el creador del mundo.

Dios, por tu Palabra, crea en mí un corazón limpio y renueva un espíritu recto dentro de mí. Permíteme refrescarme en mi alma hoy. Acércame a ti y ayúdame a compartir esta vida nueva con quienes me rodean.

CONTENTAMIENTO

Sé lo que es vivir en la pobreza y lo que es vivir en la abundancia. He aprendido a vivir en todas y cada una de las circunstancias, tanto a quedar saciado como a pasar hambre, a tener de sobra como a sufrir escasez.

FILIPENSES 4:12 NVI

Muchas veces pensamos en el contentamiento como la satisfacción de todas nuestras necesidades. Si así fuera, estar conforme solamente sería posible cuando todo fuera perfecto. Dios nos da el poder y la paz para estar bien incluso cuando todo lo que nos rodea no lo está.

Nuestra toma de decisiones y liderazgo es mejor cuando aprendemos a estar conformes sin importar el resultado. Dios nos recuerda frecuentemente que la verdadera paz y el contentamiento provienen de nuestra relación con Él y no de las circunstancias de nuestra vida.

Dios, por favor, dame tu perspectiva sobre mi vida. Ayúdame a estar conforme, aun cuando haya cosas que desearía poder cambiar. Guárdame de actuar por temor o preocupación a cerca de las cosas que no son como yo desearía que fueran. Ayúdame a confiar en que, sin importar lo que suceda, tú eres suficiente.

TESTIGOS

Por tanto, puesto que tenemos en derredor nuestro tan gran nube de testigos, despojémonos también de todo peso y del pecado que tan fácilmente nos envuelve, y corramos con paciencia la carrera que tenemos por delante.

HEBREOS 12:1 NBLA

Muchas veces nos comportamos mejor cuando alguien nos está observando. Luchamos más fuerte, nos esforzamos más y soportamos por más tiempo cuando sabemos que los demás están prestando atención. Cuando olvidamos que nos están viendo, se vuelve más fácil sucumbir a nuestras dificultades. Podemos bajar la guardia y terminar enredados en cosas que no querríamos que vieran los demás.

Todos los días, la gente que nos rodea es como una nube. Ellos están atentos incluso cuando nosotros podríamos pensar que no se dan cuenta. A través de ellos, Dios nos anima para que hagamos el esfuerzo de liberarnos de las cosas que podrían estorbar nuestra relación con ellos y con Él. Nuestros corazones lucharán por los demás más ferozmente que cuando luchamos por nosotros mismos.

Señor, deseo ser un buen ejemplo para las personas que me rodean. Por favor, mantén en mi mente la verdad de que ellos aprenden de mis acciones. Ayúdame a confiar en que ellos están animándome, y en que mis triunfos son los triunfos de ellos. Creo que por ellos vale la pena cualquier lucha, así que, por favor, úsalos para inspirarme a continuar esforzándome.

INSPIRADA POR DIOS

Toda la Escritura es inspirada por Dios y útil para enseñar, para reprender, para corregir y para instruir en la justicia, a fin de que el siervo de Dios esté enteramente capacitado para toda buena obra.

2 Timoteo 3:16-17 NVI

Hay un peso misterioso en las palabras de la Escritura. Es fácil vivir con un mero entendimiento de la vida que Dios desea que vivamos cuando obtenemos una idea general de algún versículo. Cuando renunciamos a las palabras específicas de la Biblia, nos alejamos del impacto de esa palabra en nuestra vida.

Aunque aquellos que nos rodean podrían responder con incredulidad, vale la pena citar versículos relevantes en momentos significativos. Cuando lo hacemos, la vida que Dios ha inspirado en esas palabras ayudará a que cobren vida en el corazón del oyente. Toda la Biblia está disponible para dar justamente la sabiduría precisa y de manera correcta.

Dios, quiero conocer tu Palabra para poder aplicarla cuando surjan oportunidades. Ayúdame a recordar los versículos que he leído en el momento en sean útiles para mi vida o las vidas de quienes me rodean. Anímame a aferrarme a tus promesas específicas y no solo a mis paráfrasis. Por favor, agudiza mi mente espiritual.

OBEDIENCIA

"Ve y reúne a todos los judíos que están en Susa y hagan ayuno por mí. No coman ni beban durante tres días, ni de noche ni de día; mis doncellas y yo haremos lo mismo. Entonces, aunque es contra la ley, entraré a ver al rey. Si tengo que morir, moriré".

ESTER 4:16 NTV

Dios raramente nos pide que produzcamos un resultado específico. Lo que nos pide más frecuentemente es sencillamente obediencia. No siempre sabemos cual podría ser el resultado, o incluso cuál sería la voluntad de Dios en un momento específico. De lo que podemos estar seguros es que Él desea nuestra devoción y compromiso sin importar las consecuencias.

Ester no estaba segura del resultado de su acción, pero sí estaba segura de que era lo que ella debía hacer. El resultado podría ser la muerte, pero su única preocupación era la obediencia. Podemos perder las oportunidades para servir a Dios cuando nos concentramos en el resultado. El deseo de Dios es hacernos crecer a través de una experiencia y que nosotros confiemos en Él con lo que sea que pase. La vida con Dios no se trata de resultados; se trata de obediencia.

Dios, gracias por invitarme a ser parte de lo que estás haciendo en el mundo. Confieso de muchas veces me preocupo por lo que podría suceder en vez de confiar en que tu obrarás a través de cualquier situación. Recuérdame que te complaces cuando yo te obedezco, y que tú quieres hacerte cargo de lo demás.

HACER EL BIEN

En cuanto al resto de ustedes, amados hermanos, nunca se cansen de hacer el bien.

2 TESALONICENSES 3:13 NTV

Vale la pena continuar haciendo lo correcto y bueno. Podrías no recibir agradecimiento y tener dificultades, pero siempre vale la pena. Podrías sentir que no importa o que nadie se da cuenta de cuán duro trabajas para vivir como Dios dice. Quizás te sientas engañado porque, a pesar de tus esfuerzos, las cosas simplemente no están funcionando.

Continúa. No te canses ahora. Es posible que no vayas a ver los resultados de tu devoción, pero nada de lo que le des a Dios queda sin fruto. Relájate y continúa hacia adelante. Cada decisión que tomas para hacer lo bueno le da a Dios un instrumento más en su caja de herramientas, y Él está trabajando para construir algo hermoso en tu vida. Continúa. Vale la pena.

Dios, fortaléceme para seguir viviendo como tú me pides que viva. Dame la resistencia para tomar decisiones que te complazcan, incluso cuando esté cansado. Te ruego que restaures mi energía y ayúdame a seguir avanzando hacia la vida que quieres que tenga. Gracias por estar conmigo y por ayudarme a llevar una vida haciendo el bien.

AÑADIR PALABRAS

Toda palabra de Dios es purificada; Dios es escudo a los que en él buscan refugio. No añadas nada a sus palabras, no sea que te reprenda y te exponga como a un mentiroso.

PROVERBIOS 30:5-6 NVI

Cuando creemos que la Biblia está de nuestro lado, debemos tener mucho cuidado en la manera en que comunicamos su verdad. Es bueno entender lo que la Biblia dice sobre alguna situación, y estudiar lo que Dios dice nos ayuda a mantener nuestra integridad.

Sin embargo, debemos tener cuidado de no exagerar lo que dice la Escritura solo porque pensamos estar en lo correcto. Deja que la Escritura hable por sí misma. No es nuestro deber hacer que quien escucha esté de acuerdo. Podemos sencillamente compartir lo que dice la Biblia y confiar en que Dios regará y desarrollará su verdad para sus propósitos. Dios se deleita en nuestra justicia, pero también anhela la justicia de los demás.

Señor, ayúdame a decir solamente tu verdad cuando esté ayudando a otros a ver tu luz. Por favor, ayúdame a evitar inyectar mis propias opiniones en la obra que tú estás tratando de hacer. Quiero compartir gustosamente tu Palabra con los demás, y confiar que ésta hable por sí misma. Gracias por ayudarme a ser un vocero de tu verdad, y no de mi propia verdad.

SEÑALAR

"Ustedes estudian las Escrituras a fondo porque piensan que ellas les dan vida eterna. ¡Pero las Escrituras me señalan a mí! Sin embargo, ustedes se niegan a venir a mí para recibir esa vida".

JUAN 5:39-40 NTV

Hablarle a Jesús puede ser intimidante. Muchas veces tememos de lo que Él podría decir, o preguntar, o que ya lo sabe. Este temor nos llevará a seguir practicando la disciplina espiritual "segura" de solo leer la Biblia. Secretamente, esperamos que las oraciones apresuradas y los versículos memorizados no interrumpan mucho nuestras vidas.

Sin embargo, Jesús quiere interrumpir nuestras vidas. Él quiere sacudir nuestra rutina y reemplazar las partes que no tienen la vida vibrante que deseamos en el fondo de nuestra alma. La Escritura es buena precisamente porque nos ruega que nos conectemos íntimamente con nuestro Salvador. No huyamos del llamado de la Escritura por muy aterrador que sea. Si le permites llevarte hacia Jesús, encontrarás que lo que buscas en cada versículo.

Dios, creo que quieres llevar una vida satisfactoria a cada parte de mi ser. Confieso que a veces dudo para llegar a ti por temor a lo que podrías decir. Por favor, recuérdame que no estás interesado en avergonzarme ni en juzgarme y que tu deseo principal es que yo experimente la vida que creaste para mí.

INFINITAMENTE MÁS

Toda la gloria sea para Dios, quien puede lograr mucho más de lo que pudiéramos pedir o incluso imaginar mediante su gran poder, que actúa en nosotros.

EFESIOS 3:20 NTV

Dios se deleita en sorprendernos. Como un padre construyendo una casa increíble en un árbol para su hijo o un esposo revelándole unas vacaciones de ensueño a su esposa, Dios se goza en hacer cosas para nosotros que superan nuestras expectativas. Él quiere que nos quedemos viéndolo maravillados y dándonos cuenta de que Él es mucho más impresionante del crédito que podemos darle.

Muchas veces, nuestros sueños no son lo suficientemente grandes. Nos conformamos con la respuesta a una oración que nos ayuda simplemente a sobrevivir. ¡Nuestro Padre celestial quiere mucho más que solo eso! Nos convencemos a nosotros mismos de que no somos dignos de su tiempo; sin embargo, Él dice: "quiero que tu vida sea abundante, y yo lo voy a hacer a través de ti". El poder de Dios se demuestra más hermosamente en su capacitad para exceder nuestras expectativas por medio de obrar a través de nosotros.

Dios, tú eres mucho mejor de lo que yo puedo imaginar. Sé que incluso la más grande de mis peticiones parece pequeña en comparación a lo que tú quieres lograr a través de mí. Ayúdame a recordar que estás obrando en mi vida para crear algo mejor de lo que yo jamás habría podido crear con mis propias fuerzas.

MÁS GRANDE

Le pido [a Dios] que, por medio del Espíritu y con el poder que procede de sus gloriosas riquezas, los fortalezca a ustedes en lo íntimo de su ser, para que por fe Cristo habite en sus corazones. Y pido que, arraigados y cimentados en amor, puedan comprender, junto con todos los creyentes, cuán ancho y largo, alto y profundo es el amor de Cristo.

EFESIOS 3:16-18 NVI [NOTA ACLARATORIA]

Dios es tan grande que solamente Él puede mostrarnos cuán grande es. Nuestro entendimiento de Dios empieza con ese entendimiento súbito donde su poder se vuelve realidad para nosotros. Ese primer sabor hace que tengamos hambre de más, y nos esforzamos para aprender todo lo que podamos acerca de Dios. A medida que crece nuestro entendimiento de Dios, así es su estatura y poder en nuestra mente.

Sin embargo, con el tiempo nos damos cuenta de que Dios excede nuestra capacidad de entender. Para algunos, esto atrofia su crecimiento ya que se niegan a seguir al Espíritu Santo hacia lo "desconocido". Sin embargo, para los creyentes, lo "desconocido" es una invitación para percibir a Dios de una manera que no podemos explicar. El poder de Dios, obrando en nosotros, mueve los límites que hemos levantado alrededor de nuestro creador. Dios está activamente trabajando para ayudarte a tener una satisfacción aún más profunda en tu relación con Él.

Dios, gracias porque nunca podré entender en esta vida cuán maravilloso verdaderamente eres. Gracias por que cada día es una oportunidad para sorprenderme de tu carácter. Es mi oración que le permitas a mi corazón y a mi alma continuar donde mi mente quiere detenerse, y que yo pueda sentir la conexión profunda que tú deseas tener conmigo.

MISERICORDIA POR MEDIO DE MENTORÍA

Padres, no hagan enojar a sus hijos, sino críenlos según la disciplina e instrucción del Señor.

EFESIOS 6:4 NVI

Para la mayoría de las personas, el primer entendimiento de Dios está directamente conectado a la manera en que conocieron a su padre terrenal. Los padres son modelos del Señor, independientemente de si intentan o no serlo. Un hijo con un padre estricto generalmente supondrá primero que Dios es sentencioso. Un hijo con un padre ausente frecuentemente percibirá primero a Dios como indiferente. Los padres le dan forma a los lentes a través de los cuales los niños ven primero a su Salvador.

A través de Jesús, Dios fijó su ejemplo de misericordia por medio de la mentoría. Es fácil expresar un enojo reactivo cuando estamos molestos, pero el Espíritu Santo trabaja para dirigir esta energía del enojo y convertirla en oportunidades de crecimiento y aprendizaje. Cuando hacemos eso, pintamos una imagen de Dios más precisa para los que nos rodean.

Dios, quiero que los demás te conozcan. Por favor, ayúdame a conducirme de manera que tú te veas bien. Es mi oración que yo pueda elegir oportunidades para crecer por encima de los estallidos de cólera. Ayúdame a ver la mejor manera, tu manera, para responder a mis frustraciones.

NADA DE NADA

Yo soy la vid y ustedes son las ramas.
El que permanece en mí, como yo en él, dará mucho fruto;
separados de mí no pueden ustedes hacer nada.

JUAN 15:5 NVI

Muchas veces, tratamos a Dios como un turbo potenciador para la vida. En su mayor parte, hacemos lo que nos toca, trabajamos duro para lograr nuestros objetivos y nos esforzamos cada día. Sin embargo, a veces, cuando las cosas se ponen muy difíciles, nos rendimos finalmente y oramos pidiendo que Dios nos ayude acerca de un obstáculo particularmente difícil en la vida.

Si el versículo de arriba estuviera escrito con referencia a cuántos de nosotros vivimos, diría "separados de mí, pueden hacer la mayoría de las cosas". Claro está que Jesús sabía lo que decía. Su punto estaba claro: no deberíamos guardar nuestra confianza en Él como una especie de potenciador. Estamos diseñados para tener una conexión constante con Cristo. Funcionamos mejor, realmente nada más funcionamos, cuando decidimos conectarnos con Dios en todo momento, no solo en los difíciles.

Dios, gracias por ser mi fuente de fortaleza cada día. Te pido que yo acuda a ti instintivamente en cada situación en vez de apoyarme en ti solo cuando sienta que he agotado todas las otras opciones. Gracias por tu interés incluso en las cosas que parecen pequeñas o insignificantes. Se que la vida se disfruta mejor cuando tú estás allí en todo momento.

AGOTADO

Hasta los jóvenes se debilitan y se cansan, y los hombres jóvenes caen exhaustos. En cambio, los que confían en el SEÑOR encontrarán nuevas fuerzas; volarán alto, como con alas de águila. Correrán y no se cansarán; caminarán y no desmayarán.

ISAÍAS 40:30-31 NTV

Cuando te sientas exhausto, eso debe servir como un recordatorio para conectarte con Dios. Cuando tratamos de hacer las cosas con nuestras propias fuerzas, muchas veces nos encontramos agotados antes de que la tarea se haya cumplido. Sin embargo, cuando confiamos en que Dios está obrando y que nosotros simplemente lo asistimos a Él, encontramos un suministro profundo de energía para continuar haciendo su voluntad.

La próxima vez que estés exhausto, haz una pausa y habla con Dios. Él podría animarte a seguir adelante, podría insistir en que dejes de preocuparte y que descanses, o podría redargüirte de botar el peso adicional de un pecado en tu vida. Sin importar cómo responda, Él promete ayudarte para que sigas delante de una manera en que antes podrías haber considerado imposible.

Señor, gracias por darme fortaleza y energía cuando siento que se me acaba. Ayúdame a continuar sintiendo tu bondad, incluso cuando estoy agotado. Te ruego que pueda darme cuenta de la diferencia que marca el creer en ti cada día y que yo sienta la vitalidad de vivir para ti.

CONSUELO

Aun cuando yo pase por el valle más oscuro, no temeré, porque tú estás a mi lado. Tu vara y tu cayado me protegen y me confortan.

SALMOS 23:4 NTV

El presidente Teodoro Roosevelt dijo sabiamente: "Habla en voz baja y lleva un gran garrote". A veces nos enfocamos demasiado en la imagen de Dios como el pastor amable y consolador olvidando que una de las responsabilidades principales de un pastor es defender, para lo cual está preparado.

Es en los lugares más oscuros y aterradores donde estamos muy conscientes de cualquier fuente de seguridad. A medida que nuestra reacción de enfrentar o huir se activa, prestamos atención a cualquier cosa que ofrezca protección. Quizá esta es la razón por la que, a veces, Dios nos lleva a través de periodos oscuros de la vida; así nos recuerda de la seguridad que hallamos en Él. Tu Padre celestial tiene toda intención de protegerte con su poder, y ese hecho debería brindarte una paz profunda cuando estás asustado.

Dios, gracias por protegerme. Me consuela grandemente saber que estás conmigo y que eres poderoso. Gracias por guiarme a través de cosas que son intimidantes, y por prometer que me ayudarás a pelear cuando llegue el momento.

MAGNIFICENCIA

Honren al Señor por la gloria de su nombre; adoren al Señor en la magnificencia de su santidad. La voz del Señor resuena sobre la superficie del mar; el Dios de gloria truena; el Señor truena sobre el poderoso mar. La voz del Señor es potente; la voz del Señor es majestuosa.

Salmos 29:2-4 NTV

La adoración a Dios es la única reacción natural a su poder. Cuando nos hallamos en épocas donde la adoración se dificulta, podríamos pensar que se debe a que no nos sentimos cerca de Él. La intimidad es muchas veces el resultado de la adoración, y la adoración es el resultado de enfocarnos en el poder y la bondad de Dios.

El poder de Dios es la fuente de lo bueno que percibimos en Él. En momentos de dificultad, nos apoyamos en su fuerza para protegernos. En momentos de gozo, celebramos su poder obrando en nosotros. En todas las situaciones, nos beneficiamos de poner nuestro enfoque en la magnificencia de Dios. Al hacerlo, abrimos el camino para una sensación más profunda de intimidad y conexión con nuestro Creador.

Dios, tú eres poderoso. Ayúdame a enfocarme en tus características para que pueda ver mi propia vida con una mejor perspectiva. Quiero adorarte sin importar mis circunstancias. Cada día, tu poder es lo más útil para mí.

IMITAR

Por tanto, los exhorto a que sean imitadores de mí.

1 Corintios 4:16 RVA-2015

Tú eres un cristiano, no solo porque alguien te habló de Jesús, sino porque también demostró lo que significa llevar una vida cristocéntrica. Quien te lo mostró también está siguiendo el ejemplo que le presentó alguien más que, a su vez, imitó a otra persona. Para cada cristiano, existe una línea ininterrumpida de imitadores, la cual se remonta a Jesús mismo.

Tu deber, entonces, es vivir de tal manera que la cadena continúe. ¿Es una invitación a vivir como tú, y también, una invitación para vivir como Jesús? Tu imitación, para quienes te rodean, se vuelve una invitación a una vida satisfactoria.

Señor, ayúdame a vivir como nos enseñaste a hacerlo. Quiero que mi vida sea un ejemplo que lo que significa ser tu seguidor. Te ruego que me des la fortaleza para ser un ejemplo para mis amigos y mi familia de lo que significa llevar una vida devota a ti.

PLENITUD

Que conozcan ese amor que sobrepasa nuestro conocimiento, para que sean llenos de la plenitud de Dios.

Efesios 3:19 NVI

El amor de Cristo brinda planitud de vida. Fue su amor por la humanidad lo que lo empujó a sacrificar tanto por nosotros. Es a través de ese mismo amor que estamos invitados a una vida plena y satisfactoria. El amor de Cristo es la pieza que falta en el rompecabezas de todos los que todavía no son sus seguidores.

La promesa del amor de Cristo es lo que nos ha completado. Nuestras vidas son transformadas, y podemos vivir con más poder y propósito de lo que pudiéramos hacer solos. A través de ese poder podemos ayudar a que los demás puedan recibir el mismo amor sorprendente, e invitarlos a entrar en la plenitud de vida que Dios tiene para nosotros.

Dios, por favor, continúa derramando tu amor en mí. Ayúdame a sentir tu amor de manera que llene mi vida.

EJEMPLOS JÓVENES

No permitas que nadie menosprecie tu juventud, sino sé ejemplo de los creyentes en palabra, conducta, amor, fe y pureza.
1 TIMOTEO 4:12 NBLA

Es nuestro deber enseñar a los creyentes jóvenes, y debemos estar diariamente en busca de maneras para explicar o modelar algo que deseamos que ellos aprendan. Quizá nos sentimos como un grifo de conocimiento, derramando lo que sabemos en las vasijas jóvenes. Hay una satisfacción profunda en ver cómo se lleva a cabo en la vida de los demás lo que hemos enseñado.

Podemos fácilmente verlo como una calle de solo una dirección, pero mientras Dios nos usa para enseñar a los demás, Él también se revela a sí mismo a nosotros a través de ellos. Algunos rasgos del Señor se demuestran mejor a través de la inocencia y pureza de la juventud. Si estamos muy atentos, veremos la naturaleza de Dios en los cristianos jóvenes. Cuando los veas, celébralos y anímalos. Hazles saber que Dios los está usando a ellos en este momento, en su juventud, para enseñar a los demás acerca de Él.

Dios, por favor, dame ojos para ver lo que los creyentes jóvenes pueden enseñarme acerca de ti. Ayúdame a experimentar lo que ellos saben de ti y que yo todavía tengo que aprender. Y, Señor, por favor, recuérdame agradecerles cada vez que ellos me recuerden quién eres.

LLAMAR A FILAS

Además, escogerás de entre todo el pueblo hombres capaces, temerosos de Dios, hombres veraces que aborrezcan las ganancias deshonestas, y los pondrás sobre el pueblo como jefes de mil, de cien, de cincuenta y de diez.

Éxodo 18:21 NBLA

Cuando Dios está trabajando, recluta a hombres con un corazón apuntando hacia Él. Dios está menos preocupado en cuando a la habilidad y la experiencia, y más interesado con la motivación y el amor. Los hombres que viven intencionalmente para Jesús son los que más probablemente serán llamados a la acción fiel.

Es en la vida cotidiana donde las personas demuestran estar listas para el liderazgo. Un hombre que espera sus órdenes de marcha para iniciar el acondicionamiento se encontrará tristemente poco preparado. En cambio, los seguidores de Jesús más útiles son aquellos que ponen en práctica sus enseñanzas cada día. Nunca es infructuoso seguir diariamente a Jesús con devoción.

Dios, quiero ser el tipo de hombre al que puedas llamar a filas cuando estás trabajando a mi alrededor. También quiero ser la clase de hombre que los demás puedan buscar en sus momentos de necesidad. Por favor, usa mis experiencias diarias para fortalecerme y crecer hasta ser alguien que pueda servirte bien.

SEGURIDAD EN LOS NÚMEROS

Donde no hay buen consejo, el pueblo cae, pero en la abundancia de consejeros está la victoria.

PROVERBIOS 11:14 NBLA

Hay verdad en el antiguo dicho: "se requiere una aldea para criar a un niño". Los padres pueden fácilmente caer en la trampa de creer que solo ellos deben proveer la protección y la instrucción para sus hijos. Sin embargo, vivir de esta manera les quita a los niños la experiencia de la riqueza de muchas voces.

Estamos llamados a ser tanto exigentes como generosos en la orientación de los niños. Debemos reconocer a los niños que Dios ha puesto en nuestras vidas y ser parte de su pueblo. Entonces, sentamos un ejemplo para la comunidad cristiana y ayudamos a los padres para proporcionar una variedad de influencia positiva para sus hijos. Estamos llamados a ser una bendición tanto para nuestros amigos como para sus hijos.

Dios, gracias por la oportunidad de ser una voz positiva que habla a la vida de los niños. Te ruego que bendigas a las familias que yo pueda influenciar con mis palabras y acciones. A través de tu Espíritu, por favor, úsame para respaldar las cosas que estás enseñando a través de sus padres.

ADVERTENCIA Y PACIENCIA

Hermanos, también rogamos que amonesten a los holgazanes, estimulen a los desanimados, ayuden a los débiles y sean pacientes con todos.

1 Tesalonicenses 5:14 NVI

La corrección y la paciencia deben ir de la mano. La corrección sin paciencia es enojo. La paciencia sin corrección es evasión. Ser un líder devoto requiere ambas cosas en igual equilibrio.

La Biblia nos insta a seguir el ejemplo de Dios cuando animan a los demás a llevar una vida recta. Debemos señalar las expectativas de Dios y resaltar claramente cuando no se están cumpliendo. Esto provee una oportunidad para hacer lo correcto. Sin embargo, todo el proceso se derrumba si no se hace con motivación, fuerza y paciencia. Esos son los tres ingredientes principales de la dirección devota.

Dios, cuando llegue el momento en que deba animar a los demás a llevar una vida como tú dices que se debe vivir, por favor, ayúdame a corregirlos en la manera que tú lo indicas. Dame la fuerza y la paciencia para motivar verdaderamente un cambio en sus vidas y continúa cambiándome a mí también en el proceso.

CUÉNTALES

Que cada generación cuente a sus hijos de tus poderosos actos y que proclame tu poder.

SALMOS 145:4 NTV

Sabemos que una experiencia nos ha cambiado profundamente cuando empezamos a contárselo a los demás. Hay un poder grande en los testimonios, y las más poderosas de las historias son aquellas que hablan de lo que Dios ha hecho en nuestra vida. A lo largo de tu vida, Dios ha obrado para tu transformación, bendición y sabiduría. Eres un experto en la manera en que Dios ha obrado en tu vida.

Sin duda, cada uno de nosotros tiene una historia favorita. Nos conectamos a las historias de manera increíble, y la ruta más rápida al corazón de las personas es a través de una historia. Tú eres un experto en tu historia, y compartir las maneras en que Dios ha obrado en tu vida, no solo es tu responsabilidad, sino también, una de las maneras más efectivas para explicar cómo obra Dios en nosotros. Esto ayuda a que las historias más famosas de la Biblia se sientan más vivas cuando sabes que el mismo Dios está obrando, justo en este momento, en alguien que tú amas. Cuéntale a la gente lo que ha hecho el Señor, y lo que está haciendo, en tu vida.

Dios, por favor, ayúdame a ser auténtico al hablar con los demás sobre la manera en que tú obras. Quiero que ellos sepan de ti al escuchar sobre la obra que estás haciendo en mí. Recuérdame que mi historia es poderosa y que tú me has dado experiencias precisamente para que yo pueda compartirlas con los demás.

TODO LO QUE HAGAS

*Anima a los hombres jóvenes a vivir sabiamente.
Y sé tú mismo un ejemplo para ellos al hacer todo tipo
de buenas acciones. Que todo lo que hagas refleje
la integridad y la seriedad de tu enseñanza.*

TITO 2:6-7 NTV

La única manera de demostrar que realmente queremos decir lo que decimos es vivirlo. Nuestras acciones son nuestra forma principal de enseñar; nuestras propias vidas son la ayuda visual máxima para cualquier lección de vida que tratemos de comunicar. Si queremos que las personas escuchen nuestro consejo, debemos vivirlo claramente para que puedan verlo.

Sin embargo, si queremos que ellos escuchen tu consejo, debemos también decirlo. La mejor manera de instruir es el golpe doble de la enseñanza y el modelado. Debemos vivir correctamente y luego explicar la razón por la que hemos elegido vivir de esa manera. Las personas que te rodean aprenderán de tu vida, sin importar lo que te enseñe.

Dios, por favor, ayúdame a ser consistente en lo que enseño a quienes me rodean. Dame la fuerza y la sabiduría para que mi vida sirva como una lección maravillosa por lo que significa ser un hombre de Dios.

DESCANSO

Es inútil que te esfuerces tanto, desde temprano en la mañana hasta tarde en la noche, y te preocupes por conseguir alimento; porque Dios da descanso a sus amados.

SALMOS 127:2 NTV

La falta de descanso generalmente es el resultado de la falta de confianza en Dios. Hay muchas cosas valiosas que podríamos hacer en cualquier hora del día, y el peligro llega cuando se nos olvida que descansar es una de ellas. Fuimos creados para el descanso; en hecho, el primer día completo que el Creado y el hombre pasaron tiempo juntos fue un día de descanso.

Sabemos que Dios no aprueba la pereza, pero muchas veces olvidamos que también nunca descansar es pecado. Ninguna cantidad de trabajo suplirá jamás el sueño profundo y el descanso que Dios ofrece. Él nos llama a descansar para que podamos recordar que dependemos de Él. Cuando lo hacemos, estamos más propensos a depender de Él también en los días ocupados. Toma hoy un momento para descansar.

Señor, sé que necesito descanso. Dame la valentía para hacer tiempo para descansar por medio de retrasar o rechazar las cosas que debo hacer. Por favor, provee la paz de que todo estará bien si tomo tiempo y obedezco tu mandato de descansar. Te ruego que eso me ayude a confiar aún más en que tú estás conmigo.

CONOCE TU REBAÑO

Asegúrate de saber cómo está tu ganado;
cuida mucho de tus rebaños.
PROVERBIOS 27:23 NVI

No es suficiente sencillamente buscar problemas en la vida de nuestros amigos y familiares. Somos llamados a mantener nuestro dedo sobre el pulso de su corazón y su alma. Podemos fácilmente perder ese pulso en el ritmo normal de nuestras relaciones diarias, pero como hombres debemos dar una atención especial a nuestro rebaño: la gente que está bajo nuestro cuidado.

Lo hermoso es que cuando llegan los problemas, nosotros estamos más preparados para ellos. De hecho, es muy probable que los captemos antes si ya sabemos la condición de la vida espiritual de la otra persona. Somos llamados a estar observando diligentemente sobre los altibajos en la vida de las personas que más nos importan.

Dios, por favor, dame la capacidad para percibir cómo están espiritualmente mis amigos y familiares. Ayúdame a permanecer consistente en mi atención a sus vidas y, por favor, resalta las cosas que quieres que vea.

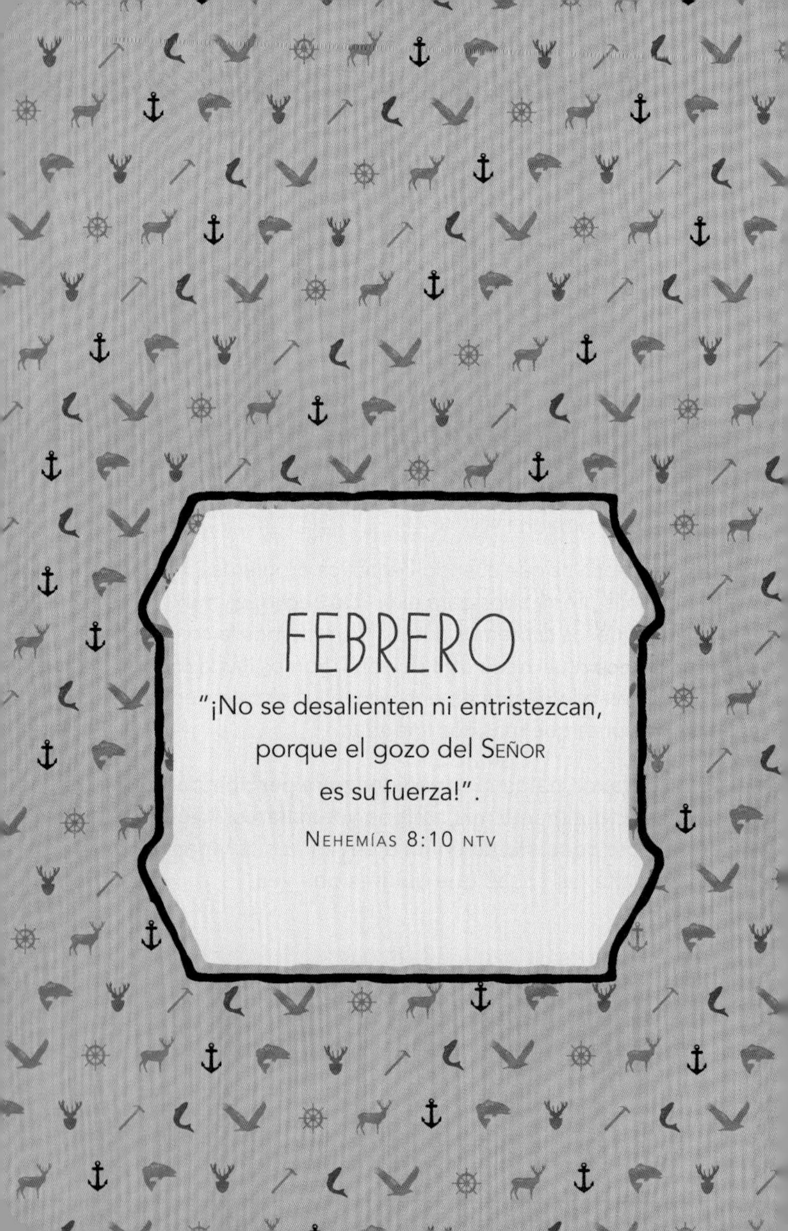

FEBRERO

"¡No se desalienten ni entristezcan,
porque el gozo del Señor
es su fuerza!".

Nehemías 8:10 NTV

ACTÚA CON JUSTICIA

Él te ha declarado, oh hombre, lo que es bueno.
¿Y qué es lo que demanda el Señor de ti, sino solo
practicar la justicia, amar la misericordia,
y andar humildemente con tu Dios?
Miqueas 6:8 NBLA

Dios nos ha mostrado lo que es bueno. No simplemente a través de su ley, aunque la ley es buena; no solo por medio de lidiar con aquellos que rechazan esas leyes; no solamente por medio de mantener su Palabra. Dios nos muestra lo que es bueno a través de su Hijo, Jesús. Jesús fue la representación física de la justicia. Él trajo sanidad. Él echó fuera demonios. Trajo esperanza. Corrigió los errores. Finalmente, Él pago el castigo de nuestro pecado en un acto máximo de justicia.

Actuamos con justicia cuando nos comportamos como Él lo hizo. Podemos llevar sanidad, echar fuera demonios, llevar esperanza y corregir los errores que nos rodean, primero en nuestros hogares y luego, en nuestras iglesias, comunidades y en el mundo. Actuar con justicia es recordar que amamos a los demás porque Jesús nos amó primero. La justicia de Dios no solo es definitiva, también es fundamentalmente completa. Es absolutamente esperanzadora y llena de esperanza. Que sea nuestra intención que cuando actuemos con justicia con quienes nos rodean, también estemos llena de esperanza.

Señor, tú me has mostrado lo que es bueno, en tu Palabra y en tus acciones. La historia está llena libertad y salvación. También lo está de ataduras y situaciones aparentemente sin esperanza. Enséñame a actuar con justicia en un mundo que lo necesita desesperadamente.

MISERICORDIA

¡El fiel amor del Señor nunca se acaba!
Sus misericordias jamás terminan. Grande es su fidelidad;
sus misericordias son nuevas cada mañana.
Lamentaciones 3:22-23 NTV

"¡Misericordia!". Tal vez lo gritaste cuando un hermano mayor o un tío te torció el brazo por la espalda o que aplicó la cantidad de presión justa en el lugar equivocado. "Misericordia" es lo que decimos cuando nos damos por vencidos, cuando necesitamos ser libertados de algo o de alguien. La misericordia también es lo que necesitamos de un Dios justo debido a nuestra desobediencia a Él. Misericordia es lo que Dios nos ofrece. Nos la da porque sin ella, somos un pueblo pobre y digno de lástima. No tenemos esperanza, estamos perdidos.

Así como nos encantaba cuando ese tío nos soltaba, nos encanta recibir la misericordia de Dios cuando sabemos que estamos atrapadas en un problema enredado de la vida. Pero aquí "amar la misericordia" nos es amar la misericordia recibida, sino la misericordia otorgada. Esto es bueno. Esto es lo que se requiere: amar el otorgar misericordia a quienes no lo merecen; así como reconocer la misericordia inmerecida que Dios nos da. Esta semana, sopesa la misericordia cundo lo que se merece es el castigo. Después de todo, esto está el corazón de Dios.

Dios, me encanta recibir tu misericordia porque sé exactamente cuánto la necesito. Ayúdame a otorgar esa misma misericordia a quienes lo necesitan.

CAMINA CON HUMILDAD

Cuando viene la soberbia, viene también la deshonra;
pero la sabiduría está con los humildes.
PROVERBIOS 11:2 NBLA

Me encanta salir a caminar, ya sea dar un paseo tranquilo o caminar con el propósito de llegar a donde debo estar. Para serte sincero, prefiero ir solo; pero tengo la intención de invitar a otras personas para que me acompañen. Caminar con la gente requiere humildad. Alguien va a querer caminar más rápido o más lento que otro. Alguien querrá ir a ver algo que el otro no quiere ver. Alguien preferiría ir más lejos. Quizá quieran detenerse en medio de la carretera y no seguir. En cualquiera de estas situaciones, a alguien se le exigirá humildad.

Caminar con Dios es igual. Sus caminos no son los nuestros. Él es el líder, el que marca el paso. A donde vaya, nosotros lo seguimos. Nuestra humildad está en seguirlo, paso a paso, caminando con Él. Dios guía con amor. Caminar humildemente con Él e invitar a otros para que nos acompañen, porque no estamos destinados a emprender este viaje solos.

Dios, quiero caminar contigo. Confío en que sabes dónde estamos, a dónde vamos y cuándo llegaremos allí. Guíame con tu amor.

ABNEGACIÓN

El reino del cielo es como un tesoro escondido que un hombre descubrió en un campo. En medio de su entusiasmo, lo escondió nuevamente y vendió todas sus posesiones a fin de juntar el dinero suficiente para comprar el campo.

MATEO 13:44 NTV

Nosotros sacrificamos la mayoría de las cosas que más deseamos. Nos comprometemos a un préstamo a treinta años para ser propietarios de una casa, y hasta seis años por un vehículo. Trabajamos cuarenta, cincuenta e incluso sesenta horas a la semana (o más) para que nos den un ascenso en el trabajo. Con cada una de estas cosas viene con un costo.

Sin embargo, hay algo más grande que todo lo anterior: el reino de Dios. Jesús nos dice que el reino de Dios es tan valioso que sería como encontrar un tesoro escondido en un campo. Luego, vendemos todo lo que poseemos para comprar ese terreno y obtener el tesoro. ¿Cómo sería que nosotros buscáramos el reino de Dios con una intensidad así? ¿A qué tendríamos que renunciar para que eso fuera lo más importante?

Dios, quiero conocer la gloria de tu reino, y quiero que sea la búsqueda más grande de mi vida. Por favor, ayúdame a evaluar sinceramente mi sacrificio para ti.

LA LECCIÓN MÁS IMPORTANTE

Pues Dios amó tanto al mundo que dio a su único Hijo, para que todo el que crea en él no se pierda, sino que tenga vida eterna.

JUAN 3:16 NTV

Este texto es probablemente el más reconocible de la Biblia. Lo verás en la zona de anotación en la mayoría de los juegos de fútbol americano, y justo detrás del receptor o en la línea de fondo en un juego de beisbol. Estará justo detrás del tablero en un partido de basquetbol, y a lo largo de la pista en una carrera de automóviles. Lo llevarán en alto en un desfile de una ciudad tanto por iglesias como por personas. ¿Por qué?

Porque en él encontramos la lección más importante que existe: Dios nos amó tanto que envió a su Hijo, Jesús, a morir en lugar nuestro. Este es el mensaje del evangelio en una frase sencilla. De todas las cosas que aprendemos en la vida, este mensaje es el más importante. Una manera excelente de recordar el impacto de este pasaje de las Escrituras es leer el versículo reemplazando "el mundo" y "todos" con nuestros nombres, y luego, con los nombres de quienes te rodean. Haz esto con frecuencia, así todos conoceremos la lección más grande.

Padre, tú nos amaste tanto que enviaste a tu Hijo a pagar por nuestros pecados. Él tomó nuestro lugar, muriendo por nosotros para que pudiéramos tener vida eterna. Lo hiciste por cada uno de nosotros personalmente. Enséñame a estar agradecido por ello y a compartirlo con los demás.

IDENTIDAD

Por tanto, ya no eres siervo, sino hijo; y si hijo, también heredero por medio de Dios.

GÁLATAS 4:7 NBLA

Este cambio de identidad no es insignificante. Pasar de ser esclavo a ser hijo es un cambio enorme. Se nos da el estatus correcto para caminar de la mano con nuestro Padre celestial. No lo seguimos por obligación, sino, más bien, caminamos a su lado mientras Él nos llama hijos.

La relación con Dios que recibimos a través de Cristo es una oportunidad maravillosa para sentarnos y tener una conversación íntima con Dios, abrazarnos y ver esa sonrisa que solo un padre puede darle a un hijo. Una sonrisa que comunica: "Ese hombre es mi hijo, lo amo y estoy orgulloso de él".

Gracias, Dios, por llamarme hijo. Gracias por tu sonrisa sobre mí y por decirme que te pertenezco. Cuando estoy desanimado, recuérdame que soy tu hijo y tengo todo lo que tú tienes para mí.

NO TE RETRACTES

Nunca me eché para atrás a la hora de decirles lo que necesitaban oír, ya fuera en público o en sus casas.

HECHOS 20:20 NTV

Mientras Pablo se preparaba para dejar a los ancianos de Éfeso, básicamente les dio su aviso de renuncia. Él les dijo que los amaba y que desde el primer día su deseo era que conocieran a Jesús y sus buenas nuevas. Habló de su arduo trabajo entre ellos, y la manera en que esto requería confrontarlos con la verdad. Confrontar a los demás es una de las cosas más difíciles que podemos hacer. Cuando la persona a quien nos enfrentaremos es miembro de nuestra familia, es aún más difícil. Sin embargo, la confrontación es parte de ser hombres. Es necesaria.

Cuando se trataba de decirle a las personas lo que necesitaban oír, Pablo no se retractó. Nosotros, como hombres, no debemos tener miedo a ser sinceros con la gente y hablarles la verdad para su vida. Lo que necesitan oír por encima de cualquier otro mensaje es la verdad del evangelio y las buenas nuevas de Jesucristo. Tenemos que confrontarlos por su pecado y dirigirlos a Jesús, ya que Él es el único que puede resolverlo. No debemos retractarnos.

Estoy agradecido por las personas que me rodean, quienes no se retractan al decirme la verdad que necesito escuchar. Ellos demuestran valentía al hacerlo. Por favor, dame esa misma valentía para no retractarme al decirle a los demás lo que necesitan oír.

HONRAR A LOS PADRES

Hijos, obedezcan a sus padres porque ustedes pertenecen al Señor, pues esto es lo correcto. "Honra a tu padre y a tu madre". Ese es el primer mandamiento que contiene una promesa: si honras a tu padre y a tu madre, "te irá bien y tendrás una larga vida en la tierra".

EFESIOS 6:1-3 NTV

Como hijos, estamos bajo la autoridad de nuestros padres y debemos obedecerlos. Sin embargo, en esa obediencia, quizá no los hemos honrado; esto lo determina nuestra actitud. Como adultos, aunque ya no estamos obligados a obedecer a nuestros padres, debemos honrarlos.

Piensa en lo que esto les demuestra a quienes rodean:

- Honramos a nuestros padres cuando les pedimos consejo, esto demuestra que los consideramos sabios.
- Honramos a nuestros padres cuando hablamos amablemente de ellos, esto demuestra respeto.
- Honramos a nuestros padres cuando pasamos tiempo con ellos, esto demuestra valor.
- Honramos a nuestros padres cuando aceptamos hacer una actividad que ellos prefieren, esto demuestra humildad.

En cada uno de estos, estamos mostrándoles a los demás cómo honramos a nuestros padres, y ellos aprenden por nuestro ejemplo.

Señor, mis padres me han enseñado mucho acerca de la vida. Aunque son imperfectos, ellos buscan amarme y cuidarme. Ayúdame a honrar sus esfuerzos por medio del respeto y la valoración a ellos, de manera que otros puedan verlo y reciban bendición.

ESPERANZA

Lo mismo sucede con mi palabra. La envío y siempre produce fruto; logrará todo lo que yo quiero, y prosperará en todos los lugares donde yo la envíe.

ISAÍAS 55:11 NTV

Como hombres devotos, buscamos maneras para enseñar y capacitar a otros en la fe. Ofrecemos llevarlos a la iglesia, a unirse a nuestro grupo pequeño o algo tan sencillo como compartir una comida para que ellos puedan hablar sobre sus luchas y dudas Oramos por ellos y con ellos. Aun así, a veces toman decisiones que los alejan de Jesús. Estamos abatidos, afligidos y frustrados. ¿Te suena familiar?

Sin embargo, Isaías 55:11 está lleno de esperanza. Este versículo nos enseña que la fidelidad de la Palabra de Dios es siempre fructífera. Sus palabras no son castillos en el aire, sino verdad. Son promesas. Son creíbles. Son acertadas, inspiradoras, fidedignas, plenas y completas; y hacen todo lo que Dios les envía a hacer.

Padre, deseo tanto que la gente conozca quién eres. Quiero que sepan y sientan tu poder y majestad. Quiero que conozcan tu paz y tus promesas. Quiero que acudan a ti con sus cargas y que las dejen a tus pies y que encuentren descanso. Quiero que sepan que el gozo de tu salvación es más grande que cualquier otra cosa que pudiera llevarles una felicidad pasajera aquí en la tierra. Quiero que te conozcan profunda e íntimamente. Quiero que escapen de las penas de su pecado y, a cambio, conozcan la libertad. Quiero cada una de estas cosas y aún más, porque son tu voluntad. Te alabo y agradezco tus palabras de esperanza.

VALENTÍA

Estén alerta, permanezcan firmes en la fe, pórtense varonilmente, sean fuertes. Todas sus cosas sean hechas con amor.

1 CORINTIOS 16:13-14 NBLA

Hoy hay una crisis de paternidad. La Agencia del Censo de Estados Unidos dice que 24 millones de niños (uno de cada tres) viven en hogares sin su padre. Pero los niños con papás involucrados en su vida son más exitosos, más seguros de sí mismos, más sociables y menos propensos a tener una lista de problemas en la adolescencia. Claramente, los papás juegan un papel importante en el éxito de los niños. Estas verdades no solo se aplican a los padres biológicos, sino también a los hombres que están dispuestos a ser padres espirituales.

Este versículo incluye cuatro descripciones de un hombre devoto. Está alerta, se mantiene firme en la fe, es fuerte en su valor y es amoroso. ¡Una lista desafiante! Esto describe a un hombre que está comprometido y consciente de lo que sucede en la vida de las personas. Este es un hombre que tiene el cuidado de transmitir su fe a través de sus palabras y también en la forma en que la modela a quienes lo rodean. Este es un hombre con propósito, no se rinde cuando surgen pruebas y conflictos. Todo esto se encarna en un amor audaz que lo hace estar dispuesto a poner a los demás en primer lugar y tratarlos con respeto. Se necesita valentía para ser un hombre devoto, y aún más para ser un "padre" piadoso. ¿Qué varones jóvenes ha puesto Dios en tu vida que necesitan desesperadamente un padre espiritual?

Dios, ser un padre espiritual es un privilegio maravilloso. Con tu ayuda, estoy listo para el desafío porque la gente me necesita. Ayúdame a ser un hombre que marca la diferencia.

ÁNIMO

Padres, no exasperen a sus hijos, para que no se desalienten.
COLOSENSES 3:21 NBLA

La verdad de este versículo se extiende mucho más allá de la relación que un padre tiene con su hijo. Ya que somos hombres de Dios, no debemos provocar a nadie, pero ¿qué quiso decir Pablo con "provocar"? Al principio de este capítulo, Pablo les dijo a los colosenses que "se despojaran" de las cosas que conducen a la muerte espiritual: el enojo, la ira, la malicia, la blasfemia y la mentira. Cada uno de estos comportamientos son provocadores por naturaleza. Cuando respondemos de esta manera a las personas en nuestras vidas, estamos obligados a desalentarlas.

Una vez hayamos soltado esas cosas que nos conducen al desaliento y a la muerte, debemos reemplazarlas. Lo hacemos cuando nos "vestimos" de lo siguiente: compasión, bondad, humildad, mansedumbre, longanimidad, paciencia, perdón y amor unos a otros. Debemos ser gobernados por la paz de Dios, que las palabras de Cristo vivan en nosotros, cantando canciones espirituales y haciendo todo en el nombre de Jesús. Cuando poseemos todo esto, sin provocar a otros, abrimos nuestro corazón para que vengan a nosotros y se relacionen con nosotros. Llegarán a confiar en nosotros y, a su vez, demostrarán este nuevo atuendo a quienes los rodean. ¡Seamos animadores!

Padre, ayúdame a evaluar la manera en que hablo con los que me rodean. Quiero darles ánimo. Dame oportunidades hoy para ser humilde, perdonador, pacificador y amable.

ALIMENTO SÓLIDO

Hace tanto que son creyentes que ya deberían estar enseñando a otros. En cambio, necesitan que alguien vuelva a enseñarles las cosas básicas de la palabra de Dios. Son como niños pequeños que necesitan leche y no pueden comer alimento sólido. Pues el que se alimenta de leche sigue siendo bebé y no sabe cómo hacer lo correcto. El alimento sólido es para los que son maduros, los que a fuerza de práctica están capacitados para distinguir entre lo bueno y lo malo.

HEBREOS 5:12-14 NTV

No hay nada como un trozo de carne bien cocido. Después de haberlo comido, nos sentimos llenos y satisfechos. A medida que crecemos y envejecemos, nuestros hábitos alimenticios cambian y nos adaptamos. Lo que nos hacía sentir llenos cuando teníamos un año de edad, apenas hace mella en nuestra hambre cuando tenemos siete. ¿Y cuando tengamos diecisiete años? Olvídalo. ¡Mantener ese apetito es casi imposible!

Lo mismo sucede con el alimento espiritual. Cuando éramos jóvenes, recibíamos leche espiritual, nos presentaron a personas como Adán y Eva, Noé, Moisés, Sansón, el rey David, Jesús, María y quizás los discípulos, así como las historias bíblicas básicas. Pero, a medida que crecíamos, comenzamos a profundizar en conceptos "más sustanciosos" como el pecado, la salvación y la Trinidad. Necesitábamos aprender la diferencia entre el bien y el mal, lo verdadero y lo falso. ¿De qué te has estado alimentando últimamente? ¿Todavía estás bebiendo biberones o tienes listo tu cuchillo para la carne?

Dios, ayúdame a ver qué tan "hambriento" estoy, y a ver qué más de ti es lo que necesito. No permitas que me conforme con poco alimento espiritual, sino permíteme tener un banquete en el alimento de tu Palabra para estar completamente satisfecho.

EL PEZ MÁS CERCANO

"Síganme y los convertiré en pescadores de hombres", les dijo Jesús.

MATEO 4:19 NBV

Se necesita mucho trabajo para atrapar peces. Necesitamos tener todo el equipo adecuado: una caña de pescar y un carrete, hilo, cebo y aparejos, y un permiso para pescar. Si no quieres pescar desde un muelle o desde la orilla, necesitarás una lancha. Luego, después de reunir todo este equipo, te enfrentarás a las decisiones más difíciles: ¿dónde pescar y cuándo ir? Muchas veces, tomamos estas decisiones al hablar con familiares y amigos o conectándonos a la Internet. Porque, ¿quién quiere ir a pescar y regresar con las manos vacías?

Cuando Jesús les habló a sus primeros discípulos, los invitó a ir a "pescar" con Él. Pero en lugar de irse a un lugar lejano, Jesús y los discípulos "pescaron hombres" por toda la región de Galilea. ¿Por qué? Porque esos «peces» estaban más cerca. Al final de su ministerio, Jesús les dijo a sus seguidores que salieran e hicieran discípulos, comenzando cerca de Jerusalén y luego extendiéndose hasta los confines de la tierra. Nosotros también tenemos peces cerca. Son las personas con las que interactuamos todos los días. Tenemos todo el equipo necesario, y debido a que tenemos una relación con estas personas, sabemos a quién pescar y cómo capturarlos. Estamos conectados con ellos, conocemos sus hábitos alimenticios, cuándo descansan y cuándo están activos. Vamos a pescarlos, hoy.

Dios, yo también puedo ser un pescador de hombres. Ayúdame a ver que me has dado todo lo que necesito para pescarlos para ti.

DISCIPLINA CON AMOR

Pues el Señor disciplina a los que ama
y castiga a todo el que recibe como hijo.
HEBREOS 12:6 NTV

"Esto me va a doler más a mí que a ti". De niño es posible que hayas escuchado esta frase. Los padres saben la verdad de esta afirmación porque, aunque la disciplina es parte de ser padre, no es algo de qué alegrarse. Ser corregido por padres no debe ser un castigo vengativo, sino una disciplina amorosa. La disciplina amorosa tiene un objetivo en mente: la restauración. Busca unir a las personas, corregir los errores, demostrar que la justicia es posible y apuntar hacia un momento en el que todo lo que haya será paz.

El mayor ejemplo de esto es el amor de Dios por nosotros. Él nos disciplina a través de las consecuencias de nuestras acciones y decisiones, y a través de las Escrituras y el Espíritu Santo nos redarguye. Él permite las consecuencias porque su deseo es que seamos restaurados para Él. Esta disciplina revela que no solo nos ama, sino que, además, le pertenecemos. Y esta pertenencia tuvo un gran costo: el sacrificio de su Hijo por nosotros. Realmente le dolió más a Él que a nosotros.

Padre, estoy agradecido por tu disciplina. Está diseñada para restaurar mi relación contigo y para que llegue a ser más como tu Hijo. A medida que recibo tu disciplina, ayúdame a guardar mi corazón y a responder por amor.

DISCIPLINA DIVINA

Al soportar esta disciplina divina, recuerden que Dios los trata como a sus propios hijos. ¿Acaso alguien oyó hablar de un hijo que nunca fue disciplinado por su padre?

HEBREOS 12:7 NTV

"¿Acaso alguien oyó hablar de un hijo que nunca fue disciplinado por su padre?". La pregunta que se hace en este versículo es retórica, independientemente de la respuesta. Por un lado, nuestra respuesta es: "Por supuesto que no he oído hablar de esto. La disciplina de los hijos es parte de la responsabilidad de los padres". Por el otro, decimos: "Sí, conocí a niños así cuando yo era más joven. Se descontrolaban y causaban todo tipo de problemas. Y tenemos algunos niños en nuestro vecindario cuyos padres nunca confrontaron su comportamiento".

Cuando Dios nos disciplina, está demostrándoles a todos que le pertenecemos. El hecho de que lo soportemos es la evidencia de que estamos en las manos de un Padre amoroso. Por naturaleza, un padre debe disciplinar a su hijo. Si no se le disciplina, el niño parece no pertenecerle a nadie.

Dios, tu estableciste el ejemplo de la disciplina. Tú me permites soportarlo, primero porque lo necesito, y segundo, porque demuestra que tú ciertamente eres un padre amoroso. Si me dejaras sin disciplina, eso dejaría mucho que decir acerca de tu carácter y del mío. Ayúdame a reconocer que tú me disciplinas porque te pertenezco.

ESTÁ ALERTA

Sean de espíritu sobrio, estén alerta. Su adversario, el diablo, anda al acecho como león rugiente, buscando a quien devorar.

1 Pedro 5:8 NBLA

La palabra sobrio en este versículo no tiene nada que ver con el alcohol o la embriaguez; aquí significa tener la mente clara, estar alerta. Estar vigilante significa mirar hacia afuera y hacia adentro en busca de algo, estar listo. Pero ¿listo para qué?

El adversario es nuestro enemigo, el diablo. A veces creemos que este adversario está acechando a hurtadillas, escondiéndose en los arbustos o acercándose sigilosamente a nosotros. Pero la imagen utilizada aquí, por el autor de Hebreos, es la de un león rugiente. Sabemos que va a venir. De hecho, se está anunciando a sí mismo. Lo escuchamos. La sobriedad y la vigilancia no se trata de esperarlo llegar, sino de estar preparados para su llegada. Dios trabaja con nosotros para que no solo conozcamos el rugido de este león, sino que también sepamos qué hacer cuando llegue. Él nos ha demostrado que estamos mejor preparados cuando estamos sobrios y vigilantes.

Señor, mi adversario viene. Sé que es él porque puedo oírlo. Él está rugiendo y quiere devorarme. Quiere devorar a mis amigos y a mi familia. Ayúdame a estar sobrio y a tener la mente clara. Ayúdame a estar vigilante y preparado. Ayúdame a enseñarles a los demás cómo permanecer fuertes contra él cuando llegue.

SOLO UNA GENERACIÓN

También toda aquella generación fue reunida a sus padres. Y se levantó otra generación después de ellos que no conocía al Señor, ni la obra que Él había hecho por Israel.

Jueces 2:10 NBLA

Muchas cosas pueden pasar en una generación. Unas naciones pueden surgir y otras pueden caer. Los recursos pueden aumentarse o perderse para siempre. Todo en solo una generación. A lo largo de Deuteronomio, vemos a Dios dándole muchas instrucciones a Moisés; hablaron de la adoración, de la construcción del tabernáculo y de muchas otras cosas. En muchos casos, estas instrucciones terminaban con Dios diciendo algo como: "Y cuando tus hijos te pregunten por qué haces esto, diles que yo te liberté de la esclavitud". La razón que se dio fue sencilla: evitar que la gente olvidara lo que Dios había hecho. Sin embargo, en solo una generación, el conocimiento del pasado había desaparecido. La gente todavía tenía que seguir los rituales, pero no sabía por qué.

Como hombres, es nuestro papel hablar acerca de las cosas maravillosas que Dios hace. Le damos gloria y alabanza a Él por sus hechos y sus obras. Hablamos acerca del "porqué" porque necesitamos recordatorios constantes acerca de Dios. Sigamos hablando acerca de lo que Dios ha hecho para que la nueva generación lo recuerde.

Padre, es muy fácil olvidar. Olvidar lo que has hecho, y olvidar pasar nuestra fe a la siguiente generación. Olvidamos quién eres, y olvidamos cómo nos has libertado de nuestro pecado. Ayúdanos a recordar diariamente tu amor y sacrificio por nosotros, y a compartir con los demás la esperanza y la promesa de liberación para ellos.

LAVAR LOS PIES

Así que se levantó de la mesa, se quitó el manto, se ató una toalla a la cintura y echó agua en un recipiente. Luego comenzó a lavarles los pies a los discípulos y a secárselos con la toalla que tenía en la cintura.

JUAN 13:4-5 NTV

Jesús fue un siervo y lo demostró con sus discípulos la noche antes de morir. Después de que entraron a la habitación donde comería su última comida, eligió ese momento para hacer la tarea más humilde que un sirviente puede hacer: lavar los pies. Jesús no hizo eso por falsa humildad o para recibir la alabanza. De hecho, uno de sus discípulos, Pedro, lo reprendió por eso.

Los hombres podemos ocupar muchos roles: amigo, compañero de trabajo, jefe, hijo, hermano, padre, tío, solo por nombrar algunos. Hay tantas personas en nuestras vidas a las que estamos llamados a servir y amar. Una de las maneras más fáciles de compartir el evangelio con ellos y enseñarles el carácter de Dios es servirles de la manera en que Jesús sirvió a los demás. Cada día, tenemos la oportunidad de lavar los pies de quienes nos rodean a través de actos de servicio desinteresados y, a veces, humillándonos. Podemos limpiar su desorden. Podemos mostrar misericordia y gracia. Podemos considerarlos más grandes que a nosotros mismos y pasar tiempo con ellos de maneras que los honran a ellos y no a nosotros. Sirve como Jesús lo haría.

Maestro, yo soy el siervo, tú eres mi Señor. Estoy aquí para servirte para que los demás te vean. Ayúdame a recordar que cuando sirvo honesta y humildemente a las personas que me rodean, yo solo a ti te exalto.

DISCERNIMIENTO

Para que así puedan distinguir entre lo puro y lo impuro.
LEVÍTICO 11:47 NVI

Empezando por Génesis 3, encontramos a la humanidad luchando por discernir la diferencia entre el bien y el mal, y es en esta lucha que encontramos a unas personas tomando decisiones que las separan de Dios y de los demás. Caín no le llevó a Dios una ofrenda justa. David no apartó la mirada de Betsabé. Y mientras su hijo Salomón pedía (y recibía) sabiduría de Dios, se descarrió. En el Nuevo Testamento, encontramos a Pedro negándose a comer con los creyentes gentiles.

Nosotros no somos la excepción. En Romanos 12, se nos dice que seamos transformados por la renovación de nuestras mentes. Estas mentes nuevas nos enseñan la diferencia entre el bien y el mal; y luego, el Espíritu Santo nos da la capacidad para elegir el bien por encima del mal. Al final, les transmitimos esto a los demás. Lo hacemos cuando les hablamos a las personas acerca de Dios, la vida en Cristo y el poder del Espíritu, y cuando las animamos a tomar decisiones correctas. Al orar por conocimiento y sabiduría, pedimos también por el deseo de hacer lo correcto.

Dios, tu Palabra es clara acerca de lo bueno y lo malo. Por medio de ella, muéstranos y enséñanos cómo es la obediencia, y dame la valentía para hacer lo que es bueno.

CONTACTO FÍSICO

El Señor dijo a Moisés: "Toma a Josué, hijo de Nun, en quien mora el Espíritu, pon tus manos sobre él. Delega en él parte de tu autoridad para que toda la comunidad israelita le obedezca".

Números 27:18, 20 nvi

El contacto físico afirma lo que se está comunicando verbalmente. Les decimos a quienes son importantes para nosotros: "te amo" y, muchas veces, después les damos un abrazo, un beso o una palmadita en la espalda. Cuando los padres disciplinan a sus hijos, pueden colocar su mano en el hombro para indicar su seriedad. El tacto puede dar una sensación de seguridad y protección.

En el libro de Números, Dios le dijo a Moisés que lleve a Josué frente al pueblo y que ponga su mano sobre Josué demostrando aprobación a medida que se traspasa el mando del anciano Moisés al joven Josué. En 1 Timoteo 4, Pablo le dice al joven Timoteo que Timoteo recibió sus dones cuando los ancianos le impusieron manos, y que viviera de acuerdo con esos dones. Como hombres, debemos reconocer la necesidad de la comunicación tanto verbal como física. Que Dios nos permita recordar el poder del contacto amoroso, amable, apropiado y frecuente.

Tú eres un Dios de contacto. Cuando creaste al hombre, literalmente tocaste el polvo de la tierra para formarlo. Tú soplaste vida en su nariz. Cuando tu Hijo, Jesús, estaba en la tierra, Él sanó a muchos por medio del contacto físico con ellos. Y tu Espíritu literalmente mora dentro de nosotros; somos tu templo. Ayúdame a valorar el contacto.

PLANES A LARGO PLAZO

Salmón el padre de Booz, Booz el padre de Obed,
Obed el padre de Isaí e Isaí fue el padre de David.
RUT 4:21-22 NBLA

Lo que empezó como la historia de una mujer en busca de alguien para que cuidara su nuera terminó veintiocho generaciones después con Jesucristo. Booz no tenía manera de saber esto cuando tomó a Rut como su esposa. Dios, sin embargo, sabía exactamente lo que estaba haciendo porque Él está interesado en los planes a largo plazo.

Los planes a largo plazo son el objetivo cuando Él fijó las reglas y las directrices acerca de la adoración. Él les dijo a los padres que les contaran a sus hijos el "porqué" cuando preguntaran sobre esas reglas y directrices. Los planes a largo plazo son la razón por la que Dios consideraba el carácter de aquellos a quienes Él escogía, y escoge, para guiar a su pueblo. Los planes a largo plazo son la razón por la que el mismo Gamaliel, quien intercedió por los apóstoles en Hechos 5:33, también fue el mentor de Saulo, a quien también le llamaban Pablo (Hechos 13:9). Los planes a largo plazo son la única razón por la que, incluso nosotros, conocemos los nombres de Rut y Booz. No tenemos idea alguna de lo que Dios hará con nosotros, nuestros hijos, nuestros nietos, y los que vienen atrás. Sin embargo, nosotros participamos en esos planes cuando somos obedientes ahora porque somos los que fijamos cada generación siguiente en una trayectoria de obediencia futura. Recuerda los planes a largo plazo de Dios.

Dios, tú eres todopoderoso en todo lugar, y lo sabes todo. Solo tú conoces lo que depara el futuro y el papel que yo y las generaciones futuras vamos a jugar. Ayúdame a decidir ser obediente a ti hoy.

PREPARACIÓN

Acuérdate de tu Creador en los días de tu juventud.

ECLESIASTÉS 12:1 NVI

La vida es un recorrido, y es un viaje que hacemos solo una vez. Cada uno de nosotros en su propio sendero. No podemos regresar el tiempo, sino que solamente podemos ir hacia adelante. Con esa permanencia irreversible en mente, ¡cuán importante es ser cuidadosos! Por eso, la Biblia nos instruye a recordar a nuestro Creador y buscar primeramente su reino.

En todas las carreras profesionales, existe un requisito de formación y preparación. Si quieres ser un abogado, es imperativo que estudies la Ley. Los futuros médicos estudian durante muchos años para prepararse para sus carreras. Imagina a un doctor diciendo: "Tengo la intención de practicar medicina, pero no tengo ganas de escuchar lo que otros han estudiado, ni de lo que investigaron de las enfermedades y sus remedios". No, ciertamente, no. ¡Qué tontos seríamos si no escucháramos la sabiduría de Dios! La Biblia rebosa de historias de aquellos que se nos han adelantado; y tenemos tanto que aprender y sabiduría para recoger todo lo que podamos de esos pasajes. Toma tiempo para leer y aprender los principios de Dios que tienen la intención de prepararnos para la vida diaria.

Padre, tú nos has dado sabiduría y verdades para ir tras ellas. Gracias por el regalo de tus palabras en nuestra Biblia. Crea en mí el deseo para obedecerte en todo.

BIEN HECHO

Su señor respondió: "¡Hiciste bien, siervo bueno y fiel! En lo poco has sido fiel; te pondré a cargo de mucho más. ¡Ven a compartir la felicidad de tu señor!".

MATEO 25:23 NVI

No hay mucho que uno pueda lograr en un solo día. En un día promedio, hay realmente veintitrés horas, cincuenta y seis minutos y cuatro segundos. En ese tiempo, se pueden hacer una serie de cosas:

- Dormir
- Comer
- Ir a trabajar
- Alabar a Dios
- Pasar tiempo con la familia

¿Cómo podemos hacer cada una de esas cosas con la intención y el propósito de glorificar a Dios y ser fieles a Él? Dios nos ha puesto "a cargo" de solo unas pocas cosas. La manera de unirnos a la felicidad de Dios es ser fieles en las pocas cosas que nos ha encomendado y aprovechar al máximo cada momento de cada día. Entonces, escucharemos: "Bien hecho".

Dios, hay muy poco y, a su vez, mucho tiempo todos los días. El tiempo pasa tan rápido que, al final del día, a veces me pregunto a dónde fue a parar todo. Cada día es un regalo, y cada momento una oportunidad para la fidelidad. Ayúdame a servirte diariamente.

PERMANECE FIRME

Manténganse en el amor de Dios, mientras esperan que nuestro Señor Jesucristo, en su misericordia, los lleve a vida eterna. Tengan compasión de los que dudan; a otros, sálvenlos arrebatándolos del fuego. Compadézcanse de los demás, pero tengan cuidado, aborrezcan hasta la ropa que haya sido contaminada por su cuerpo.

JUDAS 21-23 NVI

Esperar por cosas no es solamente una parte importante de la vida, hacerlo con paciencia es un rasgo de carácter de una persona que cree en Dios. Estamos en el espacio entre la resurrección y el retorno de Cristo, y a medida que esperamos, mostramos misericordia, salvamos a otros y odiamos el mal.

Las personas son diferentes, y cada una tendrá un temperamento y una personalidad distinta. Quizá trabajas con alguien que tiene ansiedad y está lleno de dudas; sé misericordioso, dale gracia y sé amable, siempre. Quizá uno de tus amigos está en grave peligro; actúa decidida y rápidamente, porque el tiempo es esencial. ¿Algún familiar necesita ser redargüido de pecado? Comparte con esa persona todo el carácter de Dios y háblale acerca del amor y la justicia. Dios es misericordioso con nosotros y ha puesto personas a nuestro alrededor a quienes podríamos amarlos bien. Conócelos a ellos y a sus necesidades.

Padre, hay veces que dudo y necesito misericordia. Hazme consciente de tu misericordia para que pueda ser misericordioso. Otras veces, ¡la situación es apremiante y necesito una salida inmediata! Ayúdame a ver esto en los demás. Sé que tengo pecados de los que debo ser redargüido, haz eso por mí. Ayúdame a arrepentirme de mi pecado y mostrarle a los demás cómo arrepentirse de los suyos.

¿CÓMO TE VISTES?

Dado que Dios los eligió para que sean su pueblo santo y amado por él, ustedes tienen que vestirse de tierna compasión, bondad, humildad, gentileza y paciencia.
COLOSENSES 3:12 NTV

¿Qué tipo de ropa debe usar un hombre? ¿Traje y corbata para una reunión importante? ¿Un uniforme para el trabajo? ¿Tal vez una camiseta raída y unos vaqueros para cambiar el aceite y cortar el césped? ¿O qué tal una ropa informal de sábado con el logotipo de su equipo favorito para el partido de fútbol americano de la universidad?

La mezcla de poliéster y algodón no es tan importante como lo que un hombre lleva en su corazón y en sus acciones. Para los hombres cristianos, esto es especialmente cierto, pues, nos guste o no, un seguidor de Cristo es un representante estratégico de Dios. Lo que dice y hace un cristiano tiene ramificaciones relevantes. Así que cuando nos "vestimos" de misericordia en medio de los problemas, o cuando elegimos la paciencia en lugar de levantar la voz en señal de frustración o cuando animamos constantemente a los que nos rodena, la gente se dará cuenta. "Si Dios es así", dirán, "entonces puedo confiar en Dios".

Dios, ayúdame a vestirme de tus cualidades y características hoy. Permíteme ser uno de tus representantes para aquellos que me rodean.

DEDICADOS A LA ORACIÓN

Dedíquense a la oración con una mente alerta y un corazón agradecido.

COLOSENSES 4:2 NTV

Deja todo lo que estás haciendo, aunque sea solo por unos minutos, y ora. Deja a un lado tus ansiedades, deja de lado tus cargas pesadas y ten una conversación con Dios. Toma un momento para orar por tu propia relación con Dios. ¿Qué ha hecho Él en tu vida que te haga sentir agradecido? ¿Dónde necesitas realinearte con su Espíritu? ¿Qué peticiones, qué necesidades pondrías en sus manos? Toma un momento para preguntarle a Dios cuáles son sus planes para ti. Dedícate a la oración.

Ahora, toma un momento para orar por los que te rodean. ¿Qué ha hecho Dios en ellos que hace que tú estés agradecido? ¿Dónde necesitan ellos realinear sus prioridades con el Espíritu Santo? ¿Qué peticiones y necesidades tienen ellos que tú podrías poner en las manos del Señor? Toma un momento para preguntarle a Dios qué es lo que ve cuando los mira a ellos. Dedícate a la oración.

Dios, recuérdame estar hablando constantemente contigo. No permitas que yo descuide venir a ti en oración. Permite que yo pueda convertirme en un hombre dedicado a la oración, no solo por mi propio bien, sino también por el beneficio de las personas que has colocado en mi vida.

CADA OPORTUNIDAD

Vivan sabiamente entre los que no creen en Cristo y aprovechen al máximo cada oportunidad. Que sus conversaciones sean cordiales y agradables, a fin de que ustedes tengan la respuesta adecuada para cada persona.

Colosenses 4:5-6 NTV

¿Quiénes son las personas que te rodean que necesitan a Dios? Respira profundo, cierra tus ojos y piensa en aquellos que están cerca de ti y que, por alguna razón u otra, no están siguiendo a Dios. ¿Hay alguien en tu familia? ¿Quizás uno de tus amigos, un trabajador, un vecino? Tener la respuesta adecuada para alguien no se trata realmente de saber cómo ganar un argumento. Se trata mucho más acerca de vivir de tal manera a través de las circunstancias de la vida para que los demás se den cuenta. Quieres que los demás vean una fuente de fortaleza y un recurso diario en ti. Quieres que piensen: "hay algo diferente en él, tiene la paz que necesito".

Cuando llegue ese momento, querrás estar preparado para compartir sobre la fuente de tu fortaleza y valentía. En los momentos cotidianos es donde tu vida tiene mayor impacto. La forma en que los demás te ven en las rutinas, los accidentes, las tensiones y las relaciones les revelará quién eres realmente y qué es lo que tienes verdaderamente. La forma en que llevas tu vida diaria podría marcar la diferencia entre que alguien encuentre a Dios o continúe viviendo apartado de Él.

Dios, permíteme vivir consistentemente dentro de tus patrones cada día, para que pueda estar preparado para compartir, en cualquier momento, cuán grande eres tú.

REPRESENTANTE

Así que somos embajadores de Cristo; Dios hace su llamado por medio de nosotros. Hablamos en nombre de Cristo cuando les rogamos: "¡Vuelvan a Dios!".

2 Corintios 5:20 NTV

"Representar" a alguien significa "volver a presentarlo" a esa persona. En otras palabras, si representas a alguien, es como si volviera a estar presente. ¿Tiene sentido? ¿No? ¿Tal vez? Bueno, tratemos de ilustrarlo de la siguiente manera:

Digamos que había un rey, quien llegó a un país e hizo muchas cosas buenas para la gente. Digamos que este rey les daba pan diariamente, misericordia extendida para quienes estuvieran en problemas, y se entregó a sí mismo en lugar de aquellos que estaban en su reino. Luego, digamos que el rey te pidió que te convirtieras en su representante para esas personas. Efectivamente, Él te estaba llamando a ser su embajador. Estaba confiándote su autoridad y sus palabras. Cuando hablaras, las palabras que dirías representarían las palabras del rey. Cuando actuaras, los patrones de tu vida promulgarían la gracia o la justicia del rey. Como el representante del rey, sería como si el rey estuviera justo allí, viviendo a través de ti. Así es con nosotros, somos los representantes de Cristo cuando vivimos para Él.

Dios, permíteme hablar como hablarías tú, actuar como actuarías tú y representarte ante cualquier persona que entre en contacto conmigo hoy.

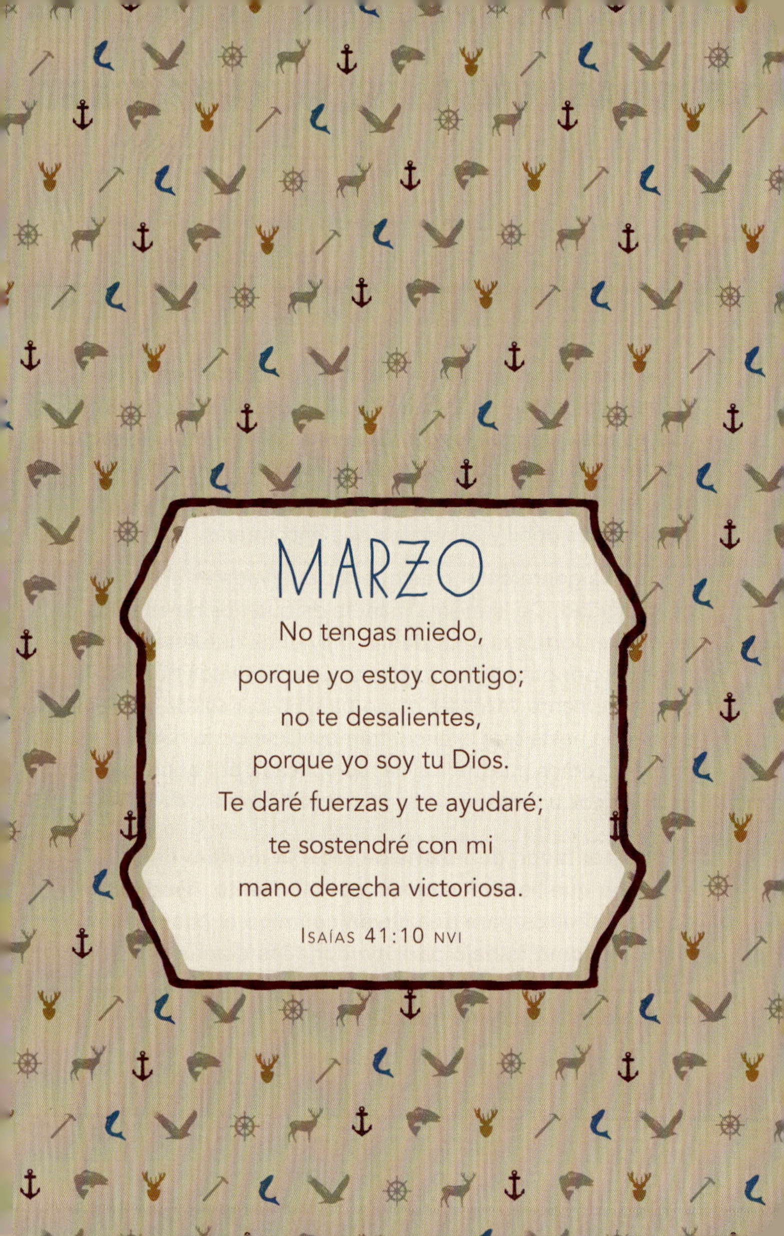
MARZO
No tengas miedo,
porque yo estoy contigo;
no te desalientes,
porque yo soy tu Dios.
Te daré fuerzas y te ayudaré;
te sostendré con mi
mano derecha victoriosa.
Isaías 41:10 NVI

JUNTOS SOMOS MÁS FUERTES

Mejor son dos que uno, porque obtienen más fruto de su esfuerzo. Si caen, el uno levanta al otro. ¡Ay del que cae y no tiene quien lo levante!

ECLESIASTÉS 4:9-10 NVI

Muchas veces, la fuerza se define como un hombre que no necesita ayuda. Nuestra cultura celebra al hombre estoico que puede enfrentar sus batallas por sí solo. Vemos al lobo solitario celebrado como la máxima fortaleza masculina. Irónicamente, un hombre así es probablemente el tipo de hombre más débil y vulnerable que encontrarás.

Solo la gente débil cree que recibir ayuda es una señal de debilidad. De la misma manera en que nos deleitamos en ofrecer fortaleza a los demás, hay otros que están ansiosos por ofrecernos su fuerza. Solo tenemos que ser lo suficientemente valientes como para buscar ayuda, y seguir buscando hasta que la encontremos. Cuando lo hagamos, encontraremos nuestra fuerza multiplicada por aquellos con quienes nos unimos.

Señor, por favor, guárdame de creer la mentira de que yo tengo que hacer las cosas por mi cuenta. Ayúdame a confiar en otros para que lleven conmigo el peso de mi vida, así como trabajo para ayudar a los demás con sus cargas. Es mi oración que llenes mi vida de personas que me ayuden a hacerme más fuerte.

ES LO QUE ESTÁ ADENTRO

El Señor dijo a Samuel:
—No te dejes impresionar por su apariencia ni por su estatura, pues yo lo he rechazado. La gente se fija en las apariencias, pero yo me fijo en el corazón.
1 Samuel 16:7 NVI

Muchas veces, Dios escoge al hombre inesperado para lograr sus objetivos. Esto se debe a que el método de Dios para elegir tiende a ser muy diferente, mucho más profundo que la forma en que contamos la puntuación. Probablemente, la única persona a la que evaluaremos con precisión es a nosotros mismos, y, aun así, muchas veces cambiamos el criterio de Dios por aquel menos idóneo.

Dios puede ver nuestros corazones y, muchas veces, Él descubre rasgos positivos que incluso nosotros habíamos pasado por alto. Él saca de nosotros una fuerza más profunda que pensábamos que teníamos. Él produce de nosotros más de la capacidad que creíamos tener. Dios está trabajando activamente para sacar lo mejor de nuestra médula para lo que Él te diseñó.

Dios, ayúdame a verme a mí mismo y a los demás en la manera que tú nos ves. Por favor, haz crecer en mi corazón las cualidades que deseas y guárdame de enfocarme en los rasgos que no son importantes. Gracias por estar haciéndome crecer.

COMPLETAMENTE NUEVO

De modo que, si alguno está en Cristo, nueva criatura es; las cosas viejas pasaron, ahora han sido hechas nuevas.
2 Corintios 5:17 NBLA

La promesa de la vida cristiana no es una vida mejor o mejorada. ¡La promesa de seguir a Jesús es una vida completamente nueva! El poder transformador de Dios es tan fuerte que borra activamente nuestros viejos deseos y formas de pensar. Es cuando olvidamos esto que empezamos a castigarnos a nosotros mismos. Llevamos por todas partes el peso de nuestros errores, lo cual hace más lento nuestro crecimiento.

Eres una nueva creación, hecho nuevo sencillamente tomar la decisión de seguir a Jesús. Ya no necesitas preocuparte por tu pasado. Solamente continúa viviendo bajo la dirección de Jesús.

Dios, gracias por hacerme una nueva persona. Estoy agradecido de que hiciste más que solo pulirme o hacerme más presentable; tú recreaste completamente mi manera de vivir. Por favor, ayúdame a recordar la obra poderosa que has hecho en mí.

FORTALEZA

Bueno es el Señor, una fortaleza en el día de la angustia, y conoce a los que en Él se refugian.

Nahúm 1:7 NBLA

Para que Dios nos proteja, debemos acudir a Él. Dios es bueno, y Él promete ofrecernos seguridad en tiempo de problemas. Pero el trato es que debemos acudir a Él. Es necesario que busquemos activamente su ayuda cuando se acercan los problemas.

Él hace esto para que tengamos presente cuál es la verdadera fuente de la fuerza. En el acto de aislarnos en Dios, hacemos grandes avances contra nuestro enemigo. Al acudir a la fortaleza de Dios, asestamos un golpe increíble contra todo lo que tiene la intención de dañarnos. ¿Cómo puede lastimarnos si eso es lo que nos acerca más a nuestro Salvador?

Dios, tú eres la verdadera fuerza de mi vida. En tiempos de debilidad o peligro, por favor, llámame. Es mi oración que pueda escuchar tu voz advirtiéndome que debo acercarme a ti. Gracias por usar cosas potencialmente dañinas como una manera de atraerme más cerca de ti.

OBRAR EN TI

Porque Dios es quien obra en ustedes tanto el querer como el hacer, para Su buena intención.

FILIPENSES 2:13 NBLA

Dios no nos da una lista de demandas y nos deja que las resolvamos. Él usa su poder para ayudarnos a fortalecernos. Él es tanto la motivación como el destino de nuestras vidas espirituales.

Podemos cometer el error de pensar que debemos complacerlo para tener una cercanía con Él; cuando, de hecho, sucede lo contrario. Cuando nos acercamos, Él comienza a producir en nosotros el deseo de hacer lo que le agrada.

Señor, confieso que, a veces, te evito porque tengo miedo de no vivir como tú quieres que lo haga. Es mi oración que tú me ayudes a darme cuenta de que tú eres la fuente de la fuerza diaria que necesito para vivir por ti. Ayúdame a recurrir a ti para que puedas plantar deseos sanos en mí.

PAZ Y FUERZA

El Señor le da fuerza a su pueblo;
el Señor lo bendice con paz.
Salmos 29:11 NTV

Muchas veces pensamos que tanto la fuerza como la paz son cosas que vienen de nuestro interior. La fuerza interior y la paz interior son frases comunes. Si bien es cierto que, tal vez, sentimos esas cosas internamente, la fuente de ellas es tanto externa como interna. Dios nos da fuerza y nos bendice con paz.

Cuando pasamos por momentos difíciles, podemos ser tentados a "cavar profundo" dentro de nosotros mismos para encontrar la fuerza y seguir adelante. La verdad es que deberíamos "extender la mano" hacia la fuente de esa fortaleza. Si sentimos que no nos queda nada, es una señal de que estamos buscando paz o perseverancia en el lugar equivocado. La noticia maravillosa es que hay un suministro interminable, y Dios quiere bendecirnos con fuerza y paz.

Dios, gracias por darme la fuerza para enfrentar desafíos difíciles. Gracias, también, por ir más lejos y por ofrecerme paz incluso en los tiempos increíblemente difíciles. Tú eres la fuente de todo lo que necesito y estoy agradecido.

SABIDURÍA

Con Dios están la sabiduría y el poder;
suyos son el consejo y el entendimiento.
JOB 12:13 NVI

No es casualidad que Dios sea el proveedor de todo lo que necesitamos en la vida, ya sea fuerza, paz o sabiduría. Cuando el Creador estableció el universo, lo hizo de una manera que nos sentiríamos naturalmente atraídos hacia Él en todo momento.

Dios y la sabiduría son una misma cosa. Como el Creador, Dios es innatamente correcto, sabio y justo. A causa de esto, cuando estamos alineados y de cerca con nuestro Padre celestial, es más probable que sepamos qué decisiones debemos tomar. El acto de tomar decisiones se convierte en un acto de adoración cuando nos apoyamos en nuestra relación con Dios para guiar el camino.

Dios, me da gusto de que tu sabiduría y entendimiento sean tan maravillosos. Estoy agradecido de que optaras para usar tu poder y ayudarme a llevar la vida que creaste para mí. Por favor, guíame y ayúdame a terminar en donde quieres que esté.

CRECER BIEN

No nos cansemos de hacer el bien, porque a su debido tiempo cosecharemos si no nos damos por vencidos.

GÁLATAS 6:9 NVI

Cada vez que tomamos la decisión de hacer el bien, empezamos una cuenta atrás hasta que llega el momento inevitable cuando preguntamos: "¿vale la pena?". Si somos sinceros, hay muchos días en los que parece que hacer el bien no es tan bueno como aparenta ser. La gente no se da cuenta, la vida sigue siendo difícil y, a veces, parece más problemática de lo que vale.

No te rindas. Cada vez que haces el bien, se planta una semilla y una vida centrada en Jesús hace que esas semillas crezcan más y más. Por lo general, no sabemos el resultado de cada buena acción, pero podemos confiar en que Dios sí lo sabe y que los está ayudando a crecer a su máximo potencial. Mientras más semillas de bien plantes en tu vida, más probablemente será más probable que tu vida se vuelva vibrante y plena.

Dios, a veces me canso trabajando en hacer lo correcto; muchas veces se siente como una lucha injusta. Por favor, ayúdame a confiar en que tú estás obrando a través de mí cada vez que decido hacer lo correcto. Por favor, bendíceme con una oportunidad para ver algo del fruto de seguir tu camino.

HABLAR VIDA

—No tengas miedo—dijo—, porque eres muy precioso para Dios. ¡Que tengas paz, ánimo y fuerza! Mientras me decía estas palabras, de pronto me sentí más fuerte y le dije: —Por favor, háblame, señor mío, porque me has fortalecido.

DANIEL 10:19 NTV

Las palabras de Dios dan vida. Ya sea que vengan a través de las Escrituras, a través de la familia o los amigos o de algún lugar inesperado. Ellas tienen el poder para vigorizarnos en lo más profundo de nosotros. Cuando buscamos activamente lo que Dios nos está diciendo, encontraremos una vitalidad que, de otro modo, la podríamos perder.

También podemos decir esas palabras para que le lleven vida a los demás. Es posible que dudemos en entrometernos con las Escrituras cuando hablamos con nuestra familia o amigos, pero debemos ser los suficientemente valientes como para llevarles vida a ellos también. Dios nos ha regalado el poder maravilloso de sus palabras, y Él nos anima a compartirlas libremente.

Dios, gracias por hablar vida en mí. Tus palabras tienen el poder de sanar, dirigir y fortalecer. Por favor, ayúdame a compartir sabiduría oportuna de tu parte en la vida de quienes me rodean.

ESCOGIDO

Pero ustedes son linaje escogido, real sacerdocio, nación santa, pueblo adquirido para posesión de Dios, a fin de que anuncien las virtudes de Aquel que los llamó de las tinieblas a Su luz admirable. Ustedes en otro tiempo no eran pueblo, pero ahora son el pueblo de Dios; no habían recibido misericordia, pero ahora han recibido misericordia.

1 Pedro 2:9-10 NBLA

Dios te escogió intencionalmente. Él no se conformó contigo ni te aceptó a regañadientes; sino que te eligió a propósito y con un objetivo. Te ha llamado a un papel muy importante: tú eres un embajador de Jesucristo mismo.

Estás invitado a contarle a quien quiera escuchar sobre el gran cambio que Dios generó en ti. Te animamos a explicar que una transformación así está disponible para ellos también. Tienes un suministro interminable de pases VIP espirituales para repartir. Deja que los demás sepan lo importantes que son para Dios.

Padre, gracias por elegirme. Gracias por hacerme diferente. Gracias por aceptarme en vez de rechazarme. Por favor, dame oportunidades para contarles a los demás sobre la vida a la que me invitaste.

ESPERANZA

La esperanza postergada aflige al corazón,
pero un sueño cumplido es un árbol de vida.
PROVERBIOS 13:12 NTV

No desanimes a la esperanza. Es demasiado fácil para nuestras preocupaciones silenciar la voz soñadora que pregunta: "¿Qué pasaría si...?". Entonces nos demoramos en ir tras nuestros deseos más profundos bajo el pretexto de la seguridad o la prudencia. Dios nos invita a la aventura, y nosotros respondemos con: "algún día", reemplazar la esperanza por la espera nos lleva a una vida dañina.

La paz verdadera proviene de aprovechar la invitación a llevar una vida centrada en Dios. Casi siempre requiere un riesgo, pero la recompensa es una vida abundante y satisfactoria para la cual fuimos creados. Las personas no serán moldeadas por "algún día", sino serán transformadas para siempre al atreverse a preguntar: "¿Qué pasaría si...?".

Dios, quiero perseguir los sueños que has infundido en mí, y aprender de ti al no esperar con la esperanza de que sucederá algún día. Gracias por desear una vida de plenitud para mí.

DEPENDENCIA EN CRISTO

Dios ha escogido lo necio del mundo para avergonzar a los sabios; y Dios ha escogido lo débil del mundo para avergonzar a lo que es fuerte.

1 Corintios 1:27 NBLA

Como hombre, tendrás que demostrar no tu fuerza, sino la debilidad de la que depende tu vida ante el creador del universo: Dios. La gente no necesita a un superhombre que pueda arreglar todos los problemas del mundo imposibles de resolver. Ellos necesitan a un hombre comprometido, estructurado por Dios que lleve su vida sobre sus rodillas en una sumisión total ante el Señor.

Necesitan ver el aire que respiras (Juan 3:5-6), el pan que comes (6:48), el Dios que guía tu vida (15:5) y la obediencia que viene por fe (8:31; 14:21, 23). Sé deliberado en cuanto a llevar una vida dependiente, confiando en la fuerza de Dios. Estas ideas no son opuestas en el Señor, sino complementarias para vivir fielmente.

Padre celestial, vengo ante ti a través de la sangre de la cruz. Enséñame a llevar mi vida en dependencia total. Que tu Espíritu me alinee con tu Palabra y que los afectos de mi corazón se muevan en tu verdad. Enséñame a reconocer mis debilidades para que pueda apoyarme en tu fuerza. Enséñame a modelar la dependencia en ti ante los amigos y familiares con los que me has bendecido. Agradezco que tu seas mi fortaleza, mi roca y mi escudo. Llévame hoy por el bien de tu nombre.

13 DE MARZO

SUPERAR LA PROCRASTINACIÓN

Por causa del ocio se viene abajo el techo
y por la pereza se desploma la casa.
ECLESIASTÉS 10:18 NVI

Pude parecer duro, pero la pereza es un comportamiento aprendido. Puedes limpiar tus platos tan pronto como termines de comer y ponerlos directamente en el lavavajillas. O puedes dejar los platos sucios por ahí y lavarlos solo cuando estés buscando un plato limpio. Uno es una conducta disciplinada, y el otro apesta a procrastinación. Ambas cosas se aprenden con mucha práctica.

Llevó tiempo desarrollar un enfoque disciplinado para las tareas domésticas. De la misma manera, toma tiempo desarrollar patrones de procrastinación. La buena noticia es que, si has aprendido a ser un procrastinador fantástico, también puedes aprender a ser un hombre maravillosamente disciplinado y proactivo.

Señor Jesús, te doy gracias por tu cruz. Deseo que tu Espíritu me otorgue el poder para cambiar las formas en que he permitido que la procrastinación se convierta en algo normal en mí.

ENSEÑA CON TRAYECTORIA

Concentren su atención en las cosas de arriba, no en las de la tierra.

COLOSENSES 3:2 NVI

Con los señuelos instantáneos de nuestra era moderna, necesitamos visualizar el valor de la vida a través del lente de la trayectoria. Necesitamos entender la verdad de que las decisiones que tomamos hoy impactan los caminos del mañana; y que la vida no es simplemente lo que nuestros ojos pueden ver, sino lo que el Señor ha prometido (Salmos 119:154).

Además, no solo miramos el futuro, sino que fijamos nuestras mentes en la eternidad. El amor, la compasión, el sacrificio y el servicio forjados en estos días por causa del evangelio tendrá un efecto dominó en la eternidad (Mateo 25:29-30). Seamos el pueblo de Dios que opera dentro de los confines de la vida para la gloria eterna de Dios.

Dios Padre, te alabo por la salvación que me concedes a través del Señor Jesucristo. Es por tu obra que mi destino eterno ha cambiado para siempre. Ayúdame a llevar mi vida con la eternidad en mente. Recuérdame que mis elecciones deben estar sazonadas con una trayectoria hacia tu reino eterno. Enséñame a caminar de tal manera que fije mi mirada en el Señor Jesucristo.

CARÁCTER

Yo, pues, prisionero del Señor, les ruego que ustedes vivan de una manera digna de la vocación con que han sido llamados.

EFESIOS 4:1 NBLA

Caminar con integridad y carácter es el sello distintivo de la fe cristiana. No es que podemos merecer la salvación. Sino que el fruto de nuestra salvación produce en nosotros una coherencia a los mandamientos de Dios (1 Juan 5:3). Nuestro llamado a la salvación no es un aislamiento lejos del decreto de Dios, sino más bien a ejemplificar el carácter, calidad y virtud de Él.

Entonces, el decreto del padre es no guiar a sus hijos hacia el individualismo, sino más bien ser un portador de la imagen única que refleja la grandeza, la maravilla y la gloria de Dios (Romanos 8:29; Efesios 4:23-24; Colosenses 3:10). Modela carácter en tu vida diaria y enseña la virtud cristiana a través de la vida, la muerte, la sepultura y la resurrección de Jesucristo.

Padre Dios, que tu Espíritu me faculte a través de la sangre de Cristo para caminar en una manera que es digna de tu llamado, pues tú me llamaste. Que la virtud y el carácter que yo refleje honre tu nombre. Otórgame la gracia para confesar cuando falle y la compasión para extender cuando los demás hagan lo mismo. Que mi vida esté saturada por tu gracia y solidificada por tu bondad.

IDENTIDAD

Por eso Jesús les decía: "En verdad les digo que el Hijo no puede hacer nada por su cuenta, sino lo que ve hacer al Padre; porque todo lo que hace el Padre, eso también hace el Hijo de igual manera".

JUAN 5:19 NBLA

Jesús, generado eternamente por el Padre, encontró su identidad en Él. Los hijos comprenderán su valor y valía por medio de la demostración de amor, gracia y afecto que les brinden sus padres terrenales. Sin embargo, nuestros padres terrenales muchas veces nos fallan y no están a la altura de este noble ideal.

Al mirar a Cristo, el fundador y consumador de nuestra fe (Hebreos 12:2), deja que el río de la vida fluya de Él hacia ti con aceptación constante. Esto formará y establecerá una base para una identidad centrada en Cristo firmemente cimentada en la verdad bíblica. Entonces, la identidad se basa en el Creador y no en la creación (Romanos 1:23). Ve al pie de la cruz a encontrar tu objetivo creativo en Aquel que concede propósito.

Señor Jesús, agradezco que tu amor sacrificial me ha concedido acceso para ser llamado un hijo de Dios. Es a través de mi unión contigo que soy adoptada en tu familia. Ayúdame a encontrar mi valor y valía en ti. Ayúdame a ser un vaso a través del cual los demás sientan la belleza y la majestad de tu gran amor. Que ellos se encuentren verdaderamente a sí mismos cuando se arraiguen en tu amor que da vida. Otórganoslos por el bien de tu nombre.

DEPÓSITO DE RIQUEZA

He guardado tu palabra en mi corazón,
para no pecar contra ti.
SALMOS 119:11 NTV

En una era de información, que la fuente de tus labios se llene con la Palabra de Dios. Que la verdad de su Palabra fluya de tu boca hacia los corazones de quienes te rodean. ¡Cuán misericordioso podría ser Dios para permitir que tu uso diario de las palabras estuviera lleno de verdades que dan vida! Y cuán igualmente asombroso sería que Él permitiera que tus amigos y familiares fueran receptores de tales tesoros.

Haz deliberadamente que las Escrituras sean el principio que centraliza tu vida y modela seriedad al manejar el texto. Satura las mentes de tus seres queridos recordando lo que Jesús dijo: "Apartados de mí nada podéis hacer" (Juan 15:5) ¡Permanece! Sé un depósito de belleza que rebosa verdad para todos los que te encuentres.

Jesús, inclina mi corazón a tus caminos y graba en mi boca tus palabras. Atrae a quienes yo amo para que ellos puedan entusiasmarse de la belleza de tu verdad. Incorpora en mí una gran adoración por las Escrituras que rebosa en los corazones y las mentes de las personas que me rodean. Dales a ellos oídos atentos y corazones fértiles para recibir las semillas de vida. Y protege nuestros corazones del maligno, quien procura matar y destruir. Que tu Espíritu esté siempre presente apuntando nuestros ojos a ti. Elevo estas oraciones para la gloria de tu nombre y el gozo de tu pueblo.

CORAZONES AGRADECIDOS

Los hijos son una herencia del Señor,
el fruto del vientre es una recompensa.
Salmos 127:3 NBLA

Muchos hombres tratan sus vehículos con mucho cuidado y precisión. La razón es porque entienden el valor y la valía del vehículo en el que invierten su tiempo. Las Escrituras nos dicen que los hijos son una bendición del Señor. Ellos encarnan el milagro de la vida que solo Dios puede proporcionar, y que al mismo tiempo asemejan su belleza, majestuosidad y grandeza al estar hechos a su imagen.

Toma un momento para reflexionar sobre los niños que Dios ha traído a tu vida; ya sean hijos, sobrinos, vecinos o aquellos que siempre parecen corretear por el vestíbulo de la iglesia. Date cuenta de que Dios te ha concedido la oportunidad de mostrarles a estos niños que sus vidas tienen valor, dignidad y valía. Llena a los niños que te rodean con el amor que fluye del Padre a través de Cristo Jesús.

Padre Dios, te alabo por tu amor y misericordia infinitas. Es por tu gracia que se me concede el privilegio de ser llamado hijo de Dios. Mi valor y mi valía están intrínsecamente arraigados en quien soy en ti. Señor Jesús, enséñame a ver a través de tus ojos y ayúdame a apreciar a los niños de manera que te traiga gloria. Gracias, Señor Jesús.

RESPETO

Oye, hijo mío, la instrucción de tu padre
y no abandones la enseñanza de tu madre.
PROVERBIOS 1:8 NBLA

El respeto a la autoridad es un rasgo que se aprende observando a un padre que lo practica bien. El valor de la comunidad y el beneficio de los padres se comprende mediante la tutela y guía de una figura paterna. Ningún padre terrenal es perfecto, pero cuando se someten a Dios inculcan una postura de respeto que impregnará a toda su familia.

Toma hoy un momento para reflexionar sobre el padre que Dios te dio. ¿Qué instrucción proveyó para que la lleves contigo en este día?

Señor, recuérdame la instrucción que mi padre proveyó. Ayúdame a pasar por encima sus errores y verlo como tú quieres que lo vea.

LA SUPREMACÍA DE CRISTO

Así que, por cuanto los hijos participan de carne y sangre, también Jesús participó de lo mismo, para anular mediante la muerte el poder de aquel que tenía el poder de la muerte, es decir, el diablo.

HEBREOS 2:14 NBLA

Los niños tienen una capacidad innata para sentir la inexactitud de la vida ordinaria. No solo pueden detectar las inconsistencias de sus padres, sino que muchas veces también encuentran en sí mismos la disparidad que está arraigada en su derrota. A medida que envejecemos, es esencial que llevemos al frente los errores colosales que afloran con el fin de magnificar la supremacía de la cruz.

La obligación de los hombres no es esconder estos errores bajo la alfombra, sino reconocer que la cruz de Cristo nos limpia de toda discrepancia. Aunque los pecados de nuestros corazones pueden ser atroces y, a veces, insoportables, la magnitud de la cruz transmite el mensaje de que el amor de Cristo se extiende tan lejos como el este del oeste (Salmos 103:12). Dirige tu vida hacia la cruz de Cristo y vive a sus pies.

Señor Jesús, perdóname por las veces que me alejo de la cruz y asumo que me he superado más allá de su impacto. Enséñame a descansar al pie de tu cruz donde se encuentra la salvación, la restauración y la reconciliación. Enséñame a modelar y enseñar a aquellos que me rodean para que estén saturados por el evangelio. Concédenos la gracia de afianzarnos en tu bondad y de ser siempre conmovidos por la cruz gloriosa.

AMAR A LA IGLESIA

En esto sabemos que amamos a los hijos de Dios: cuando amamos a Dios y guardamos Sus mandamientos.
1 Juan 5:2 NBLA

Demuestra una gran afinidad hacia la comunidad de los santos. Ésta está sostenida no por la voluntad autogenerada, sino por una perspectiva apropiada del ámbito bíblico aumentada por el Espíritu Santo. Estar infundido en la asamblea local de los santos te concederá la capacidad para ver la vida en la escala más grande de Dios.

El servicio a los hijos de Dios creará una disposición que te alineará con la obra redentora de Dios en el uso de la iglesia para llevar restauración a través de Jesucristo. Todos anhelamos ser parte de lago que es más grande que nosotros mismos. Es a través de la iglesia que la multiforme sabiduría de Dios podría ahora darse a conocer ante los gobernantes y las autoridades en los lugares celestiales (Efesios 3:10).

Jesús, concédeme un amor por tu pueblo para que yo pueda servirlo fielmente por tu nombre. Enséñame a derramarme a mí mismo por el bien de tu pueblo y el gozo de mi corazón.

TRANSPARENCIA

Si confesamos nuestros pecados,
Él es fiel y justo para perdonarnos los pecados
y para limpiarnos de toda maldad.
1 Juan 1:9 NBLA

Fortaleza, desde la perspectiva bíblica, no es un sustancia innata o autogenerada; más bien, está fundamentada en una dependencia profunda en el Señor (Salmos 18:2). La confesión de pecado reconoce la incapacidad del ser y gravita hacia el único y verdadero Dios que sustenta, restaura y redime.

Como hombre, es imperativo demostrar la humildad de la confesión, primero ante el Señor y, segundo, a tus amigos y familiares, lo cual personifica una transparencia que evoca el fruto del Espíritu (Gálatas 5:22-23). No solo sí demuestra la supremacía de Cristo en tu vida, sino también demuestra una imagen clara del evangelio viviente.

Señor Jesús, ayúdame a no apoyarme en mi propia justicia. Enséñame una humildad que te engrandezca.

SEGUIR SUS HUELLAS

El que dice que permanece en Él,
debe andar como Él anduvo.
1 Juan 2:6 NBLA

Como joven atleta, es posible que hayas visto al mejor jugador de baloncesto del mundo, Michael Jordan. Después de un juego intenso y apasionante, es posible que incluso te hayas encontrado en la cancha local, lanzando tiros en suspensión e intentando acrobacias con la lengua por fuera.

Del mismo modo, no debemos convertirnos en nuestro propio hombre en sí mismo; debemos mimetizar e imitar al Dios-hombre mismo. Ha venido para mostrarnos cómo es la verdadera humanidad, y por medio de su Espíritu nosotros debemos imitarlo a Él. Durante el día de hoy, pídele al Espíritu que alinea tu corazón con sus caminos para su gloria.

Señor, concédeme el favor para andar en tus caminos. Inclina mi corazón y aviva mi amor por tu verdad.

RELACIONES

Como el hierro se afila con hierro,
así un amigo se afila con su amigo.
PROVERBIOS 27:17 NTV

Este versículo de Proverbios produce imágenes mentales muy fuertes. Uno casi puede ver el martillo del herrero temporalmente sobre su cabeza antes de que descienda con un estrépito resonante en el costado reluciente de una espada sin filo. O tal vez, la escena cambia en medio de una batalla acalorada donde los destinos de los hombres se sellan con el choque de las palabras. Ya sea que te pongas más del lado de la visión del herrero o del soldado, hay aparentemente una naturaleza violenta y casi destructiva en este proceso de afilar el hierro. ¡Qué cuadro tan interesante escogió el autor de este proverbio para representar a la amistad!

¿Hay hierro en tu vida? Aquella persona que ataca o defiende en una situación dada. O tal vez simplemente te golpean constantemente, aplanándote más y más con cada golpe. Si bien es posible que prefiramos estar con personas que son tolerantes y que siempre están de acuerdo con nosotros, son estas relaciones aparentemente más conflictivas las que agudizan nuestro carácter. A medida que nos enfrentamos a ellos de un lado a otro, nuestros argumentos se perfeccionan y las convicciones se solidifican. Por lo menos, nos dan muchas oportunidades para practicar la paciencia, el perdón y la gracia. Pero no olvidemos que damos a los demás las mismas oportunidades, ya que también somos el hierro en sus vidas.

Dios, ayúdame a amar a las personas que me rodean, incluso si no me siento cómodo. Estoy dispuesto a soportar el trabajo duro de desarrollar mi carácter, mientras ayudo a los demás a hacer lo mismo.

SANTIDAD

Busquen la paz con todos y lleven una vida santa, pues sin santidad nadie verá al Señor.

HEBREOS 12:14 NBV

La identidad autónoma es lo que la sociedad graba en las mentes y los corazones de su pueblo. La singularidad se persigue con el fin de destacar, de ser distintos y de encontrarnos en una clase propia. Sin embargo, lo que transmiten los datos bíblicos transmiten es una plenitud que depende de vincularse al Dios creador, lo que produce una santidad que nos distingue.

La santidad, es decir, ser apartado, se obtiene a través de la obra y la persona de Jesucristo. Nuestra distinción del mundo es nuestra disposición, a través del renacimiento de Cristo, para vivir contraculturalmente, y personificar la nueva naturaleza que está fundamentada en el Espíritu. Procura la santidad a través del acceso del Espíritu para la gloria y fama de su nombre.

Señor Jesús, gracias por tu amor sacrificial, el cual me otorgó la salvación. Gracias por imputar en mí una justicia proveniente del Señor. Transforma mi corazón de manera que sea sensible a tu verdad.

AUMENTAR LA MADUREZ

Huye, pues, de las pasiones juveniles y sigue la justicia, la fe, el amor y la paz, con los que invocan al Señor con un corazón puro.

2 Timoteo 2:22 NBLA

La edad adulta bíblica no está saturada de definiciones superficiales debido a las victorias obtenidas a través de luchas, las travesuras sexuales o los logros financieros. Un hombre devoto se define por su actitud cristiana que se expresa en una servidumbre sacrificial constante por el bien de los demás y el gozo de sus corazones.

Los hombres en etapa de maduración buscan desarrollarse mientras se dan a sí mismos por el crecimiento de sus seres queridos, mientras ellos se llenan continuamente a través de las misericordias del evangelio. La justicia, la fe genuina, el amor desinteresado y la paz dulce son características que describen la marca de un hombre devoto.

Señor, ayúdame a desarrollarme para ser el hombre que has llamado. Alinea mi corazón con tus propósitos. Concédeme una constancia en tu verdad.

SOMETERNOS A LA MENTORÍA

Aférrate al modelo de la sana enseñanza que aprendiste de mí, un modelo formado por la fe y el amor que tienes en Cristo Jesús.
2 TIMOTEO 1:13 NTV

¡Solo puedes guiar tan lejos como te guíen! La tarea de liderazgo no es para los cobardes. La manera adecuada para aferrarte al mandato bíblico proyectar el resplandor del carácter de Cristo debes estar respaldado por la guía de un individuo saturado bíblicamente que engrana con los puntos ciegos de la vida. No es poca cosa ni un cliché fantasioso que los simbolismos bíblicos consistan en que el hierro se afila con el hierro, y un hombre "afila" al otro (Proverbios 27:17).

Procura rodearte de hombres sólidos. El desarrollo se produce cuando estás con personas que te desafiarán. La Escritura dice: "Camina con sabios y te harás sabio; júntate con necios y te meterás en dificultades" (Proverbios 13:20).

Señor Jesús, trae a mi vida a un mentor que me guíe hacia ti. Ayúdame a confiar y a abrirme a su crítica. Trae el crecimiento y desarrollo que honre tu nombre.

ENTRENAR PARA UNA MARATÓN

Más bien disciplínate a ti mismo para la piedad.
1 Timoteo 4:7 NBLA

"Roma no se construyó en un día".

"Los atletas olímpicos no rompieron los récords mundiales en su primer día".

"Los juegos de pelota se ganan en fuera de temporada".

"La preparación te permite jugar rápido".

Todos estos refranes son marcas, dentro de los escenarios deportivos o bélicos, que pintan una imagen del proceso. Aunque se nos venda el lema "más rápido es mejor", el desarrollo espiritual del corazón requiere tiempo para marinarse. El carácter de un hombre toma tiempo para madurar. No tomes atajos en tu santidad y no desprecies el proceso. Abróchate el cinturón y acepta el hecho de que eres una obra en proceso.

Jesús, concédeme la paciencia para soportar mi desarrollo personal. Dame el entusiasmo para buscar tu bondad. Ayúdame a mantener mis ojos en ti, de manera que no pueda medirme a mí mismo contra cualquier otra cosa.

BUSCA LAS INTENCIONES

El propósito de nuestra instrucción es el amor nacido de un corazón puro, de una buena conciencia y de una fe sincera.

1 Timoteo 1:5 NBLA

Sé sensible a los motivos de tu corazón y vigila las intenciones de tus obras. Satúrate de la persona de Cristo, para que su amor se manifieste en obras de sacrificio que sean una ofrenda y sacrificio fragante para Dios (Efesios 5:2)

Centra tu objetivo en el evangelio, usando la cruz de Cristo como el modelo para medir todas tus expresiones de amor.

Señor Jesús, busca en las profundidades de mi corazón y revela la severidad de mi pecado. Acércame a la cruz para que pueda ver tu bondad. Que la dulzura de tu amor sea el estándar de mis acciones.

GRATITUD

Pero nosotros siempre tenemos que dar gracias a Dios por ustedes, hermanos amados por el Señor, porque Dios los ha escogido desde el principio para salvación mediante la santificación por el Espíritu y la fe en la verdad.

2 Tesalonicenses 2:13 NBLA

La gratitud posiciona el corazón para no terminar los pensamientos, las ambiciones y las metas de uno, sino para ver los dones que Dios finalmente ha dado. A cambio, viviremos de una manera que le lleve alabanzas a Él.

Existe la tendencia a estar enfocados internamente y, como resultado, meditar sobre todas las cosas que no tenemos. El agradecimiento, por el contrario, centra su atención en el Bendecidor que nos ha dado más allá de toda comprensión: vida eterna, comidas abundantes, refugio maravilloso, una familia hermosa. Seamos agradecidos de que en su providencia eres bendecido más allá de toda comparación.

Señor Jesús, despierta en mí un corazón de gratitud. Ayúdame a estar consciente de tus bendiciones en mi vida. Ayúdame a no abandonar tu bondad, sino a ver tu fidelidad a lo largo de mi vida.

SANTIDAD A TRAVÉS DE DIOS

Dios no nos ha llamado a impureza, sino a santificación.

1 Tesalonicenses 4:7 NBLA

En una era de relativismo, satura tu mente con una visión bíblica, robusta, del Dios trino del universo. No te conformes con pequeños destellos de Él, sino que llénate de asombro con las imágenes poderosas que pintan las Escrituras de nuestro Creador.

Medita sobre la distinción entre la creación y el Creador (Génesis 1:1). Maravíllate con las nociones de que Él es eterno, y nosotros no somos más que una niebla dentro del viento (Santiago 4:14). Arráigate a la idea de que los confines del tiempo no son capaces de contenerlo. Solo entonces podremos tener un respeto adecuado por la santidad y comenzar a buscarla a través de la obra de la cruz.

Jesús, concédeme el deseo de capturar un entendimiento claro de ti. Que mis pensamientos de ti sean llenos de esencia y abundancia.

ABRIL

El Señor es mi fuerza y mi canción;
él me ha dado la victoria.
Él es mi Dios, y lo alabaré;
es el Dios de mi padre,
¡y lo exaltaré!

Éxodo 15:2 NTV

MARINARTE EN LA PALABRA

Que la palabra de Cristo habite en abundancia en ustedes, con toda sabiduría enseñándose y amonestándose unos a otros con salmos, himnos y canciones espirituales, cantando a Dios con acción de gracias en sus corazones.

COLOSENSES 3:16 NBLA

Servimos y lideramos a partir de la riqueza (o la falta de esta) que está almacenada en nuestros corazones. El valor que impregna nuestras vidas está intrínsecamente ligada a la vida que está dentro de nosotros. La cual no es inherentemente nuestra; es el aliento que Dios sopla en nosotros a través de su Palabra.

Por lo tanto, empápate de su aliento y continúa enraizándote en la fuente de vida de Dios a través de su Palabra viva. Solo entonces, puedes empezar a servir de tal manera que tengas el impacto eterno que Dios ha diseñado para ti. Este era el propósito que tenía para ti como portador de la imagen de Dios.

Señor Jesús, concédeme un hambre y sed de tu Palabra para que mi corazón pueda ser una fuente que guarda tu verdad. Que las palabras que fluyan de mi boca estén llenas de vida.

UNIDOS EN AMOR

*Sobre todas estas cosas, vístanse de amor,
que es el vínculo de la unidad.*
COLOSENSES 3:14 NBLA

Como hombres, tendemos a inclinarnos hacia uno de dos extremos: sobredisciplina o falta de disciplina. Algunos de nosotros tenemos la tendencia natural a ser demasiado disciplinados porque nos esforzamos por alcanzar la perfección. Por lo tanto, procuramos mantener el orden, muchas veces a expensas de ser duros con nosotros mismos y con quienes nos rodean (Efesios 6:2). Otros prefieren un estilo de vida indisciplinado porque caen presos de la pereza o no quiere lidiar con las responsabilidades de la vida.

Sin embargo, la perspectiva bíblica aporta un equilibrio producido por un amor sacrificial, basados en los mandamientos bíblicos. Personificando una semejanza a Cristo que se expresa en gracia y verdad (Juan 1:14).

Señor, que tu Espíritu traiga la unidad que se expresa a sí misma en amor. Que el impulso de mi corazón sea personificar tu compasión, misericordia y gracia.

LOS ROBOS DE LA ANSIEDAD

Por nada estén afanosos; antes bien, en todo, mediante oración y súplica con acción de gracias, sean dadas a conocer sus peticiones delante de Dios.

Filipenses 4:6 NBLA

Hoy en día, las presiones de llegar allí (dondequiera que sea) son el impulso y la influencia subyacentes que estimulan la postura de ansiedad, la cual roba la belleza del ahora. Lo mejor que le servirá a tu corazón es la capacidad de esforzarte por alcanzar el propósito de Dios y, al mismo tiempo, aceptar tu etapa actual de la vida. No mires hacia el futuro, mientras descuidas las bendiciones que el Señor te ha otorgado en el presente.

Ya sea que estés en una época de tristeza o de alegría, de abundancia o de necesidad, de caos o de paz, haz el mejor uso de tu tiempo (Efesios 5:16), y vive cada día con un celo por el Señor, por bendecirte en la etapa actual de tu vida, y no desperdicies estas oportunidades de aprendizaje por estar viendo hacia adelante, a una etapa de la vida que aún no has alcanzado.

Señor Jesús, perdóname por no confiar en ti. Posiciona mi corazón en un modo de esperanza que se base en quien tú eres. Concédeme una vista apropiada de ti.

OBJETIVO CRISTOCÉNTRICO

Prosigo hacia la meta para obtener el premio del supremo llamamiento de Dios en Cristo Jesús.
FILIPENSES 3:14 NBLA

En la rutina diaria de la vida, es imperativo ver y entender los principios subyacentes que impulsan las cosas que procuramos hacer y lograr. No basta solo con pasar obstinadamente a través de la rutina; necesitamos evaluar continuamente los motivos y las intenciones de nuestros corazones para ver claramente los factores motivacionales que avivan nuestra vida.

Sin dicha evaluación, empezaremos a colocar un peso sobre nuestra familia, amigos o nuestra carrera que ellos no están destinados a cargar. Les pediremos a nuestros seres queridos que cumplan en nosotros lo que solo Cristo Jesús estaba destinado a llenar. Por lo tanto, debemos luchar valientemente para predicar el evangelio en nuestro corazón y mantener en el centro a la persona y obra de Jesucristo. Sin esta advertencia, estamos destinados a aplastar a las mismas personas que amamos.

Jesús, busca en las profundidades de mi corazón e inclina mi mente hacia tus caminos. Que yo pueda meditar en tus preceptos y encontrar gozo en tus mandamientos.

PERVERSIÓN PERTURBADORA

Pero que la inmoralidad, y toda impureza o avaricia, ni siquiera se mencionen entre ustedes, como corresponde a los santos.

EFESIOS 5:3 NBLA

La institución del matrimonio está destinada a mostrar la belleza y el misterio de la obra redentora de Dios al reconciliar a la iglesia consigo mismo (Efesios 5:32). El núcleo de la familia es una sombra de la herencia eterna de Dios cumplida en la persona de Cristo (Efesios 1:14). Todos esos conceptos deben desarrollarse en el reino de Dios.

La inmoralidad sexual es el intento del maligno para destruir, frustrar y subestimar la imagen redentora de Dios (Romanos 1:24-25). La salud y la vitalidad de tu familia, presente o futura apuntan mucho más allá de tus propios logros personales, navegando y encontrando su cumplimiento en la majestad del Dios trino. Lleva tus pensamientos ante el Señor y huye de la sola mención de la impureza.

Señor Jesús, ayúdame a ver el mundo a través de tus ojos, que las acciones de mi corazón puedan apuntar hacia tu propósito y diseño creativo, y que yo pueda ver gozosamente la belleza de tu diseño y que pueda expresarlo para tu gloria.

EL AMOR ES UNA PERSONA

Dios es amor.

1 Juan 4:8 NBLA

El amor no es simplemente un afecto, un concepto o una devoción; más bien, encuentra su fundamente en la persona y la obra de Jesucristo. Nuestra sociedad comunica la esencia del amor como un principio emotivo que es medido por el individuo; sin embargo, el relato bíblico forja una realidad distinta. El amor está unificado con la verdad en la persona de Jesús. Cristo entró en el tapiz de la creación lleno de gracia y verdad (Juan 1:14). Él es el estándar al cual debemos aferrarnos y comprender el poder del amor.

Sumérgete en la persona de Cristo y encuéntrate ejemplificando el amor que gobierna el universo. Cúbrete con la verdad de las Escrituras y encuéntrate impregnado del amor divino del Dios trino. Pues el Señor mismo dijo: "Si alguien me ama, guardará Mi palabra; y Mi Padre lo amará, y vendremos a él, y haremos con él morada" (Juan 14:23).

Señor Jesús, perdóname por tratar de captar conceptos y principios. Espíritu Santo, ayúdame a ir tras Cristo a fin de que yo aumente en mi amor y afectos hacia Él.

LA JUSTICIA DE CRISTO

Llenos del fruto de justicia que es por medio de Jesucristo, para la gloria y alabanza de Dios.

FILIPENSES 1:11 NBLA

Una caricatura de la fe cristiana tiene sus raíces en un enfoque moralista de la ley. Aunque los mandamientos del Señor son importantes para la fe, no son el punto de entrada en el cual se obtiene la unión con Cristo. Los terrenos en los que los santos estarán delante de un Dios infinitamente santo están cimentados no en una justicia meritoria que se alberga de manera innata, sino a través de una justicia que se halla en Cristo.

Cuando nos enfrentemos al hecho de que nuestra buena relación con Dios depende del cumplimiento de la ley por parte de Cristo, comenzaremos a andar en humildad, no solo hacia el Dios creador (aunque eso es asombrosamente maravilloso), sino también hacia aquellos con los que nos encontramos diariamente. Tu justicia no te pertenece.

Señor, ayúdame a anhelar tu justicia, que el derrame de mi corazón sea la justicia que te dé gloria.

MANERA DE VIVIR

Vivan de manera digna,
de acuerdo con el evangelio de Cristo.
FILIPENSES 1:27 NVI

El sistema de creencias de uno gobierna la expresión externa de la vida. Los compromisos verbales son superficiales, incluso sin sentido, si no hay una respuesta adecuada en la conducta, el compromiso y el decoro. En realidad, el hilo conductor que se produce en el compromiso exterior comunica una postura definitiva del corazón.

Entonces, la pregunta subyacente es: "¿Qué está formando el sistema de creencias de uno?". Con el propósito de establecer adecuadamente una manera de vivir que sea digna del evangelio de Cristo (Filipenses 1:27), uno debe permanecer en su Palabra (Juan 15:4). La manera de vivir no es simplemente una conducta paso a paso, sino una filosofía de vida que se basa en el evangelio.

Señor Jesús, enséñame a tener hambre de tu Palabra, que las meditaciones de mi corazón estén saturadas de tu verdad.

SUFRIMIENTO

Porque a ustedes se les ha concedido por amor de Cristo, no solo creer en Él, sino también sufrir por Él.

FILIPENSES 1:29 NBLA

La tendencia de esta época es cuestionar la bondad del Señor en medio del sufrimiento. Sin embargo, desde el punto de vista bíblico, el sufrimiento es el medio por el cual el Señor nos conforma a la imagen del Hijo (Romanos 8:29). Cuando suceden cosas "malas" en nuestras vidas, no debemos preguntarnos: "¿por qué a mí?", sino más bien, "¿qué me estás enseñando?".

Si no hay condenación en Cristo (versículo 1), entonces el sufrimiento que enfrentamos no es necesariamente el juicio de Dios. Podemos estar seguros de que para los que aman a Dios todas las cosas les ayudan a bien, a los que son llamados conforme a su propósito (versículo 28).

Señor Jesús, perdóname por procurar mi comodidad por encima de tu gloria. Enséñame a andar en obediencia, incluso si eso significa que debo soportar el sufrimiento. Ayúdame a sufrir bien para tu gloria.

POSTURA DEL CORAZÓN

Hagan todas las cosas sin murmuraciones ni discusiones.

Filipenses 2:14 NBLA

Como creyente de Jesucristo, sitúa tu corazón de una manera que procure llevar adoración y honra al Señor. Como su hijo, vístete de su carácter y camina en su mansedumbre. Tu objetivo debe ser que en todo lo que hagas, trabajes de corazón como para el Señor y no para los hombres (Colosenses 3:23).

La intención de tu corazón es tan importante como la forma en que diriges tu conducta. Somete a ambos a su nombre.

Señor, inclina mi corazón hacia tus caminos, que yo pueda andar en contentamiento y que sirva con gozo. Que la postura de mi corazón sea verte glorificado.

MÁS DE ÉL

Conocerlo a Él, el poder de Su resurrección y la participación en Sus padecimientos, llegando a ser como Él en Su muerte.

FILIPENSES 3:10 NBLA

Imitar a Jesús no necesariamente produce, desde el punto de vista mundano, el éxito que estamos buscando. Sin embargo, es necesario reorientar nuestras expectativas y redefinir el avance para ver que la definición bíblica del éxito se trata más de conformarnos a la imagen de Cristo (Romanos 8:29) y menos acerca del reconocimiento del mundo.

Cuando vemos al mundo a través de los lentes del evangelio, hallaremos que las tendencias no dictan un servicio fiel al Señor, sino más bien el compromiso de uno con el mandato bíblico de sus discípulos. En estos escenarios, la respuesta de la escuela dominical nunca fallará: ¡Jesús!

Señor Jesús, enséñame a ver que tú eres mi objetivo final. Agudiza mis ojos para ver que no eres un medio para otro fin, sino más bien que eres el fin de mis medios.

AMOR CARO

Dios demuestra su amor para con nosotros, en que, siendo aún pecadores, Cristo murió por nosotros.

Romanos 5:8 NBLA

El amor, el servicio y el discipulado sin costo no se parecen a la formación bíblica del evangelio saturado de amor. A medida que el mundo continúa luchando por la conveniencia, que los santos de Dios acepten el amor sacrificial personificado a través de Jesucristo.

Tu entrega personal es ubicar tu corazón de acuerdo con el Señor para transmitir el mensaje del evangelio a través de obras al servicio de los demás. De esta manera, imitarás al Dios creador, quien amó tanto al mundo que dio a su único Hijo para que todo aquel que en Él crea, no se pierda, sino que tenga vida eterna (Juan 3:6).

Señor Jesús, perdóname cuando te sirva por conveniencia. Recuérdame de cómo tu llamado al discipulado es un llamado a la muerte. Espíritu Santo, ayúdame a ver que Jesús es más valioso que mi comodidad.

SUMINISTROS INTERMINABLES

El que no negó ni a Su propio Hijo,
sino que lo entregó por todos nosotros,
¿cómo no nos dará también
junto con Él todas las cosas?
ROMANOS 8:32 NBLA

El desánimo, la soledad y la desesperación pueden encontrar su camino para llegar a nuestras vidas. Lo único de lo que podemos estar seguros durante estas épocas de la vida es que nuestro Señor es continuamente fiel a su pueblo. Él Dios creador no dudó en dar a su propio Hijo en favor de los pecadores para reconciliarnos con Él.

¿Cuánto más nos dará en nuestra hora de necesidad? Él es un pozo inagotable de recursos que produce vida, fuerza y seguridad. Cuando el mundo nos despoja de nuestro orgullo, esperanza y seguridad, Él es la manta que trae restauración al alma. Tenemos un Padre celestial que es bueno con sus hijos.

Jesús, perdóname cuando dudo de la suficiencia de tu amor. Tu cruz ha exhibido tu amor, y la resurrección ha proclamado tu fidelidad. Enséñame a confiar en que tú me sostienes en tu mano.

DEUDA DE AMOR

No deban a nadie nada, sino el amarse unos a otros. Porque el que ama a su prójimo, ha cumplido la ley.

ROMANOS 13:8 NBLA

Dios demostró su amor por nosotros en que, mientras aún éramos pecadores, Cristo murió por nosotros (Romanos 5:8). Este hecho de amor divino es una imagen y un modelo para imitar, y debe ser retribuido, no por el mérito de la salvación, sino por la expresión de gratitud. El servicio de amor es en honor al nombre que compró nuestra salvación.

El Señor mismo encargó que dejáramos nuestra luz brillar ante los demás para que vieran nuestras buenas obras y le dieran gloria a nuestro Padre que está en el cielo (Mateo 5:16).

Señor Jesús, estoy sorprendido de tu regalo de salvación. Ayúdame a exhibir tu bondad. Que la demostración de tu amor atraiga a las personas a la obra del Hijo por el poder del Espíritu.

COMBUSTIBLE DE AMOR

Nosotros amamos porque Él nos amó primero.

1 Juan 4:19 NBLA

La extensión del amor en la vida cristiana tiene su origen y energía en la obra y persona de Jesucristo. Amamos al pobre porque era rico, pero por nosotros se hizo pobre, para que nosotros por su pobreza fuéramos ricos (2 Corintios 8:9). Adoptamos porque hemos recibido el Espíritu de adopción como hijos, por el cual clamamos: "¡Abba! ¡Padre!" (Romanos 8:15).

Nuestra respuesta de perdón está arraigada en el hecho de que el llamado de Cristo nos obliga a ser amables unos con otros, misericordiosos, perdonándonos unos a otros, como Dios nos perdonó en Cristo (Efesios 4:32). ¡Cristo es el combustible del amor que da poder al alma!

Señor Jesús, concédeme el poder a través de tu Espíritu para extender el amor con el que tú me has amado por medio de la cruz y la resurrección. Que tu amor resplandezca hoy de mí hacia los demás por amor a tu nombre.

NUESTRO PROVEEDOR

Y Abraham respondió: "Dios proveerá para Sí el cordero para el holocausto, hijo mío". Y los dos iban juntos. Y Abraham llamó aquel lugar con el nombre de El Señor Proveerá, como se dice hasta hoy: "En el monte del Señor se proveerá".

Génesis 22:8, 14 NBLA

Las acciones de Abraham parecen las de un padre con una mente inestable. Dios le pidió a Abraham que hiciera lo impensable: tomar a su hijo para ofrecerlo en sacrificio en el monte Moriá. Pero algo mucho más profundo ocurría en el plan de Dios. Como puedes ver, Dios también estaba presagiando un acontecimiento mayor. Abraham puso la leña para el sacrificio sobre su hijo, y subió al lugar al tercer día. ¿El lugar? Moriá, que solo se nombra una vez más en la Biblia (en 2 Crónicas 3:1), y ese sería el lugar donde, mil años después, el rey Salomón iba a construir el templo.

Moriá también estaba cerca del lugar del Calvario donde, dos mil años después, Dios sacrificaría a su único Hijo, Jesús. El mismo lugar, madera para el sacrificio y algo acerca del tercer día. ¿Le suena conocido? El dolor del corazón de un padre fue sentido por el Dios todopoderoso, quien ofrecería a su propio Hijo por nuestro pecado. Nuestras pruebas más grandes son las oportunidades para las provisiones más grandes de Dios.

Padre Dios, dame fe para saber que, en los momentos de mis más grandes pruebas, siempre estarás allí y proveerás para mí todo lo que necesito.

PAZ

Labán dijo: "Este montón es hoy un testigo entre tú y yo". Por eso fue llamado Galed, y Mizpa, porque dijo: " Que el Señor nos vigile a los dos cuando nos hayamos apartado el uno del otro".

GÉNESIS 31:48-49 NBLA

Labán y Jacob tenían una historia. Jacob había pedido casarse con la hija de Labán, Raquel, pero Labán lo engañó y le dio primero a la hermana, antes de que pudiera casarse con la hija que Jacob quería. Ese fue el inicio de un hogar lleno de tensión y de celos. Sin embargo, la bendición de Dios estaba sobre Jacob. Al poco tiempo, Jacob tuvo doce hijos. Su negoció prosperó en todos los sentidos, y a Labán le dio envidia. La desconfianza, el resentimiento y la ira empezaban a crecer y a infectar su relación. Finalmente, ellos reunieron piedras, no para tirárselas el uno al otro, sino para construir un monumento. Ni siquiera podían ponerse de acuerdo con el nombre que le podrían. Jacob llamó a este monumento Mizpa, o torre de vigilancia. Aquí acordaron someterse juntos a Dios.

El temor de desagradar a Dios se hizo más grande que los desacuerdos que tenían entre ellos. Trazaron una línea diciendo que su ira no iría más lejos, y que dejarían que el Señor vigilara entre ellos. Finalmente, lo celebraron con un banquete y se separaron en paz. A veces, los conflictos son inevitables. Cada uno de nosotros puede tener su listado de razones por el conflicto. Pero, al igual que Jacob y Labán, necesitamos un "momento Mizpa" en el que acordemos estar de acuerdo y no permitir que el conflicto empeore.

Dios, que yo no peque contra ti en mis desacuerdos. Ayúdame a aprender dónde marcar el alto y cuándo dejar el problema en tus manos.

EL DIOS QUE RESPONDE

Entonces Dios dijo a Jacob: "Levántate, sube a Betel y habita allí. Haz allí un altar a Dios, que se te apareció cuando huías de tu hermano Esaú". Y Jacob dijo a los de su casa y a todos los que estaban con él: "Quiten los dioses extranjeros que hay entre ustedes. Purifíquense y cámbiense los vestidos. Levantémonos, y subamos a Betel; y allí haré un altar a Dios, quien me respondió en el día de mi angustia, y que ha estado conmigo en el camino por donde he andado".

GÉNESIS 35:1-3 NBLA

A la familia de Jacob le había sucedido a la familia de Jacob. Él acababa de trasladar a su familia Canaán cuando el hijo de un gobernante local tomó a la hija de Jacob y la violó (Génesis 34:2). El gobernante local, Hamor, trató de hacer arreglos para que su hijo se casara con Dina, la mujer a la que había profanado. Sin embargo, los hijos de Jacob respondieron con venganza, asesinando a los hombres de la ciudad y luego saquearon la aldea (Génesis 34:25-29). La familia de Jacob estaba sumida en el caos, y él sentía que era un blanco en su propia vida debido a la violencia de sus hijos.

Cuando la vida parece estar fuera de control, ¿qué puede hacer un padre? Dios mandó a Jacob para que volviera a Betel. Betel estaba a treinta millas al sur, pero lo más importante era que era el mismo lugar donde Jacob se había encontrado con Dios treinta años antes, cuando juró que el Señor sería su Dios (Génesis 28:19). Cuando nos alejamos, Dios nos llama para que volvamos a Él.

Padre, te agradezco porque nunca te darás por vencido conmigo. Refréscame y dame un nuevo encuentro contigo. Tú eres el Dios que responde en el día de mi angustia.

CONTAR NUESTRAS BENDICIONES

Las bendiciones de tu padre han sobrepasado las bendiciones de mis antepasados hasta el límite de los collados eternos; sean ellas sobre la cabeza de José, y sobre la cabeza del consagrado de entre sus hermanos.

GÉNESIS 49:26 NBLA

Jacob había vivido una larga vida, llena de algún apogeo, pero también de muchos conflictos. Perdió al amor de su vida cuando ella dio a luz a su último hijo, Benjamín. Perdió a su hijo, José, a través de un plan de sus otros hijos, envidiosos, que vendieron a José como esclavo y engañaron a su padre diciéndole que lo habían matado. Cuando Jacob se reunió más tarde con José en Egipto, reflexionó sobre su vida ante el faraón, llamando a sus 130 años "pocos y desagradables" y no estar a la altura de sus antepasados (Génesis 47:9). Pero diecisiete años después, evaluó su vida de manera distinta, diciendo que Dios sí lo había bendecido, incluso más que a sus antepasados.

¿Qué cambió? Jacob comenzó a contar las ricas misericordias de Dios en su vida. Es fácil encontrarse con la adversidad y pensar que nuestras vidas no tienen sentido. Podemos centrarnos en las personas que nos decepcionan, en el trabajo que es difícil o en una vida que parece insatisfecha. O podemos enfocarnos en las diversas formas en que Dios nos ha bendecido.

Dios, hoy elijo ser agradecido. Hoy, haré a un lado mis quejas y tomar un momento para recordar tu bondad en mi vida. Gracias por tu fidelidad, tu protección y las muchas formas en que demostraste tu amor por mí.

GUÍA

"Mi presencia irá contigo, y yo te daré descanso", le contestó el Señor. Entonces Moisés le dijo: "Si Tu presencia no va con nosotros, no nos hagas salir de aquí".

Éxodo 33:14-15 NBLA

Pocos envidiarían a Moisés y la tarea que Dios lo llamó a completar. Imagínate guiar a millones de personas durante cuarenta años a través de un desierto desolado. Logísticamente, se requiere un milagro para proveer alimentos, agua y tratamiento médico a un pueblo nómada tan numeroso. Además de eso, muchas veces la gente estaba llena de quejas y conspiraciones rebeldes. Un viaje familiar de tres días puede ser lo suficientemente difícil. ¡Imagina un viaje de cuarenta años!

Moisés fue lo suficientemente sabio como para saber lo que realmente importaba: tener la presencia de Dios en su vida. La presencia de Dios incluye su dirección, su protección y su bendición sobre nosotros y nuestras familias. Jesús les dijo a los discípulos que permanecieran en Él, lo que significaba vivir en una relación de obediencia y fidelidad con Él. Dios quiere estar presente con nosotros. Cuando Dios está presente en nuestra vida, hay descanso y paz.

Dios, te doy gracias por la promesa de hoy de que tu presencia irá conmigo y me dará descanso. Que yo te siga fielmente y que hoy disfrute tu bondad en mi vida.

COMPASIÓN, MISERICORDIA, GRACIA

"El Señor, el Señor, Dios compasivo y clemente, lento para la ira y abundante en misericordia y verdad; que guarda misericordia a millares, el que perdona la iniquidad, la transgresión y el pecado, y que no tendrá por inocente al culpable; que castiga la iniquidad de los padres sobre los hijos y sobre los hijos de los hijos hasta la tercera y cuarta generación".

Éxodo 34:6-7 NBLA

Moisés tenía una relación con Dios. Dios le salvó la vida cuando nació, lo llamó, le dijo qué debía decir e hizo muchos a través de él. Sin embargo, lo que Moisés quería realmente era que le mostraran la gloria del Señor (Génesis 34:18), ver a Dios. Eso era imposible porque la gloria del Señor es demasiado grande para que nosotros la podamos ver (versículo 20). Así que Dios arregló un encuentro donde Moisés podía estar escondido en la hendidura de una roca mientras la gloria de Dios pasaba por allí. Cuando el Señor pasó, las primeras palabras que Él usó para describirse a sí mismo fueron que Él es compasivo, misericordioso y lleno de gracia. ¿Has descubierto que esto es cierto en tu vida?

¿Has conocido la compasión y la gracia de Dios en tu propia familia? Aunque Dios tiene un estándar justo, y que las consecuencias del pecado pueden sentirse durante tres o cuatro generaciones, la gracia de Dios puede sentirse durante mil generaciones.

Padre, gracias por tu compasión y misericordia sobre mí y mi familia. Que mis hijos, nietos, e incluso mis generaciones futuras sepan cuán bueno eres tú.

FUERTE Y VALIENTE

Sé fuerte y valiente porque tú harás que este pueblo herede la tierra que prometí a sus antepasados. Solo te pido que seas fuerte y muy valiente para obedecer toda la ley que mi siervo Moisés te ordenó. No te apartes de ella ni a derecha ni a izquierda; solo así tendrás éxito dondequiera que vayas.

JOSUÉ 1:6-7 NVI

Moisés estaba muerto, y ahora a Josué se le pidió que hiciera algo que a Moisés no le fue requerido. Sí, requirió audacia y persistencia para que Moisés liderara más de seiscientos mil hombres (Números 2:32) más las mujeres, los niños e incontables levitas que salieron de Egipto y viajaron a través de la península de Sinaí durante cuarenta años. Ahora, había llegado el momento para tomar la tierra que Dios le había prometido originalmente a Abraham siglos antes. Josué sería quien entraría a la tierra llena de enemigos y peligros; no era una tarea fácil. A él se le llamó a ser fuerte, y que la fuerza estaba basada en dos cosas: La promesa de Dios de estar con él, y su propia obediencia en seguir los mandatos de Dios (Josué 1:5-6).

Hoy en día, Dios está llamando a los hombres a ser fuertes. El liderazgo nunca es fácil. Al igual que Josué, nuestro éxito depende en las mismas dos cosas: La promesa de Dios de estar con nosotros, y nuestra obediencia al Dios que nos llama.

Gracias, Padre, por las personas que has traído a mi vida. Me has llamado hoy para ser una influencia devota. Recuérdame tus promesas de estar conmigo y nunca dejarme. Fortaléceme para obedecerte en todo lo que tú has mandado.

ÉXITO

Este libro de la ley no se apartará de tu boca, sino que meditarás en él día y noche, para que cuides de hacer todo lo que en él está escrito. Porque entonces harás prosperar tu camino y tendrás éxito.

JOSUÉ 1:8 NBLA

Josué siguió a un líder exitoso: Moisés. Él le había servido a Moisés como asistente (versículo 1), un papel que tenía responsabilidades tanto militares como religiosas. Pero más importante que ser la mano derecha de Moisés, Dios había nombrado a Josué como líder de Israel, y el Señor prometió estar con él (versículo 5).

Cuando Dios llama, Él nos faculta. Cuando Dios llama, Él promete éxito. Aquí Dios da un mapa claro para nuestro éxito en la vida. Lo que fue cierto para Josué cuando dirigió los ejércitos de Israel, es cierto para nosotros hoy. El éxito proviene de meditar en la poderosa Palabra escrita de Dios día y noche. Medicar significa reflexionar sobre la Biblia para que se convierta en parte de nuestros pensamientos y valores. El éxito está directamente relacionado con el lugar de la Palabra de Dios, tanto en nuestros pensamientos como en nuestras acciones cada día.

Dios, sabes que me distraigo fácilmente con muchas cosas a lo largo del día. Dame el deseo para pasar tiempo en tu Palabra. Dame el deseo para escudriñar la Biblia, porque en ella encuentro el secreto para triunfar.

VICTORIA

Uno solo de ustedes hace huir a mil enemigos, porque el Señor su Dios pelea por ustedes, tal como lo ha prometido. Hagan, pues, todo lo que está de su parte para amar al Señor su Dios.

Josué 23:10-11 NVI

Josué ya era anciano y estaba al final de su vida. Había peleado muchas batallas, y Dios le dio a Israel descanso de sus enemigos. Así que Josué convocó a Israel y recordó todo su tremendo éxito militar. Les recordó cómo el Señor había estado luchando por ellos a lo largo del camino. Josué también sabía que la vida puede descuidarse después de una gran victoria, que la gente puede dejarse llevar y olvidarse de poner a Dios en primer lugar. Ahora más que nunca, necesitaban tener mucho cuidado de amar al Señor Dios.

Dios sigue luchando por nosotros hoy en día. Nos enfrentamos a enemigos del pecado, incluyendo el orgullo, la lujuria y la codicia. Tenemos ataques externos a nuestra salud, nuestras finanzas y nuestro negocio. Tenemos familiares y seres queridos que están siendo presionados por fuerzas opuestas a seguir a Dios. Pero cuando Dios está luchando por nosotros, suceden cosas asombrosas. Con Dios, tenemos la fuerza para derrotar a mil enemigos.

Dios, gracias por luchar por mí y por mis seres queridos. Que mis ojos estén en ti hoy, para amarte y obedecer todo lo que me has pedido hacer. Y más que nada, que yo recuerde que la batalla es tuya y tú nunca fallas.

VISTA VISIONARIA

Y él respondió: "No temas, porque los que están con nosotros son más que los que están con ellos". Eliseo entonces oró, y dijo: "Oh Señor, te ruego que abras sus ojos para que vea". Y el Señor abrió los ojos del criado, y miró que el monte estaba lleno de caballos y carros de fuego alrededor de Eliseo.

2 Reyes 6:16-17 NBLA

Hellen Keller nació sin vista. Una vez dijo: "¿qué es peor que nacer sin vista? ¡Nacer sin visión!". Ver y visión no son lo mismo. El profeta Eliseo tuvo visión, pero su siervo, no. Su siervo solo podía ver al ejército del rey sirio que rodeaba a Eliseo en Dotán, listo para que su siervo "viera" lo que Dios estaba haciendo. En las manos de Dios estaban completamente a salvo.

Necesitamos visión para ver lo que Dios está haciendo. A veces, nos sentimos decepcionados y desanimados. La gente nos defraudó. Las cosas no salen como esperábamos. Los recursos parecen escasos. Desde nuestro punto de vista, hay poca esperanza a la que aferrarnos. Sin embargo, cuando Dios está obrando no hay razón para temer. Los que están con nosotros son más que los que están con ellos.

Dios, dame tu visión para ver las cosas a tu modo. Abre mis ojos para que pueda ver. Abre mi corazón para que yo pueda amar. Abre mis manos, para que yo pueda ayudar. Abre mi mente para entender las victorias que has planeado.

ALABANZA

Bendeciré al Señor en todo tiempo; continuamente estará Su alabanza en mi boca. En el Señor se gloriará mi alma; lo oirán los humildes y se regocijarán. Engrandezcan al Señor conmigo, exaltemos a una Su nombre.

Salmos 34:1-3 NBLA

Para David, la alabanza no era solo un cumplido para Dios. En cambio, la alabanza de David era un desbordamiento de gozo por una vida que Dios enriqueció. Tal como David escribió acerca de Dios: su jactancia era continua y contagiosa (versículo 3). No podía guardárselo para sí mismo, quería que quienes lo rodeaban lo acompañaran a alabar. Cada uno de nosotros es diferente en cuanto a la manera en que expresamos nuestra alabanza. La alabanza puede ser fuerte o silenciosa. A veces, es espontánea y brota sin tropiezos; y otras veces, es un crescendo constante de asombro por la presencia de Dios. La alabanza puede expresarse como un simple "gracias, Dios" que brota de tu interior.

C. S. Lewis escribió que alabamos lo que disfrutamos, y que nuestra alabanza no solo expresa nuestro gozo, sino que completa nuestro disfrute de Dios. John Ortberg contrasta la alabanza verdadera contra el egoísmo, el placer y el hedonismo. Con el placer egoísta, exigimos cada vez más complacernos a nosotros mismos, pero luego, entra la ley de los rendimientos decrecientes, y lo que nos hizo felices ayer, ya no lo hace hoy. Nuestra capacidad del gozo disminuye. Pero con la alabanza a Dios, mientras más magnificamos al Señor, más se expande nuestra alabanza. Nuestra capacidad para el gozo aumenta.

Dios, escucha la alabanza de mi corazón hoy. Que mi deleite en ti resuene dentro de mí a lo largo de mi día. Recuérdame que mi gozo profundo solamente se halla en conocerte.

LIBERACIÓN

Busqué al Señor, y Él me respondió, y me libró de todos mis temores. Los que a Él miraron, fueron iluminados; sus rostros jamás serán avergonzados. Este pobre clamó, y el Señor le oyó, y lo salvó de todas sus angustias. El ángel del Señor acampa alrededor de los que le temen, y los rescata.

Salmos 34:4-7 NBLA

David buscó al Señor. El rey Saúl quería matar a David, por lo que David corrió a un rey enemigo, Abimelec, en busca de protección (1 Samuel 21). Para sobrevivir, David actuó como un loco y Abimelec lo dejó en paz. Muchas veces en el peligro, David encontró liberación en Dios. Dios lo libró de temores intimidantes (versículo 4) y muchos problemas (versículo 6). Dios le dio respuestas a David, lo hizo valiente, le quitó la vergüenza, lo escuchó y lo salvó. La liberación de David empezó cuando él buscó al Señor.

Con muchísima frecuencia, los hombres pasan sus vidas buscando las cosas y las circunstancias perfectas. Crecimos esperando la próxima etapa en la que la vida sería perfecta: cuando pueda conducir, cuando consiga un trabajo, cuando tuviera un vehículo, cuando me case, cuando tenga hijos, cuando pueda jubilarme, y así sucesivamente. Pero nunca hay suficientes cosas, nunca existirá la vida perfecta. Sin embargo, cuando buscamos al Señor, procuramos su dirección, escuchamos su voz y nos regocijamos en sus respuestas, él ofrece una sensación de gozo profundo.

Padre Dios, permite que yo sea conocido como un hombre que te busque. Ahora, te necesito a ti y necesito tu liberación.

EXPERIENCIA

Prueben y vean que el Señor es bueno;
¡qué alegría para los que se refugian en él!
Teman al Señor, ustedes los de su pueblo santo,
pues los que le temen tendrán todo lo que necesitan.

Salmos 34:8-9 NTV

Se requiere tiempo y práctica para escuchar a Dios; esto no es para los que tenemos prisa. A veces, cuando más nos encontramos con Dios es cuando estamos más desesperados de que Él venga a rescatarnos de los problemas. Desearía que no fuera así, pero a Dios no parece molestarle, porque siempre es paciente y está lleno de bondad amorosa. A medida que conocemos a Dios en los altibajos de nuestra vida diaria, descubrimos cuán bueno es. Para el escritor de este salmo, en el versículo 4, el terror y el pavor que causaban miedo se reemplazan por el temor y la reverencia apropiada ante Dios. El temor de Dios apropiado nos aleja de los temores de nuestra vida diaria.

David escribió que la persona bendecida es la que se refugia en Dios (versículo 8). El refugio no se encuentra en la seguridad de nuestras inversiones, en la autoridad de nuestro cargo, ni siquiera en la lealtad de nuestras familia y amigos. El refugio se encuentra en Dios. Hay gozo y consuelo cuando damos un paso adelante y probamos a Dios por nosotros mismos. Cuando probamos el gozo y la bondad de Dios, tanto las tentaciones internas como los enemigos externos pierden su poder contra nosotros. Aquellos que prueban, que absorben profundamente la presencia y la provisión de Dios encontrarán su gozo en Él.

Dios, estoy listo para probar algo nuevo. Estoy preparado para embarcarme en una nueva aventura para ver tu obra en mi vida. Quiero aprender más de ti. Tú eres bueno.

PREPARARNOS PARA LA BENDICIÓN

Sepan que Él, el SEÑOR, es Dios; Él nos hizo, y no nosotros a nosotros mismos; pueblo Suyo somos y ovejas de Su prado.

SALMOS 100:3 NBLA

¿Cómo llega un hombre a ser bendecido por Dios? Queremos la bendición de Dios sobre nuestras amistades, sobre nuestras familias, sobre nuestra carrera y sobre todos los aspectos de nuestras vidas. Este versículo contiene una clave para abrir la bendición de Dios. Para que Dios nos bendiga debemos comprender tres realidades fundamentales. Primero, debes saber quién es Dios. Muchos desvían su atención hacia el conocimiento de sí mismos, pero hay un valor mayor en saber quién es Dios. A. W. Tozer escribió que lo más importante de cualquier hombre es lo que piensa acerca de Dios. Cuando conocemos a Dios, descubrimos que solo Él está a cargo; Dios tiene el control soberano.

Segundo, saber quién nos hizo. En 1859, el *Origen de las Especies,* escrito por Charles Darwin, engañó a la gente para que pensara que no hay un creador, sino que solo somos un accidente evolucionado. Qué diferente es darte cuenta de que Dios te formó y te diseñó a su imagen con un propósito para vivirlo. Tercero, saber quién nos dirige. Al igual que las ovejas, somos guiados por un Buen Pastor que nos conoce, nos guía, nos provee y nos protege. Este Pastor nos guiará un día a nuestro hogar en el cielo.

Dios, tú conoces las veces cuando he luchado con la duda, cuando me he preguntado quién soy realmente o, incluso, para qué estoy aquí. Te agradezco porque tengo un Pastor, uno bueno, quien tiene bendiciones planeadas para mí a medida en que yo sigo su guía.

FE O DUDA

Entonces le dijo a Tomás: —Pon tu dedo aquí y mira mis manos; mete tu mano en la herida de mi costado. Ya no seas incrédulo. ¡Cree! —¡Mi Señor y mi Dios!— exclamó Tomás.

JUAN 20:27-28 NTV

Dependiendo de tus antecedentes, es posible que hayas escuchado que tener dudas acerca de Dios es, de alguna manera, algo malo. Algo que hay que reconocer en la historia de Tomás es que Jesús nunca lo reprende ni lo rechaza por sus dudas. Jesús invita simplemente a Tomás a que lo toque y, luego, lo anima. La fe y la duda casi siempre se enfrentan entre sí, pero podría ser mejor verlas como compañeras que se complementan entre sí. Si tienes dudas sobre Dios o sobre tu capacidad para completar una tarea determinada en tu vida, incluye también a la fe en la conversación mental. Considera que tu duda, en realidad, puede ser fortalecida por tu fe.

Está bien luchar un poco. Lo vemos una y otra vez en las Escrituras. Luego, también debemos crear un ambiente seguro para otras personas que luchan con cosas en sus vidas, ya sea su fe, preguntas acerca de Dios o simplemente preguntas acerca de la vida en general. Atráelos más profundamente y no los rechaces. Hazles preguntas como: "¿por qué piensas eso?". Anímalos diciéndoles: "Esa es una pregunta muy buena. Cuéntame más sobre eso".

Dios, yo creo, pero ayuda a mi incredulidad. Gracias por no avergonzarme cuando tengo dudas.

MAYO

Mi mandato es:
"¡Sé fuerte y valiente!
No tengas miedo ni te desanimes,
porque el Señor tu Dios está contigo
dondequiera que vayas".

Josué 1:9 NTV

TEMOR

"Yo, Yo soy su consolador. ¿Quién eres tú que temes al hombre mortal, y al hijo del hombre que como hierba es tratado? ¿Has olvidado al SEÑOR, tu Hacedor, que extendió los cielos y puso los cimientos de la tierra, para que estés temblando sin cesar todo el día ante la furia del opresor, mientras este se prepara para destruir? Pero ¿dónde está la furia del opresor?".

ISAÍAS 51:12-13 NBLA

El miedo es una fuerza poderosa, y puede paralizarnos para lograr los sueños que Dios tiene para nosotros. Debido a la infidelidad del norte de Israel, Dios permitió que los asirios los derrotaran en el año 722 a. C. En el sur, Judá también estuvo en peligro, ya que el rey de Asiria también los amenazó. Sin embargo, el rey de Judá siguió el consejo de Isaías acerca de orar a Dios, y Jerusalén se salvó milagrosamente. Dios quería que su pueblo aprendiera la lección: la única manera de vencer el miedo al hombre es tener un temor aún más grande: un temor sano en Dios solamente.

La gente que teme a Dios no debe tener miedo de ninguna otra cosa. Este temor a Dios incluye un asombro santo de quien Él es, un temor a desobedecerlo y una conciencia de su poder y planes para nuestras vidas. Sin embargo, cuando tememos a la gente (versículo 12), se demuestra que nos hemos olvidado de Dios y de su poder (versículo 13). Juan Calvino describió el miedo como una manera de darle más poder al hombre mortal que al poder de Dios, quien te defiende.

Dios santo, hoy elijo, con tu ayuda, no tener miedo de los demás. Debido a que me ordenaste no tener miedo, sé que tú también proveerás el poder y los recursos que necesito para confiar en ti. Hoy, mi corazón está firme, confiando solamente en ti.

EL PADRENUESTRO

"Danos hoy el pan nuestro de cada día. Y perdónanos nuestras deudas, como también nosotros hemos perdonado a nuestros deudores. Y no nos dejes caer en tentación, sino líbranos del mal".

MATEO 6:11-13 NBLA

Jesús les enseñó a orar a sus seguidores por lo que ya está en el corazón de su Padre. Cuando oramos esto, estamos de acuerdo con Dios, quién quiere que su nombre se mantenga santo, que su reino se establezca y que su voluntad se haga en la tierra de la misma forma en la que se hace en el cielo. Orar es una actitud del corazón que se humilla ante Dios y clama: "¡te necesito!".

Jesús nos dice que oremos por nosotros mismos en tres áreas que es lo que Dios quiere para nosotros. Primero, le pedimos a nuestro Padre que nos dé lo que necesitamos, porque Él es un dador generoso y se deleita en dar buenos regalos a sus hijos. Cuando hacemos un inventario de todo lo que tenemos, reconocemos que todo ha venido de Él. Segundo, le pedimos a nuestro Padre que nos perdone, porque Él sabe que hay pensamientos que hemos tenido, palabras que hemos dicho, cosas desagradables que hemos hecho, y amor que hemos retenido. Él es un perdonador misericordioso. Él quiere que nosotros los confesemos y que seamos restaurados con Él. Tercero, le pedimos a nuestro Padre que nos libre de la tentación porque Él sabe que la enfrentamos cada día. Él es un libertador poderoso, quien siempre nos rescatará cuando se lo pidamos.

¡Tú eres un buen Padre! Gracias por tus consideraciones acerca de mí y por que sabes lo que necesito. Gracias por invitarme a venir a tu presencia y orar confiadamente por estas cosas. Al acudir a ti, me transformas y me permites confiar más en ti.

ADORACIÓN FAMILIAR

Al día siguiente madrugaron y, después de adorar al Señor, volvieron a su casa en Ramá. Luego Elcaná se unió a su esposa Ana, y el Señor se acordó de ella.

1 Samuel 1:19 NVI

La adoración es importante para el Padre. Temprano por la mañana, al inicio de la semana, es algo que debería convertirse en uno de los primeros actos que hagas. Esto pondrá el tono espiritual para el resto de la semana.

A continuación, hay algunas sugerencias que puedes usarlas semanalmente:

- Asegúrate de descansar bastante la noche anterior.
- Elije la ropa que te pondrás al día siguiente.
- Despierta a tiempo.
- Si tu pastor ha compartido lo que presentará, lee ese texto durante el desayuno.
- Sal de tu casa a tiempo para llegar diez minutos antes.

Cuando hacemos que la adoración sea una prioridad personal al estar preparados, maduraremos para anticipar la actividad de Dios. Cuando vivimos con una expectativa de humildad, esperaremos ansiosamente el momento de la adoración.

Señor, confieso que no he tomado la adoración a ti tan seriamente como debiera. Ayúdame a ver la adoración con la misma importancia que tú le das, y de asegurarme a verla como la prioridad de la semana.

ORACIÓN PREVISORA

Pido también que les sean iluminados los ojos del corazón para que sepan a qué esperanza él los ha llamado, cuál es la riqueza de su gloriosa herencia entre pueblo santo, y cuán incomparable es la grandeza de su poder a favor de los que creemos. Ese poder es la fuerza grandiosa y eficaz.

EFESIOS 1:18-19 NVI

Steve Jobs, el difunto cofundador de Apple, dijo una vez: "Si estás trabajando en algo emocionante que realmente te importa, no tienes que ser presionado. La presión te jala". Pablo oró para que tuviéramos una visión moldeada por Dios. Él quería que nosotros viéramos con nuestro corazón la esperanza, las riquezas y el poder que Dios tiene para cada uno de los que creen. La "esperanza" cree que Dios cumple lo que prometió. No vive entre límites, sino que vive en el ámbito de lo que Dios puede hacer. Las "riquezas" describen la herencia de los creyentes en Cristo. Todo lo que Cristo tiene es nuestro, y a medida que encontramos promesas en la Palabra de Dios, las reclamamos en Cristo.

Pero ¿qué bien sería tener riqueza, pero estar demasiado débil para usarla? Así que, esta visión moldeada por Dios también incluye poder: el mismo poder que levantó a Jesús de la muerte. Ese poder te permite vivir con autoridad. Las batallas que enfrentas podrían tratar de intimidarte, pero más grande es Jesús en ti que cualquier cosa en el mundo.

Dios, necesito tu visión para vivir con la esperanza, las riquezas y el poder que tienes para mí. Sácame adelante hoy con esta visión moldeada por Dios.

REPRODUCIDO

Por lo tanto, ustedes ya no son extraños ni extranjeros, sino conciudadanos del pueblo elegido y miembros de la familia de Dios, edificados sobre el fundamento de los apóstoles y los profetas, siendo Cristo Jesús mismo la piedra angular.

EFESIOS 2:19-20 NVI

En Cristo, todo ha cambiado. Una vez Israel era la única nación escogida de Dios, pero ahora el pueblo en Cristo lo es. Él volvió a crearnos como conciudadanos. Antes éramos extraños a las cosas de Dios, pero ahora somos miembros de la familia de Dios, adoptados completamente como miembros de la familia de Dios. En los días del Antiguo Testamento, los que no eran judíos no podían entrar en el área del templo, pero ahora somos recreados como un templo santo para el Señor donde habita su Espíritu (versículo 21).

¿Qué significa todo esto? Primero, nos vemos a nosotros mismos de manera diferente. Los hábitos, los recuerdos, los temores y las cosas pasadas ya no deben controlarnos porque Dios nos ha llevado más cerca de Él. Segundo, vemos a los demás de forma distinta. Juzgar a los demás ya no sale a borbotones de nuestra boca. Somos perdonados y estamos agradecidos. Ya se han dibujado los planos, y el Maestro Constructor está siguiendo su plan en crearnos de nuevo según las nuevas especificaciones. La piedra angular marcó el inicio del cimiento que el constructor usará para que el edificio esté a nivel y los ángulos bien definidos. En este plan nuevo, Jesucristo es la piedra angular, y todo lo que se construya será perfecto y estará de acuerdo con el plan de Dios.

Padre, gracias por lo que estás creando en mí. Gracias por que ya no soy un forastero, sino un privilegiado en tu familia.

ANDAR EN AMOR

Sean, pues, imitadores de Dios como hijos amados; y anden en amor, así como también Cristo les amó y se dio a sí mismo por nosotros, ofrenda y sacrificio a Dios, como fragante aroma.

EFESIOS 5:1-2 NBLA

¡Qué declaración tan audaz! ¿Cómo podría alguien imitar a Dios? ¿Y de qué manera podría alguien pedirnos que seamos imitadores de Dios? Esa idea ¿no te parece completamente ridícula esta idea? El secreto de toda esta idea se encuentra en la frase "como hijos amados". Esto es más que solo una expresión amable. La redacción original señala tanto el carácter como la razón de esa imitación. Debemos ser como Dios porque somos sus hijos. ¿Puedes pensar en alguna forma en que te parezcas a tu papá? Tal vez tengas la voz de tu papá, su sonrisa, su forma de caminar, su sentido del humor o su ingenio agudo. Él no tenía que enseñarte; como hijo suyo, te pareces naturalmente a él de alguna manera.

Hay maneras en las que nunca seremos como Dios, pero debemos imitarlo de esta forma: la manera en que amamos. Jesús fue tanto nuestro ejemplo como la causa de nuestra capacidad para amar a quienes nos rodean. No hay de qué quejarse sobre cuán difícil es amar a las personas porque es el amor de Jesús el que estamos dando, y no el nuestro.

Padre, gracias por diseñarme para amar como Jesús ama. Ahora está en mi genética espiritual. Deseo que tu amor se filtre a través de mí hoy, especialmente para quienes me han sido difíciles de amar. Gracias por hacerme tu hijo. Tal vez, algún día, la gente me mire y se sienta atraída a ti.

PODER

Sean llenos del Espíritu. Hablen entre ustedes con salmos, himnos y cantos espirituales, cantando y alabando con su corazón al Señor. Den siempre gracias por todo, en el nombre de nuestro Señor Jesucristo, a Dios, el Padre. Sométanse unos a otros en el temor de Cristo.

EFESIOS 5:18-21 NBLA

Cuando nos volvemos cristianos, recibimos al Espíritu Santo (1 corintios 12:13). Pablo les escribió a los cristianos que tenían al Espíritu, pero dijo que ellos necesitaban ser llenos con ese Espíritu. Él no estaba diciendo que ellos necesitaban más del Espíritu, sino que el Espíritu necesitaba más de ellos. Cuando cedemos nuestra voluntad, nuestros planes y nuestro ser a Dios, el Espíritu Santo puede tomar el control y guiarnos.

¿Cómo sabemos si no estamos llenos? Podríamos ver conflicto en nuestras relaciones, nuestra vida de oración podría parecer obsoleta, podemos estar llevando una doble vida de tensión entre nuestro antiguo ser y la nueva vida en Cristo, o quienes nos rodean no estarían viendo la evidencia del Espíritu en nosotros (amor, gozo, paz, paciencia, bondad, fidelidad, mansedumbre y dominio propio; Gálatas 5:22-23). Si algo de esto es cierto, necesitamos pedir a Dios que nos llene del Espíritu Santo. Jesús nos recordó que nuestro Padre celestial dará al Espíritu Santo a quien se lo pida (Lucas 11:13).

Padre Dios, no quiero tener solamente una experiencia; te deseo a ti. Lléname con tu Espíritu Santo hoy. No quiero vivir solamente en mi en mis propias fuerzas, te necesito. Quiero amarte con todo mi corazón, alma, mente y fuerza, y quiero que el Espíritu de Cristo me llene completamente.

ARMADURA Y FORTALEZA

Fortalézcanse en el Señor y en el poder de su fuerza. Revístanse con toda la armadura de Dios para que puedan estar firmes contra las insidias del diablo.

EFESIOS 6:10-11 NBLA

En algún punto descubrimos que la vida es más que un campo de batalla o de juegos. Encontramos pruebas y tiempos difíciles e incluso sentirte que estamos bajo ataque. Cuando Pablo escribió las palabras de arriba, él estaba en prisión en Roma y se sintió desanimado e aislado. Él sabia que los hombres necesitaban ganar fuerza. Él sabía que los hombres necesitarían ganar la fuerza del Señor. La vida en tiempo de batalla nos obliga a estar alertas, tener estrategia y mantenernos enfocados. Entendemos que hay ideas falsas en nuestras culturas que atacan nuestros valores. Nos miramos interiormente y sabemos que nuestra antigua naturaleza puede surgir y resistir las cosas de Dios. La Biblia también revela que existe un diablo con planes contra los hombres que siguen a Dios.

Sin embargo, Dios no nos deja indefensos en esta batalla. Él nos da una armadura para que nos la pongamos: armas de la verdad, justicia, paz, fe, salvación y la Palabra de Dios (versículos 13-18). Martín Lutero escribió el himno "Castillo fuerte es nuestro Dios", incluyendo las palabras: "Y si demonios mil están prontos a devorarnos, no temeremos, porque Dios sabrá cómo ampararnos. ¡Que muestre su vigor Satán, y su furor! Dañarnos no podrá, pues condenado es ya por la Palabra Santa". Dios tiene planes para tu éxito. En Cristo, tienes un defensor: el Señor, poderoso en batalla.

Señor, poderoso en batalla, muestra hoy tu fortaleza en mi vida. Protege a mis seres queridos. Muéstrame cómo permanecer en tu fuerza. Contigo derrotaré a mis enemigos.

VIVIR POR FE

Sin fe es imposible agradar a Dios. Porque es necesario que el que se acerca a Dios crea que Él existe, y que recompensa a los que lo buscan.

HEBREOS 11:6 NBLA

¿Qué es la fe y por qué es tan difícil vivir por fe? Aquí vemos que los requisitos de la fe verdadera son opuestos a la vida en nuestro mundo. La fe no es ciega. La fe se basa en la evidencia real de que la mayoría de las personas rechazan sin probar: evidencia de que Jesús resucitó de entre los muertos y de que hay un Dios real que existe, creó todo y ha demostrado amor por nosotros.

La fe se conecta con la historia de Dios, la cual es más real que la historia de nuestro mundo natural. La historia de Dios comienza: "En el principio, Dios", y termina con Jesús diciendo: "Vengo pronto", y está escrita en cuatro actos. El primer acto es la creación de Dios, donde todo era bueno. El segundo acto fue la caída en el pecado y la sentencia de trabajo duro, tristeza y muerte. El tercer acto empezó inmediatamente después de la caída en el huerto cuando Dios desplegó su plan para redimir de pecado a las personas que Él creó y que habían caído. El acto final, representado en Apocalipsis, incluye a Dios volviendo a crear un cielo y una tierra nuevos, y restaurándolo todo. Creer en Dios es vivir en su historia, donde Él recompensa a quienes lo buscan. Vivir por fe es la única manera en que podemos agradar a Dios.

Dios, gracias por tu historia. La vida puede cansarme, y a veces, parece como que estoy atrapado en el segundo acto: trabajo duro, tristeza y muerte. Recuérdame que tu historia está obrando. Con tu ayuda, hoy viviré por fe en ti y en tu historia.

FE EN EL PLAN DE DIOS

Por la fe Isaac bendijo a Jacob y a Esaú, previendo lo que les esperaba en el futuro.

HEBREOS 11:20 NVI

Isaac, el hijo de Abraham, tuvo que vivir por fe a lo largo de su vida. El nacimiento de los gemelos de Isaac, Jacob y Esaú, no fue un nacimiento común. En Génesis 25:23, el Señor le dijo a la madre que los esperaba, Rebeca, que había dos naciones en su vientre y que el mayor serviría al menor. Isaac amaba a Rebeca, pero él y ella preferían a un gemelo diferente.

El versículo de arriba describe el evento final de la vida de Isaac. Mientras Isaac se preparaba para dar la herencia a Esaú, el mayor y preferido de él, Rebeca y Jacob intervinieron y ganaron la herencia por medio del engaño. Cuando Isaac se dio cuenta de que el "hijo equivocado" había ganado la herencia, no trató de retractarse de su acción. Por fe, él entró en el plan de bendición de Dios, incluso cuando iba en contra de su otro hijo. Isaac se dio cuenta de que había una historia más grande en juego, y decidió vivir según el plan de Dios y no el de él. Cada uno de nosotros está llamado a vivir por fe. ¿Cómo es eso en tu vida? ¿Hay algo que Dios te haya pedido que hicieras, incluso si va en contra de tus propios planes y deseos? Isaac vivió "pensando en lo que había de venir". Y esa vida de fe marcó la diferencia.

Padre, ayúdame a vivir por fe en ti esta semana. Me doy cuenta de que hay momentos cuando solo quiero hacer lo que yo quiero hacer, y puedo tomar mis decisiones basándome solamente en lo que veo y que me beneficia. Gracias por llamarme a vivir en tu historia que es más grande que las demás.

MENTORÍA

Acuérdense de sus guías que les hablaron la palabra de Dios, y considerando el resultado de su conducta, imiten su fe.

HEBREOS 13:7 NBLA

Como hombres, nunca estamos solos. Crecemos por medio de observar los ejemplos de los demás, y cada uno de nosotros necesita a alguien que lo guíe. Hebreos 11, nos da un listado largo de héroes valientes, quienes se han mantenido firmes en la fe, y cada generación tiene más líderes llenos de fe para que nosotros aprendamos de ellos. Observamos cómo viven y cómo demuestran fe que está como roca sólida. Miramos cómo ellos toman decisiones, cómo aman como hombres, cómo oran, cómo manejan las finanzas y cómo enfrentan los conflictos. Estamos alertas para poder imitar y nosotros mismos ser más fuertes.

Para permanecer fuertes, también necesitamos a alguien que camine junto con nosotros. Necesitamos a un hermano con quien orar y compartir a medida que crecemos juntos en fe. También somos parte del paso de la batuta de la fe para la siguiente generación. Eso significa que necesitamos invertir nuestra vida y nuestra fe en un hombre joven.

Padre Dios, te agradezco por los hombres devotos que están en mi vida. Deseo recordar sus vidas e imitar su fe. Es mi oración que otros vean la misma fe en mí para que me imiten.

SABIDURÍA DE LO ALTO

Si alguno de ustedes requiere de sabiduría, pídasela a Dios, y él se la dará, pues Dios se la da a todos en abundancia y sin hacer ningún reproche.

Santiago 1:5 rvc

Cuando Salomón empezó su reinado como rey de Israel, él le pidió a Dios solo una cosa: sabiduría (1 Reyes 3). Dios estaba complacido de que él no había pedido larga vida, riquezas o venganza sobre sus enemigos. Salomón pidió lo más importante. Así que Dios lo recompensó dándole un corazón de discernimiento como ningún otro. Luego, Dios bendijo a Salomón con riquezas y honor en adición a la sabiduría.

Cada uno de nosotros enfrentan pruebas y desafíos donde nuestro propio entendimiento humano no es suficiente. No vemos la respuesta. No tenemos los recursos. Quizá sucedió algo inesperado. Tal vez no funcionaron nuestros mejores planes. Tal vez hay un conflicto con alguien, y no vemos una salida. Necesitamos la sabiduría de Dios. La buena noticia es que Dios nos dice que pidamos sabiduría, y que Él la dará si se lo pedimos. Dios no es tacaño, sino generoso para darnos sabiduría.

Padre, gracias por tu sabiduría. Tú conoces los desafíos que estoy enfrentando en este momento. Necesito que me ayudes a resolver esto. Te agradezco porque eres un Padre generoso, y ahora confío en ti.

ESTAR FIRME

En cuanto a ustedes, que permanezca en ustedes lo que oyeron desde el principio. Si en ustedes permanece lo que oyeron desde el principio, ustedes también permanecerán en el Hijo y en el Padre.

1 Juan 2:24 NBLA

Si alguna vez has reemplazado una lámpara, sabes que debes conectar los cables negros y los blancos entre sí. El cable caliente suministra la energía y el cable neutro transporta esa corriente de regreso. Pero el tercer cable es muy importante. La electricidad siempre está buscando el camino más corto de regreso a la tierra, por lo que, si hubiera un problema, el tercer cable, el cable de conexión a tierra, proporciona un camino directo de regreso a la tierra, evitando que se convierta en ese camino más corto y sufras una descarga grave.

Algunas personas viven la vida sin el cable de tierra conectado. Cuando sucede lo inesperado, necesitamos tener los pies sobre la tierra. Juan escribió que necesitamos permanecer en Cristo. Lo que estaba tan claro para nosotros cuando éramos más jóvenes puede llegar a ser poco claro y confuso. Recordar lo que hemos aprendido y experimentado, Jesús nos permite permanecer con los pies en la tierra y siendo inquebrantables cuando la vida se vuelva tormentosa.

Dios Padre, hazme inquebrantable. Recuerdo una vez cuando las cosas parecían más claras. Deseo que Jesús sea hoy mi punto de anclaje, mi cable de tierra.

FAMILIA

Miren cuán gran amor nos ha otorgado el Padre:
que seamos llamados hijos de Dios. Y eso somos.
Por esto el mundo no nos conoce,
porque no lo conoció a Él.
1 JUAN 3:1 NBLA

He aquí una verdad sorprendente: En Cristo, somos parte de la familia de Dios. Cada uno es creación de Dios, pero la Biblia es clara en que aquellos que han recibido al Hijo son los que serán llamados hijos de Dios (Juan 1:12). La primera palabra, *mirar* o *contemplar,* es una orden tajante de prestar atención porque algo maravilloso está a punto de decirse. El título es real, así que Juan añade aquí "y así somos".

Somos la familia de Dios. Dios no solo nos ha perdonado, Él también se ha entregado a nosotros. Como niños, nos encontramos en una posición única y certera. Tenemos una posición legal que define nuestro estatus como parte de la familia de Dios. Somos herederos, tenemos acceso a venir en oración confiadamente a la presencia de nuestro Padre Dios, y podemos conocer su amor todos los días.

Padre Dios, estoy sorprendido de que me hayas hecho hijo tuyo. Me has colocado en tu familia. Me has perdonado y tus pensamientos para mí son maravillosos. Hoy viviré en el gozo y el honor del apellido familiar.

FUTURO

Amados, ahora somos hijos de Dios y aún no se ha manifestado lo que habremos de ser. Pero sabemos que cuando Cristo se manifieste, seremos semejantes a Él, porque lo veremos como Él es.

1 Juan 3:2 NBLA

Hay un evento futuro que los hijos de Dios esperan ansiosamente: el regreso de Jesús. En 1 Juan 2:28 y 3:2, Juan usa dos palabras para describir esto: la venida de Jesús y su aparición. En el Imperio Romano, cuando un gobernante iba de visita, había una gran celebración y regocijo. Aquí, leemos acerca de la aparición de Jesús que nosotros veremos. Jesús dijo que regresará cuando el Padre lo decida, y cuando todos los pueblos lo hayan escuchado (Mateo 24:14).

Cuando Jesús regrese, seremos cambiados. En Cristo, ya hemos sido cambiados para tener una nueva naturaleza, para estar conscientes cuando pecamos y para tener el deseo de vivir para Dios. Pero cuando Jesús regrese, el cambio será completo porque estamos destinados para la gloria. Seremos como Él porque lo veremos como Él es, cara a cara.

Señor Jesús, me regocijo porque tú volverás a venir. No entiendo todo acerca de ese gran evento, pero me consuela saber que soy tu hijo y que tienes un gran futuro planeado para mí.

MOSTRAR EL AMOR DE DIOS

Hijos, no amemos de palabra ni de lengua,
sino de hecho y en verdad.
1 JUAN 3:18 NBLA

Para un hijo de Dios, el amor no es solo una tarea, sino una manera de saber quién eres. El predicador Martyn Lloyd-Jones vio que, en el Nuevo Testamento, nunca se nos llama a hacer algo sin antes recordarnos quiénes somos. Y por causa de Cristo, amamos. No nos hacemos cristianos mostrando amor; demostramos que somos cristianos por nuestro amor.

Posiblemente hay personas que a ti no te caen muy bien. Quizá sean negativas, mezquinas, agresivas, perezosas, irreflexivas, insultantes o irritantes. Pero esto es distinto. Amar no se basa en nuestras diferencias de personalidad o en si nos cae bien o no la otra persona. Debido a que Dios es amor (1 Juan 4:8) y nosotros somos hijos de Él, nosotros amamos. Y el amor no es una idea o una sensación suave y sentimental. El amor debe expresarse. ¿A quién le demostrarás el amor de Dios hoy?

Padre, tú eres amor. Tú me hiciste para amar. Deseo poder llevar a cabo tu diseño en mí.

VENCEDORES

Hijos míos, ustedes son de Dios y han vencido a los falsos profetas, porque mayor es Aquel que está en ustedes que el que está en el mundo.

1 Juan 4:4 NBLA

Al final del primer siglo, Juan les escribió a los cristianos, quienes tenían mucho que temer. Ellos tuvieron una existencia frágil que encontró pocas comodidades en la vida diaria; y fueron perseguidos por los zelotes judíos, y luego, por el gobierno romano, que muchas veces convirtieron a los cristianos en chivos expiatorios de los problemas nacionales. Además, los falsos maestros tergiversaron las verdades sobre Jesús y la vida cristiana. Juan quería que los cristianos supieran quienes eran (de Dios) y el poder que tenían.

La superación es natural en la vida del creyente. Vencemos cuando no nos rendimos en nuestra fe, cuando nos negamos a vivir con miedo y cuando seguimos obedeciendo, aunque los que nos rodean no lo hagan. Vencemos cuando recordamos que el Jesús que está en nosotros es más grande que cualquier fuerza en el mundo. La victoria es segura cuando permanecemos en Cristo.

Señor Jesús, te agradezco que, debido a ti, yo soy un vencedor. Tú conoces mi situación actual. Yo reclamo esta verdad de que tú eres más grande que cualquier otra fuerza que yo enfrente. En ti, mi victoria está segura.

SACRAMENTAL

Amados, si Dios así nos amó, también nosotros debemos amarnos unos a otros.

1 Juan 4:11 NBLA

El amor es uno de esos temas de los que es fácil hablar, pero difícil de poner en práctica. Se dijo que a el teólogo Karl Barth, del siglo veinte, le preguntaron cuál era la verdad teológica más grande de todas; y él respondió: "Cristo me ama, bien lo sé, pues la Biblia dice así". En un día frío de invierno, tu perro se deleita en enroscarse frente a la chimenea y se satura de su calidez. El amor de Dios es como eso. De nada sirve pensar en el concepto del amor; tenemos que saturarnos en él y dejar que su calidez nos impregne para que podamos amar a los demás.

Un sacramento es un medio de gracia, un canal de la gracia de Dios para nosotros. Greg Ogden usa el término "personas sacramentales". Debemos ser los sacramentos de Dios para los demás, el canal por el cual ellos sienten la calidez de su amor. Una vez le preguntaron a Jesús cuál era el mandamiento más grande, y Él respondió que amar a Dios y a nuestro prójimo como a nosotros mismos. Cuando le preguntaron por el prójimo, Jesús subió el tono de la conversación y contó la historia del samaritano que le mostró amor al hombre que fue atacado por los ladrones. El amor se reduce a los detalles esenciales para llegar a las necesidades de las personas. Y cuando hacemos eso, somos un sacramento, un canal del amor de Dios hacia los demás.

Padre, te agradezco que eres amor y que me diseñaste para amar a los demás. Muéstrame a quién quieres que ame hoy. Es mi deseo que los demás.

INTRÉPIDO

En el amor no hay temor, sino que el perfecto amor echa fuera el temor, porque el temor involucra castigo, y el que teme no es hecho perfecto en el amor.

1 Juan 4:18 NBLA

¿Juan dijo "perfecto"? ¿Acaso puedes imaginarte diciéndole a un familiar o a un amigo cercano, "sí, soy perfecto en la manera en que amo"? Juan no está escribiendo que nosotros ahora somos perfectos, sino nos están completando y desarrollando a medida en que nos acercamos al objetivo que queremos como Dios nos diseñó. Hemos sido diseñados para amar. Antes de que conociéramos a Cristo, estábamos diseñados para responderle a alguien de la misma manera en que nos trató. Si alguien nos empujaba, nosotros lo empujábamos un poco más fuerte. Sin embargo, el nuevo diseño es una gran mejora. El Cristo en nosotros no reacciona de esa manera; de hecho, demostramos amor a todos aquellos que no nos amaron primero.

Este nuevo amor nos hace intrépidos. Somos valientes cuando enfrentamos la muerte, y somos intrépidos al enfrentar la vida diaria. La clave para vivir sin temor es tener un poder mayor que eche fuera al temor. Ese poder mayor es el amor de Dios. Toma en cuenta al papá que entraría rápidamente a una casa en llamas para rescatar al hijo que está atrapado allí. El amor por ese hijo es más grande que el temor a ese fuego. El amor de Dios nos hace valientes.

Padre, te doy gracias por tu amor. Recuérdame quien soy. No necesito vivir en temor porque el Dios del universo me ama. Ya no temo a tu juicio ya que tú me amas. Hazme valiente hoy.

CONFIANZA

Esta es la confianza que tenemos delante de Él que, si pedimos cualquier cosa conforme a Su voluntad, Él nos oye.

1 JUAN 5:14 NBLA

Se espera que los hombres tengan confianza en sí mismos. Si no creemos en nosotros mismos, ¿quién lo hará? Pero ¿cómo es esa confianza? ¿Fingir hasta que lo consigas? ¿Hablar más alto que la otra persona? Hay una confianza tranquila que el hombre de Dios mostró. La fanfarronería y la confianza solo llegarán hasta cierto punto. El apóstol Juan habló de un tipo diferente de confianza. Esta es una confianza que no se basa en nuestra actuación, sino en aquel que envió a su Hijo, nos llamó hijos suyos y nos prometió la vida eterna. Él nos ha llamado a acercarnos a su presencia con valentía y a orar con confianza.

Cuando oramos confiadamente, entramos al cuarto del trono del cielo, la arena más grande del universo. Como hombres, nos obligamos a llegar, y especialmente a aquellos que dependen de nosotros. Nuestras familias, amigos y compañeros de trabajo necesitan que nosotros tengamos confianza en la oración. Y cuando oramos, debido a que somos sus hijos, sabemos que Dios nos oye.

Dios, gracias por invitarme a venir a tu presencia cada día. Ayúdame a hacer oraciones audaces, llenas de fe, porque los que me rodean me necesitan. Gracias por tu promesa de que, si oro, tú escucharás.

SOÑAR DE NUEVO

Cuando el Señor hizo volver a Sión a los cautivos,
nos parecía estar soñando.
Salmos 126:1 NVI

La vida tiene una forma de robar, aplastar y encoger nuestros sueños. Hubo un tiempo en que nuestros sueños nos motivaban, agitaban nuestros corazones y alimentaban la pasión en nuestras almas. Éramos pequeños, pero nuestros sueños eran enormes. El escritor de Salmos 126 nos recuerda que nunca es demasiado tarde para volver a soñar. Después de una generación de cautiverio en Babilonia, Dios liberó a su pueblo. Eran libres de volver a casa, y eran libres de soñar de nuevo. No solo liberados, sino libres para soñar.

Una nueva época es una gran oportunidad para soñar de nuevo, para redescubrir los sueños antiguos y para pedirle a Dios que nos dé sueños nuevos. Cuando tomas en cuenta la fidelidad de Dios, su carácter confiable y su llamado a la aventura, pedirle a Él que nos dé sueños nuevos parece algo pequeño para su gran corazón. Sé valiente e invita a Dios a que te dé una capacidad renovada para volver a soñar.

Dios, tú le mostraste tu fidelidad a tu pueblo, restaurándolos y dándoles un sueño nuevo. En esta nueva época en mi vida, te invito a que hagas esta obra increíble en mi corazón. Permíteme soñar de nuevo. Libera tus grandes sueños en mi vida hoy.

REÍR DE NUEVO

Entonces nuestra boca se llenó de risas; nuestra lengua, de canciones jubilosas. Hasta los otros pueblos decían: "El Señor ha hecho grandes cosas por ellos". Sí, el Señor ha hecho grandes cosas por nosotros y eso nos llena de alegría.

Salmos 126:2-3 NVI

¿Cuándo fue la última vez que te reíste del ridículo, escandaloso y radical amor a Dios expresado en Jesucristo? Considera por unos momentos el impacto de tu experiencia. La risa y la alegría son un testimonio de la obra de Dios en nuestras vidas. El salmista marca este punto con un lenguaje increíble y exagerado. Las naciones mismas declararán la bondad de Dios cuando vean tu gozo expresado.

Hombres, imaginen el impacto que podemos hacer en nuestras comunidades si empezamos a descubrir el poder de la risa y el gozo. Si las naciones pueden ser impactada por el retorno gozoso del pueblo de Dios a Jerusalén, seguramente nuestra energía emocional podría impactar nuestra ciudad. Quizá si pudiéramos aprovechar el gozo y comenzar a reír de nuevo, si pudiéramos abrir la boca y expresarnos en la adoración, tal vez nuestros vecinos podrían declarar: "El Señor ha hecho grandes cosas por ellos".

Dios, recuérdame hoy de tu increíble obra salvadora en mi vida. Permite que el poder de tu amor se desborde en mí y me abrume. Llena mi corazón de gozo y mi boca de alabanza y ayúdame a mostrar mi gozo ante el mundo.

ENCUENTRA ESPERANZA DE NUEVO

Los que con lágrimas siembran, con regocijo cosechan.
El que llorando esparce la semilla,
cantando recoge sus gavillas.
SALMOS 126:5-6 NVI

Dios se toma el tiempo necesario para completar tu obra. Es frustrante, pero cierto. Como hombres ocupados, a veces desearíamos que Él trabajara a un paso más rápido. Luego, recordamos cuán cuidadosa, intencional y gentilmente Él está haciendo su obra transformadora en nuestras vidas, y recordamos que su tiempo es perfecto. Él entiende verdaderamente a sus hijos.

El escritor de Salmos 126 entendía dos cosas. Entendía la agricultura y, por eso, entendía que el tiempo es todo. Preparar, plantar, cuidar, observar y cosechar, todo tiene una época. Pero el escritor también entendía que, con la profunda obra transformadora de Dios, se necesita un milagro espiritual. Si un agricultor siembra lágrimas, sería lógico que cosechara lágrimas. A medida que trabajamos juntamente con el tiempo perfecto de Dios, nuestra recompensa es un cambio duradero. Podríamos sembrar lágrimas, pero en el tiempo de la cosecha, el fruto de esas lágrimas pondrá al descubierto un gozo poderoso.

Dios, espero en ti para que hagas tu obra poderosa y transformadora en mi corazón. Anhelo crecer de nuevo. Tengo la esperanza de una nueva época, donde el cambio duradero se establezca en mi vida. Dame paciencia para confiar en tu tiempo y dame compromiso con tus procesos.

LA LUZ QUE RESPLANDECE

El pueblo que andaba en la oscuridad ha visto una gran luz;
sobre los que vivían en tierra de sombra
de muerte una luz ha resplandecido.

Isaías 9:2 NVI

El sentido común está sobrevalorado. No es malo, simplemente está sobrevalorado. Dios llama a los pueblos a confiar en Él profunda y radicalmente, e incluso a seguirlo a costa del sentido común. La fe es nuestra capacidad de confiar en Dios ahora mismo, hoy, en este momento. La esperanza es nuestra capacidad de confiar en Dios por el futuro. Eso es difícil. El mensaje de Isaías era de una esperanza increíble. Solo unos cuantos capítulos antes de que las palabras en el versículo se desataran, el profeta le explicaba al pueblo de Dios que habían escogido las tinieblas como su camino. Sus corazones rebeldes y su desobediencia constante los había llevado por el camino de la oscuridad. El profeta pudo haberlo dicho de esta manera: "Creo que están perdidos".

Eso suena muy parecido a nuestros amigos o familiares cuando nos perdemos en un viaje. Es difícil de admitirlo, pero la persona sentada a nuestro lado tiene generalmente la razón. Pero hay esperanza. En el vehículo le llamamos *el mapa de Google*, y en nuestro recorrido de fe, le llamamos Jesús. Él viene a iluminar nuestra desorientación y a guiarnos gentilmente de vuelta a su plan perfecto. El sentido común dice resuélvelo tú mismo. Pero Jesús dice, Él es la luz del mundo (Juan 8:12; 9:5).

Dios, de que tu luz brille en mi corazón hoy. Ilumina mis caminos. Ayúdame a confiar radicalmente en ti y a fijar los ojos en ti por mi futuro.

ALMA ERRANTE

Todos nosotros nos hemos extraviado como ovejas; hemos dejado los caminos de Dios para seguir los nuestros. Sin embargo, el Señor puso sobre él los pecados de todos nosotros.

Isaías 53:6 NTV

Algo no funciona dentro de nosotros, y como hombres, lo sabemos. Observamos a las personas que nos rodean mientras luchan por mantenerse alineados con los valores y la visión de Dios. Sin embargo, a decir verdad, sabemos que algo no funciona al vernos interiormente. Tenemos la tendencia a deambular. Podemos verlo en los demás, pero lo más importante es que lo sentimos en nuestro propio recorrido con Cristo. El profeta Isaías describió este dilema usando una imagen del mundo de pastoreo. Él estaba hablándoles a los ancianos del pueblo de Dios, conocidos como los pastores del rebaño. Les recuerda que ellos no eran diferentes a las personas a las que habían sido llamados a pastorear.

¡Qué estímulo tan maravilloso! Si los hombres devotos que son llamados y facultados como líderes luchan por andar en el camino de Dios, creo que podemos dejar de castigarnos a nosotros mismos. En vez de eso, podemos apoyarnos en la verdad. Esta es una verdad teológicamente increíble: Jesús no se desvió del camino. Él estaba comprometido con su recorrido a la cruz y con su muerte sustitutiva. Ahora bien, no importa cuántas veces nos encontremos apartados del camino de Dios, podemos, a través del poder de Cristo, hallar nuestro camino de regreso al rebaño y a un alma restaurada.

Gracias, Señor, por ser mi Pastor; por darme todo lo que necesito. Guíame, día tras día, a lo largo de tus caminos.

SEGUIDORES PARA OTROS

Sean imitadores de mí, como también yo lo soy de Cristo.

1 Corintios 11:1 NBLA

¿Alguna vez has tenido la vaga sospecha de que te están observando? ¡Pues, lo estás! ¿Es tu vecino extraño, tu jefe sospechoso o el cartero? Son todos ellos, y muchos, muchos más.

Cuando Pablo pronunció las palabras del versículo anterior a sus hermanos en la iglesia de Corinto, los estaba invitando a observar e imitar intencionalmente su vida en Cristo. Él estaba aprendiendo a seguir a Jesús y vivía abiertamente para que todos lo vieran y pudieran seguirlo. Hombres, vivan su fe en voz alta par que los demás la vean, la imiten, la sigan y se conviertan.

Dios, ayúdame a seguirte de tal manera que aquellos que me siguen te vean a ti y vean a Jesús.

EN MI LUGAR

Al que no cometió pecado alguno, por nosotros Dios lo trató como pecador, para que en él recibiéramos la justicia de Dios.
2 Corintios 5:21 NVI

¿Alguna vez has tenido que enfrentarte a una tarea realmente complicada? Quizás decidiste lavar tu vehículo a mano o bañar a un perro revoltoso para evitar que manche de lodo toda la casa. Si no tienes cuidado, es posible que descubras que, aunque tu vehículo o tu perro estará limpio y brillante debido a tus esfuerzos, ahora tú eres el que está desarreglado.

El apóstol Pablo usa una ilustración similar para facilitar que su iglesia comprenda la obra sorprendente de Cristo por nosotros. Jesús entre a nuestras vidas desordenadas y tomó todo ese desorden para sí mismo. Esta transacción nos dejó limpios, puros, perfectos y santos. Cristo nos hace completamente justos ante Dios, mientras Él, en la cruz, cuelga en la oscuridad de nuestro pecado y vergüenza. Nuestro desorden se vuelve suyo. Su naturaleza perfecta se convierte en nuestra naturaleza perfecta. ¡Qué obra tan maravillosa!

Dios, gracias por Jesús, mi Salvador y mi Substituto. Gracias porque Él entra en mi historia desordenada y toma todo lo que es mío y lo hace suyo; y me da todo lo que le pertenece a Él. Estoy impresionado. Gracias por esta obra increíble.

GENEROSIDAD CON IDENTIDAD

Incluso antes de haber hecho el mundo, Dios nos amó y nos eligió en Cristo para que seamos santos e intachables a sus ojos. Dios decidió de antemano adoptarnos como miembros de su familia al acercarnos a sí mismo por medio de Jesucristo. Eso es precisamente lo que él quería hacer, y le dio gran gusto hacerlo.

EFESIOS 1:4-5 NTV

Hay algo en ser papá y ser generoso. ¿Tu papá alguna vez te llevó un regalo cuando regresó de un viaje? ¿O quizá te dio dinero para que compraras las golosinas que estabas deseando mientras esperaban en la fila en la tienda de comestibles? ¡Es algo muy agradable, tanto para ti como para tu papá!

En Efesios 1:5, el apóstol Pablo expresa el corazón paterno de Dios al explicar que Él les dios a sus hijos algo que "le dio gran placer". A medida que recibimos regalos de nuestro Padre celestial, Él se complace en que los recibamos. El versículo 4, explica que, en esta ocasión, el regalo de Dios para nosotros es el don de pertenencia. Estamos en su familia. Somos sus hijos. La generosidad parece funcionar de dos maneras. Tenemos la oportunidad de dar regalos a los demás mientras nosotros mismos recibimos el placer de ser generosos. Quizás el regalo más increíble que podemos dar a las personas que nos rodean es el regalo de nuestro tiempo y atención.

Dios, gracias por la generosidad de tu corazón. Ayúdame también a ser hoy un dador generoso. Deseo que yo pueda reconocer que es verdaderamente mejor dar en vez de recibir.

NECESITO MÁS

Dios es tan rico en gracia y bondad que compró nuestra libertad con la sangre de su Hijo y perdonó nuestros pecados.

EFESIOS 1:7 NTV

Creo que todo hombre desearía tener más para dar. Más dinero, más tiempo, más talento, más corazón y más energía. Todos estamos dando todo lo que tenemos, pero el problema es la capacidad. Nuestra producción tiene límites. ¿Y si hubiera otra fuente a la cual recurrir? Un depósito ilimitado que pudiera proporcionar todo lo necesario para nuestra vocación como hombres.

Efesios 1:7, nos da una imagen hermosa de la capacidad de Dios. Él es muy rico. Es rico en bondad y en gracia. Tiene tanta bondad y tanta gracia que fue capaz de comprar nuestro perdón y la redención del mercado de esclavos del pecado. Este versículo también nos da una idea de la profundidad de los recursos que están disponibles para nosotros. Podemos tener un límite en nuestra bondad y un límite muy verdadero en nuestra gracia, pero nuestro Padre celestial tiene abundancia, y Él claramente está dispuesto a compartirla con nosotros.

Dios, cuando me quedo sin capacidad, cuando mi capacidad para mostrarles gracia a mis amigos y familiares se extiende hasta el límite, ayúdame a aprovechar tu gran corazón y tus recursos abundantes.

PROTECCIÓN Y SEGURIDAD

...cuando creyeron en Cristo, Dios los identificó como suyos al darles el Espíritu Santo, el cual había prometido tiempo atrás. El Espíritu es la garantía que tenemos de parte de Dios de que nos dará la herencia que nos prometió y de que nos ha comprado para que seamos su pueblo.

EFESIOS 1:13-14 NTV

En ocasiones, nos perdemos. Esos momentos absurdos en los que suponíamos que era a la izquierda, y otra vez a la izquierda, luego, a la derecha y, sin embargo, nos hallamos en un callejón sin salida. ¡Vaya! También nos perdemos en nosotros mismos. Perdemos nuestro sentido de identidad. Estamos muy ocupados conduciendo por todas partes, cumpliendo las tareas, trabajando duro e invirtiendo en amistades. A lo largo del camino, se nos olvida que tenemos una identidad mayor. Antes de ser hombre, amigo o empleado, le pertenecemos a Dios.

Podemos sentir que estamos perdidos, pero Él ha colocado dentro de nosotros un don de seguridad. Su Santo Espíritu ha encontrado su camino hacia nuestro corazón y se ha establecido allí permanentemente. Su deber es transformarnos, equiparnos y liberarnos, y, además, simplemente hacernos recordar. El apóstol Pablo nos dice que el Espíritu es la garantía de Dios de que Él nos dará la herencia que nos prometió. En términos sencillos, el Espíritu es el pago inicial que nos asegura que estamos en el contrato. Podríamos perder nuestra dirección y nuestro sentido de identidad, pero no podemos perder nuestro lugar entre el pueblo adquirido por Dios. Nosotros le pertenecemos a Él.

Dios, permite que tu Espíritu hable con el mío hoy. Recuérdame tu lugar en mi corazón. Despierta mi alma a tu Espíritu Santo y conéctame nuevamente con Jesús.

IDENTIDAD Y LLAMADO

Yo, Pablo, elegido por la voluntad de Dios para ser apóstol de Cristo Jesús escribo esta carta. Fui enviado para contarles a otros acerca de la vida que él ha prometido mediante la fe en Cristo Jesús.

2 Timoteo 1:1 NTV

Como hombres, uno de nuestros mayores desafíos es mantenernos enfocados. ¡Siempre hay mucho ruido de fondo! Y podemos encontrarnos huyendo de crisis en crisis o de actividad en actividad. ¿Quiénes somos, a qué nos ha llamado Dios y cuál es nuestro papel como hombres? Si podemos mantener nuestros ojos en la visión, entonces todas las cosas pequeñas tendrán más sentido.

Cuando el apóstol Pablo se presentó a sí mismo en 2 Timoteo, no le estaba hablando a la iglesia, sino así mismo. Estaba encerrado en una prisión, en espera de su ejecución, extrañando a sus amigos y sufriendo por el dolor de su recorrido ministerial. Aun así, sus palabras sonaron como un llamado a la unificación. Se estaba reanimando a sí mismo para dar el último empujón hacia a la línea meta, sin importar lo que estuviera sucediendo en el fondo. Así que se recordó a sí mismo su identidad y misión en Cristo. ¿Quién eres y qué estás llamado a ser y hacer?

Dios, háblame hoy. Háblale a mi identidad, a mi vocación. Recuérdame el panorama general y ayúdame a enfocar mi corazón en ello.

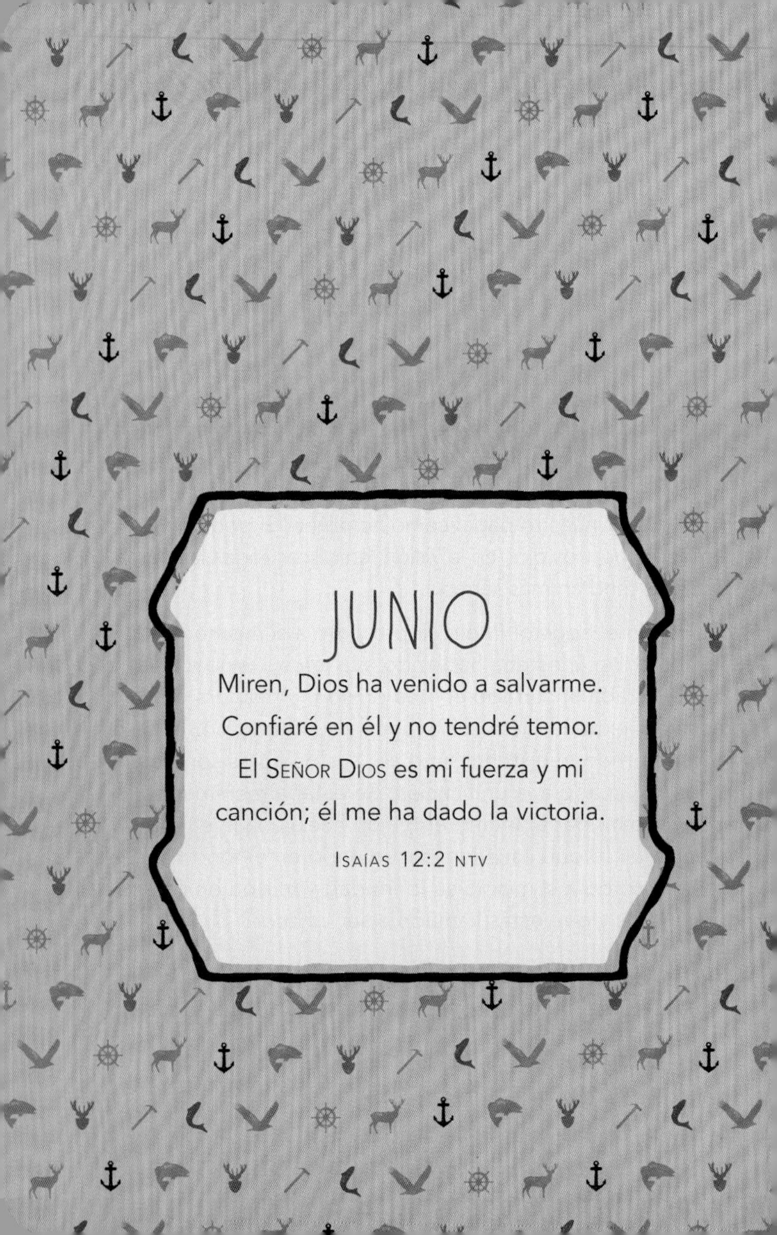
JUNIO
Miren, Dios ha venido a salvarme.
Confiaré en él y no tendré temor.
El Señor Dios es mi fuerza y mi
canción; él me ha dado la victoria.
Isaías 12:2 NTV

COMPROMETERSE

–Vengan y vean –les dijo.

JUAN 1:39 NTV

Sin lugar a duda, tú no sabías todo acerca de tu mejor amigo el día que lo conociste, y lo más probable es que tampoco sepas todo sobre él ahora. Así son las personas. Hay capas e historias que se van revelando gradualmente conforme el tiempo. Conforme pasa el tiempo, aumenta el conocimiento de cada uno, y pasados los años, las acciones y pensamientos de un amigo cercano se vuelven predecibles.

El mismo patrón se encuentra en Dios. Cuando Jesús invitó a sus primeros seguidores a caminar con Él, no dijo: "Aquí hay un contrato de un millón de páginas y la explicación que ofrece todo lo que necesitas saber sobre lo que vas a enfrentar". No, en lugar de eso, Él dijo: "Síganme y lo verán". Lo mismo ocurre con nosotros. Nadie sabe todo lo que hay que saber sobre Dios, eso es parte del camino. Pero conforme damos unos pasos tras Jesús, empezamos a ver cuán predecible es su bondad y cuán confiables son sus provisiones. Hoy Jesús podría estarte invitando a otro día para confiar en Él, otro día de seguirlo y ver.

Dios, estoy comprometido con el camino, y sé que tú estás comprometido conmigo. ¡Iré a ver lo que tienes para mí hoy!

HUMILDAD

Predicaba de esta manera:
Después de mí viene uno más poderoso que yo.
MARCOS 1:7 NVI

¿Podrías imaginar la revista *Time* con una portada donde aparece un hombre y una cita abajo que dice: "Yo no tengo la respuesta, yo no soy la solución"? Te parecería ilógico ¿no? ¿Qué de un autor que diga: "En realidad no tengo lo que necesitas; espera por aquel que me sigue, Él es en quien verdaderamente necesitas fijarte"? Otra vez, es difícil de imaginar. Aun así, ese es un paralelismo tosco de uno de los mensajes principales de Juan el Bautista: "Después de mí viene uno más poderoso que yo". Eso fue algo extraordinario de decir, especialmente porque todas las personas de la ciudad y del campo estaban pendientes de cada una de sus palabras (Marcos 1:5).

Juan El Bautista dio un ejemplo para los seguidores contemporáneos de Jesús. Es fácil para nosotros quedarnos atrapados en el enfoque de "mírame, ponme atención" lo cual es comúnmente impulsado en nuestra cultura. Pero Juan el Bautista resistió al llamado de la publicidad personal, porque no estaba enfocado en las multitudes que le adoraban o en su propia elocuencia, sino en Aquel que venía después de él. La humildad ocurre cuando nuestro enfoque está en "el que es más poderoso que yo".

Padre, quítame el enfoque tóxico e inseguro en mí mismo. Ayúdame a vivir centrado en ti. Dame tu fuerza para que pueda amar tu mundo.

ABIERTO

¿Hasta cuándo debo pedir ayuda, oh SEÑOR?
¡Pero tú no escuchas!
HABACUC 1:2 NTV

El dolor sucede. Ya sea el dolor físico de una herida, el dolor emocional de una relación rota, o el inexplicable sufrimiento de un accidente, el dolor tiene la costumbre de trabajar a su manera en nuestra vida. Con frecuencia, tratar de convencernos a nosotros mismos de que todo mejorará, no ayuda (y es aún peor si un amigo nos lo dice.) El problema más apremiante es el dolor, y reafirmar el optimismo desde el inicio resulta poco convincente.

La Biblia, más allá de insistir con ingenuidad, nos habla con honestidad absoluta. Habacuc, por ejemplo, le cuenta a Dios sobre su corazón roto, y no se reprime. A través de su diálogo con Dios, él se encuentra así mismo gradualmente conforme, incluso sin todas sus esperanzas cumplidas. Pero eso no ocurre rápido, y más importante aún, solo ocurre cuando Habacuc se encuentra abierto por completo y es honesto con Dios. Es únicamente cuando nos atrevemos a preguntarle a Dios lo difícil sobre el dolor y confusión, que empezamos a sanar y a transformarnos.

Dios, examíname para ver si estoy escondiendo dolor o confusión que debería contarte. Tengo heridas y preguntas. ¿Serías tú mi guía en esta situación problemática?

OBREROS

A sus discípulos les dijo: "La cosecha es grande, pero los obreros son pocos. Así que oren al Señor que está a cargo de la cosecha; pídanle que envíe más obreros a sus campos".

MATEO 9:37-38 NTV

Ante la gran necesidad de obreros, Jesús no organizó una campaña de mercadeo, elaboró un breve discurso de presentación ni contrató a un consultor. En cambio, Él dijo que deberíamos "orar al Señor que está a cargo de la cosecha". Esto va en contra de nuestro instinto. Ante la gran necesidad, tiene sentido enviar correos electrónicos y hacer llamadas telefónicas diciendo: "¿por favor?".

Jesús dijo que como primer paso nosotros debíamos orar por obreros, porque Dios es El Señor a cargo de la cosecha. Eso significa que Él tiene el control. Jesús nos está invitando a sus seguidores a reconocer que la oración es el primer paso y el más importante, aunque el mundo esté lleno de necesidades agobiantes. Esto, por supuesto, no quiere decir que las acciones de evangelismo, servicio y justicia social no son importantes; esas son vitales. Solo significa que la prioridad es orar al Señor de la cosecha para que provea para la necesidad.

Padre, reconozco que tú eres el Señor de la cosecha. Envía obreros para atender las necesidades alrededor del mundo y en mi ciudad.

REPROGRAMA MI ALMA

En el principio Dios creó los cielos y la tierra.

GÉNESIS 1:1 NVI

Nosotros experimentamos el dolor en forma distinta cuando entendemos quién tiene el control y confiamos en el proceso por el que Él nos saca adelante. Tenemos un papel importante que desempeñar en nuestras vidas, pero el héroe de nuestra historia no somos nosotros.

Las palabras de Génesis 1:1 hacen eco a través de las Escrituras como un recordatorio de quién ha tenido el control desde el principio. Marcos 1:1, Juan 1:1, y 1 Juan 1:1 nos recuerdan que necesitamos reprogramar nuestra alma y poner nuestra confianza en Aquel que puso en movimiento la creación. Los problemas en nuestras vidas nos pueden arrastrar lejos de la presencia de Dios. Con el tiempo, el peso del mundo se traslada a nuestros hombros. Cuando no podemos ver más allá de los problemas actuales, necesitamos reprogramar y recordar que en el principio —antes de los problemas en cuestión, antes de los obstáculos del día, y antes de las decisiones difíciles por venir—, Dios creó los cielos y la tierra. Dios tiene el control, no nosotros.

Dios, reprograma mi alma y concédeme la fuerza para poner mi confianza en ti. Tú has sido el autor de la creación desde el principio. Deseo que pueda encontrar descanso en esa realidad.

OÍDOS ENTRENADOS

Ve y acuéstate —dijo Elí—. Si alguien vuelve a llamarte, dile: "Habla, Señor, que tu siervo escucha". Así que Samuel se fue y se acostó en su cama.

1 SAMUEL 3:9 NVI

Cuando se escucha música, un músico con un oído entrenado escucha más que una persona promedio. El oyente cotidiano escuchará simplemente una canción, pero un músico escuchará la textura musical, el ritmo y la clave. Un oído entrenado podrá adquirir más y mejor entendimiento pleno de la música. Elí reconoció que Dios estaba hablando a Samuel, pero Samuel no tenía aún un oído entrenado. En lugar de explicar lo que el Señor estaba haciendo, Elí le enseñó a Samuel cómo escuchar y cómo responder. Al seguir el consejo de Elí, Samuel regresó a su cama y pudo escuchar la voz del Señor.

A medida que discipulamos a las personas que nos rodean, sería más fácil decirles en qué creer. Sería más sencillo decirles lo que Dios requiere, en vez de capacitarlos para saber cómo escuchar la voz del Señor. Pero hacemos un daño a las personas y entorpecemos su crecimiento espiritual si no entrenamos sus oídos para escuchar la voz de Dios. Necesitamos confiar en que Dios desea enseñarles a sus hijos y ayudarles a desarrollar los oídos para escuchar la plenitud de su música.

Dios, dame la paz mientras discípulo a quienes están a mi alrededor. Dame oídos para escuchar tu voz y la paciencia para confiar en el proceso.

FUERZA

El Señor es mi pastor, nada me falta;

Salmos 23:1 NVI

Vemos vallas publicitarias a lo largo de la carretera, anuncios en el periódico, titulares en nuestras pantallas todo ello tratando de empujarnos a nuestra próxima compra. Este mundo tiene una forma de convencernos de que algo le hace falta a nuestra vida. Muchos están de acuerdo con un patrón de pensamiento que dice: si tan solo obtengo esto, tendré todo lo que necesito.

Tener cosas nuevas no es el problema; comprar juguetes nuevos no es el problema. El punto medular de la situación está envuelto en creer que nuestra plenitud viene de lo que tenemos, no de a Quién seguimos. El problema es que compramos por satisfacción, cuando todo lo que necesitamos es a nuestro Pastor. Nuestra fortaleza se encuentra en la sencillez de nuestras necesidades. Todo lo que necesitamos es al Señor. Cualquier otra cosa es extra. No hace falta que busquemos más. No tenemos que comprar lo mejor. Nuestro Pastor es suficiente. En Él, tenemos todo lo que necesitamos.

Dios, simplifica mis deseos. Cuando mi corazón desee más cosas, ayúdame a desear más de ti. Cuando mi mente crea que me hace falta algo, recuérdame que tú eres todo lo que necesito.

DIRECCIÓN

Tu palabra es una lámpara que guía mis pies
y una luz para mi camino.
SALMOS 119:105 NTV

A medida que caminamos por la vida, encontramos maneras de aumentar la distancia que recorremos. Corremos más lejos y rápido mientras logramos abrirnos camino hacia la siguiente mejor oportunidad. La pregunta: ¿ahora qué sigue? establece nuestra velocidad. Queremos más, y dejamos que las oportunidades de la vida guíen nuestros pasos. Si invitamos a Dios a la conversación, le pedimos un pronóstico de dos años o un plan de 5 años. Queremos que Él nos revele un cuadro claro y exacto de la vida que tenemos por delante para que podamos decidir si queremos ese camino. Pero cuando acudimos a Dios por dirección, debemos entender que la velocidad y la distancia no son sus prioridades.

Queremos faros, pero la Palabra de Dios es una lámpara. Una lámpara únicamente puede alumbrarnos los próximos pasos de un recorrido. Si miramos muy lejos hacia adelante, si movemos nuestros pies muy rápido, podríamos olvidar con Quién estamos caminando. Cuando Dios guía nuestros pasos y vamos al ritmo que Él nos revela, estaremos yendo en la dirección correcta, hacia Él. Y estaremos yendo de la forma correcta con Él.

Dios, mientras alumbras los próximos pasos de mi camino, dame el valor para caminar en tus sendas. Guíame más cerca de ti mientras yo me inclino a los planes que tú tienes para mi vida.

CONFÍA EN EL SEÑOR

Confía en el Señor de todo corazón y no te apoyes en tu propia inteligencia. Reconócelo en todos tus caminos y él enderezará tus sendas.

Proverbios 3:5-6 NVI

Experimentamos la vida de manera diferente cuando confiamos en Dios con la mitad de nuestro corazón y nos apoyamos fuertemente en nuestra propia inteligencia. La mayor diferencia es nuestro nivel de ansiedad. Cuando nos dejamos llevar por el conflicto y la confusión del día, nuestros caminos se entrecruzan y perdemos nuestro rumbo. Reconocemos al Señor en algunos rumbos y nos esforzamos para salirnos del desastre.

La paz y la seguridad se derivan de confiar en el Señor. Y aun así creemos que nosotros podremos lograrlo con nuestros propios esfuerzos. La vida obtiene lo mejor de nosotros cuando seguimos por el camino de la autosuficiencia. Pero la gracia de Dios aparece cuando nos sacamos a nosotros mismos de la ecuación. Cuando depositamos nuestra confianza en el Señor y lo reconocemos en todos nuestros caminos, la paz y seguridad encontrarán su rumbo hacia nuestros corazones y mentes.

Señor, dame oportunidades para respirar profundo hoy. Que yo pueda respirar en tu presencia y exhalar mi control. Estoy parado ante ti con manos abiertas y con un corazón dispuesto. Toma lo que es tuyo y deja paz en mi alma.

USA MIS PALABRAS

La lengua puede traer vida o muerte;
los que hablan mucho cosecharán las consecuencias
PROVERBIOS 18:21 NTV

Lo que decimos importa; importa cuándo lo decimos; importa la forma en que lo decimos. Los palos y las piedras pueden romper los huesos, pero las palabras pueden quebrantar un espíritu. Subestimamos el poder de nuestras palabras y pueden desvirtuar nuestros motivos si no tomamos en cuenta el arte de la conversación. Cuando ponemos atención a lo que decimos, podemos curar la herida, restaurar al cansado y crear comunidad. Pero una boca floja puede conducir a la división y destrucción.

Después de que sacas la pasta de dientes del tubo, tratar de volver a meterla es un desastre. Así son nuestras palabras. Podemos tratar de avanzar, pero nuestras palabras ya salieron. Podemos tratar de limpiar el desorden, pero no podemos retirar lo dicho. Cuando entendemos que nuestras palabras tienen el poder de llevar vida o muerte, somos responsables de usarlas bien. Las palabras que las personas usan reflejan las palabras que escuchan. Si nosotros usamos nuestras palabras sabiamente, podemos ayudar a los que están a nuestro alrededor para entender el poder de sus palabras. Cuando decimos palabras de afirmación a los demás, damos un buen ejemplo de cómo utilizar bien las palabras.

Dios, ayúdame para ser pronto para escuchar y tardo para hablar. Ayúdame a usar sabiamente mis palabras para afirmar y construir a otros. Habla vida dentro de mí y dirige mis conversaciones hoy.

RENDIRSE

*Puedes hacer todos los planes que quieras,
pero el propósito del Señor prevalecerá.*
Proverbios 19:21 NTV

Planificar nos puede ayudar a prepararnos para lo desconocido. Nos da un sentido de estabilidad mientras recorremos la vida. Se ha dicho: "si fallas al planear, planeas para fallar". Pero, algunas veces, necesitamos poner nuestros planes en perspectiva. ¿Cuántas cosas en nuestras vidas han salido como las planeamos? ¿Qué debería enseñarnos eso? Nuestros planes pueden fallar, pero eso no significa que estemos perdidos. Nuestros planes podrían cumplirse, pero eso no significa que estamos ubicados. No nos encontramos en el cumplimiento de nuestros planes, sino en el cumplimiento del propósito del Señor.

La parte más difícil de planificar es rendir nuestros planes a Él y a su propósito. Es bueno planificar, pero cuando nos atamos a nuestros planes, corremos el riesgo de perder la esperanza. Cuando nos casamos con nuestros planes, nos tendemos una trampa para la desilusión. Pero cuando planificamos con manos abiertas y seguimos nuestros planes con la libertad de fallar, podemos aceptar el propósito del Señor con gozo, aunque nos salgamos del camino que creamos nosotros mismos.

Dios, mientras camino a través de la vida en tu búsqueda, recuérdame que tu propósito prevalecerá. Afloja mi control sobre los planes que tengo para mi vida. Abre mis manos y mi corazón para recibir con alegría el propósito que tienes para mí.

SÉ MI LUZ

¡Enemigos míos, no se regodeen de mí!
Pues, aunque caiga, me levantaré otra vez.
Aunque esté en oscuridad, el Señor será mi luz.
Miqueas 7:8 NTV

Nuestra fuerza no se mide por cuántas veces hemos caído. No se calcula por el número de errores que hemos cometido o la cantidad de pérdidas que acumulamos. La verdadera medida de nuestra fuerza se encuentra en nuestra fuente. Si nos suscribimos al sistema de la autosuficiencia, el límite de nuestra fortaleza es nuestro mayor esfuerzo. Pero si colocamos nuestra esperanza en el Señor y encontramos nuestra fortaleza en Él, podemos levantarnos de nuestros fracasos y no tener miedo cuando la oscuridad descienda.

Podemos fracasar con confianza cuando el Señor es la fuente de nuestra fortaleza. Podemos estar sentados en la oscuridad, y saber que la luz del Señor brilla aún más en los tiempos de penumbra. No tenemos que salir corriendo de las luchas de la vida cuando sabemos que la fortaleza de Dios nos sostiene en las sombras. El día llegará cuando nos demos cuenta de que nuestros propios esfuerzos no son suficientes. Pero entre más pronto lleguemos a darnos cuenta de eso, más pronto podremos descansar en el poder de Dios y ser guiados por la luz del Señor.

Dios, sé mi fortaleza. Señor, sé mi luz. Mantén mi mirada en ti cuando el fracaso llegue a mí. Que tu luz me guíe cuando las sombras de la vida me rodeen.

NO MÁS ANSIEDAD

Por eso les digo: No se preocupen por su vida, qué comerán o beberán; ni por su cuerpo, cómo se vestirán. ¿No tiene la vida más valor que la comida y el cuerpo más que la ropa? Fíjense en las aves del cielo: no siembran ni cosechan, ni almacenan en graneros; sin embargo, el Padre celestial las alimenta. ¿No valen ustedes mucho más que ellas?

MATEO 6:25-26 NVI

Muchas cosas pequeñas en la vida consumen nuestra atención. Encontramos cosas en que preocuparnos y con frecuencia percibimos las cosas pequeñas como grandes problemas. Pero si nos tomamos el tiempo para entender el verdadero problema en cuestión, y de quién es la mano que nos sostiene mientras viajamos, sentiremos una paz que calmará nuestras almas.

El problema en cuestión puede ser importante a nuestros ojos, pero ya está resuelto a los ojos de Dios. Parte del problema es que confundimos nuestras necesidades con nuestros deseos. Nos quedamos atrapados entre nuestros propios deseos, y la ansiedad aumenta cuando nos quedamos en la necesidad. Pero Jesús nos recuerda que nuestro Padre Celestial nos valora más que a las aves del cielo. Él nos recuerda que nuestras necesidades ya han sido cubiertas. Si podemos descansar en esa realidad, nuestra ansiedad se desvanecerá y la paz estará presente.

Dios, que tu provisión me traiga paz para que pueda poner atención a los problemas relevantes que me rodean. Dame la perspectiva y aumenta mi confianza en ti.

EL AMOR

El amor es paciente, es bondadoso. El amor no es envidioso ni presumido ni orgulloso. No se comporta con rudeza, no es egoísta, no se enoja fácilmente, no guarda rencor. El amor no se deleita en la maldad, sino que se regocija con la verdad. Todo lo disculpa, todo lo cree, todo lo espera, todo lo soporta.

1 Corintios 13:4-7 NVI

¡Que viva el amor! Estos versículos con frecuencia se comparten en bodas, lo cual es genial, pero el apóstol Pablo nunca mencionó una boda. Eso no quiere decir que esos versículos no se pueden aplicar al matrimonio; ciertamente pueden serlo. Pero la aplicación es mucho más amplia y profunda que solo eso.

Algunas personas recomiendan quitar la palabra amor en los versículos e insertar nuestro propio nombre. Si lo hacemos, pronto nos damos cuenta de que, en realidad, no somos lo que dice al cien por ciento, pero Jesús lo es. Así que la idea es seguir confiando en Jesús, no en nosotros mismos. Puede ser que nos vaya bien por un rato, pero pronto fallaríamos. Queremos ser pacientes y tardos para la ira con las personas que nos rodean, pero a veces, eso es muy difícil. No te avergüences a ti mismo pensando que si fracasas en el amor, de alguna manera has decepcionado a Dios. Eso solo nos muestra cuánto más necesitamos a Dios.

Dios, muéstrame tu amor hoy. Hazme crecer en mi amor imperfecto y hazme más semejante a Cristo.

COMPASIÓN

Cuando vio a las multitudes, les tuvo compasión, porque estaban confundidas y desamparadas, como ovejas sin pastor.

MATEO 9:36 NTV

La compasión hacia los demás crece cuando entendemos su historia. Eso une la mente y el corazón. Podríamos ver las circunstancias alrededor de una situación, pero cuando entendemos el contexto, nuestro corazón se involucra y la compasión brota. Compasión significa "sufrir con". Cuando tenemos compasión por alguien, sus problemas se convierten en nuestros problemas; sus dolores nuestro dolor. Jesús miró a las multitudes, y además conocía la situación de ellos. La compasión era su reacción natural. Cuando Él miró a las personas atormentadas y desamparadas, tuvo compasión a primera vista. Sus circunstancias no cambiaron en ese momento, pero su historia sí. Jesús se metió en los problemas de ellos en ese momento haciendo de los problemas de ellos, su propio problema.

Estamos llamados a ser personas compasivas, no a juzgar. Si tomamos el tiempo para entender las historias de aquellos a quienes servimos, la compasión estará cerca. Si aprendemos a tener compasión a primera vista, empezaremos a ver más allá de nosotros mismos. Si buscamos extender gracia a aquellos en necesidad, la compasión se volverá una parte natural de nuestras vidas.

Dios, llévame a una vida de compasión. Dame los ojos para ver las necesidades de aquellos a mi alrededor. Muéstrame tu amor hoy. Interrumpe mi comodidad y dame el valor para responder con compasión.

LA VIDA CON CRISTO

*Pónganse mi yugo. Déjenme enseñarles,
porque yo soy humilde y tierno de corazón,
y encontrarán descanso para el alma.*
MATEO 11:29 NTV

El ajetreo de la vida con frecuencia nos lleva a arrodillarnos. Trabajamos duro, jugamos duro, chocamos duro y, luego, oramos duro. Cuando nos quedamos sin combustible, acudimos a nuestra fuente. En oración, pedimos reposo y esperamos reponer las fuerzas para volver a salir. Jesús nos acompaña en nuestro cansancio, en nuestro quebrantamiento, en nuestras luchas. Pero Él también nos llama a una nueva forma de trabajar y nos revela un nuevo camino para descansar. El yugo es un trozo de madera que mantiene a dos bueyes juntos para que puedan trabajar hombro a hombro. A medida que el buey más fuerte se mueve, el más débil es jalado. Cuando los dos bueyes son fuertes, la carga es más ligera para ambos. Esta es una ilustración del trabajo que Jesús traza para nosotros.

La vida por sí sola es agotadora. Pero cuando estamos en el yugo con Jesús, Él no es una simple parada técnica. Él permanece. Cuando estamos trabajando a su lado, podemos descansar mientras laboramos, sabiendo que su fuerza es suficiente. La vida con Cristo a nuestro lado nos lleva más lejos y más rápido. Cuando estás unido en yugo con Cristo, su humildad nos unge y el descanso para nuestras almas está siempre a solo un paso.

Dios, enséñame a caminar en tus sendas. Que yo pueda experimentar el descanso mientras me atraes a tu presencia.

VALENTÍA

Pero Jesús les habló de inmediato: —No tengan miedo—dijo—. ¡Tengan ánimo! ¡Yo estoy aquí! Entonces Pedro lo llamó: —Señor, si realmente eres tú, ordéname que vaya hacia ti caminando sobre el agua. —Sí, ven—dijo Jesús. Entonces Pedro se bajó por el costado de la barca y caminó sobre el agua hacia Jesús.

MATEO 14:27-29 NTV

Cuando estamos comprometidos con la comodidad, es difícil experimentar todo lo que Dios tiene reservado para nosotros. Ya sea por el miedo al fracaso o el miedo a lo desconocido, elegimos quedarnos en la barca cuando dejamos que nuestros temores dirijan nuestro rumbo. La valentía no es la ausencia del miedo, sino la presencia de la paz cuando el miedo está a la vuelta de la esquina. Cuando nuestro objetivo de esperanza es mayor que nuestro objetivo de miedo, podemos ser valientes.

En medio de su miedo, Jesús les dijo a sus discípulos: "¡Tengan ánimo! ¡Yo estoy aquí!". En otras palabras: "Sé valiente porque yo estoy aquí. Y yo soy más grande que tu mayor miedo". Nosotros podemos experimentar paz cuando ponemos a Jesús en el pedestal adecuado. Cuando nuestra valentía venga de Cristo, tendremos la capacidad de hacer lo inimaginable. Seremos capaces de dar un paso fuera de la barca hacia lo desconocido, con seguridad y aceptando su sencilla invitación para ir.

Dios, dame paz cuando el miedo me rodee. Ayúdame a ser valiente y seguirte a lo desconocido. Construye mi confianza para que pueda experimentar todo lo que tienes reservado para mí.

CREATIVIDAD

El reino de los cielos será también como un hombre que, al emprender un viaje, llamó a sus siervos y les encargó sus bienes. A uno le dio cinco mil monedas; a otro, dos mil y a otro, mil. Dio a cada uno según su capacidad. Luego se fue de viaje.

MATEO 25:14-15 NVI

Una de las primeras cosas que hacemos cuando obtenemos algo nuevo es buscar las instrucciones. Abrimos el paquete y encontramos las indicaciones. Las instrucciones son útiles, y es sabio seguir las indicaciones. Pero ¿qué hacemos si la vida nos da algo sin instrucciones? ¿Cómo nos va cuando tenemos una oportunidad para usar nuestra creatividad? En el tiempo de Jesús, a un sirviente le tomaría alrededor de veinte años ganarse un talento. Así que el sirviente que recibió cinco talentos de la propiedad de su amo debe haber tenido una gran responsabilidad a su cargo. A los sirvientes se les daba mucho trabajo, pero el amo los dejaba sin ninguna instrucción. Cada sirviente tuvo una oportunidad para practicar su creatividad y hacer sentir orgulloso a su amo.

Por la gracia de Dios, hemos recibido dones y talentos para usarlos para su gloria. Dios nos guía, pero nos deja sin instrucciones específicas. En su lugar, nos da oportunidades para usar nuestra creatividad e inventar maneras para hacer que se sienta orgulloso de su inversión en nosotros.

Dios, despierta mi creatividad. Inspira mi imaginación. Y ayúdame a ser un administrador bueno y fiel de los dones y talentos que me has concedido.

LA PREPARACIÓN

También se oyó una voz que desde el cielo decía: "Tú eres mi Hijo amado; estoy muy complacido contigo". Enseguida, el Espíritu lo impulsó a ir al desierto.

MARCOS 1:11-12 NVI

Hay épocas en la vida que son confusas y desconcertantes. Las circunstancias que nos rodean pueden hacer que nos preguntemos los motivos de Dios y hasta dudar del amor de Dios por nosotros. Cuando nos encontramos en épocas desérticas, es importante tener la actitud correcta. Debemos tener una actitud de recibir, un compromiso de crecer y un enfoque en el futuro. Cuando Jesús estaba siendo bautizado, Dios lo afirmó diciendo: "Tú eres mi hijo amado; estoy muy complacido contigo". La parte desconcertante de la historia es que inmediatamente después de la afirmación de Jesús, el Espíritu lo llevó al desierto. Cuando estuvo con las fieras, Jesús no cuestionó lo que Dios dijo en las aguas. Equipado con el amor de Dios, Él batalló en el desierto durante cuarenta días.

A veces nuestros pecados nos guían al desierto, pero hay otros tiempos en que Dios nos lleva allí. Las temporadas en el desierto revelan y moldean nuestros fundamentos. No tenemos que cuestionar su amor cuando nos encontramos en problemas. Necesitamos permanecer en su amor, confiar en el proceso y dejar que la temporada en el desierto nos prepare para realizar cosas poderosas.

Dios, ayúdame a mantener mi mirada en ti cuando me encuentre en el desierto. Moldéame en las sombras y prepárame para el camino que tengo por delante.

COMPROMISO

Como no podían acercarlo a Jesús por causa de la multitud, quitaron parte del techo encima de donde estaba Jesús y, luego de hacer una abertura, bajaron la camilla en la que estaba acostado el paralítico. Al ver la fe de ellos Jesús dijo al paralítico: —¡Hijo, tus pecados quedan perdonados!

Marcos 2:4-5 NVI

Cuando los obstáculos surgen o las barricadas impiden nuestro camino, nuestro compromiso con la tarea se pone a prueba. La manera en que manejamos las complicaciones de la vida revela lo que es importante para nosotros. Si nuestro compromiso con la tarea es más fuerte que el objeto que nos estorba, nosotros usaremos nuestra creatividad para completar la tarea. Pero si nuestro compromiso es débil y nuestra dedicación es vaga, encontraremos alivio en renunciar.

Una multitud no detuvo a los amigos del paralítico de llevarlo a los pies de Jesús. Un techo no hizo que renunciaran. Su fe en Cristo y el compromiso con su amigo eran mucho más grandes que los obstáculos que estaban en su camino. Jesús se dio cuenta de su fe y honró su compromiso. Por el poder de Dios, el hombre paralítico caminó. Por la gracia de Dios, los pecados del hombre fueron perdonados. El compromiso de llevar a otros a los pies de Cristo es un compromiso que vale la pena luchar por ello. Creer en el poder de Jesús hará que superemos cualquier obstáculo y cualquier impedimento que encontremos en el camino.

Dios, aumenta mi compromiso contigo. Ayúdame a ver las oportunidades más allá de los obstáculos. Y concédeme la fortaleza interior para permanecer en el rumbo cuando renunciar parezca cómodo.

SU PRESENCIA EN LAS TORMENTAS

Ese día al anochecer dijo a sus discípulos:
—Crucemos al otro lado. Dejaron a la multitud y se lo llevaron en la barca donde estaba. También lo acompañaban otras barcas. Se desató entonces una fuerte tormenta y las olas azotaban tanto la barca que ya comenzaba a inundarse.

MARCOS 4:35-37 NVI

En la vida, podemos esperar por días radiantes llenos de sol, pero las noches tristes y cielos tormentosos son parte del recorrido. Las curvas y los giros que experimentamos nos pueden dejar sintiéndonos agobiados con dificultades. Pero encontramos nuestra esperanza en la presencia de Dios durante las tormentas de la vida. Jesús llevó a sus discípulos a un viaje nocturno por el lago. También había otras barcas en las mismas aguas, pero cuando los vientos se levantaron, Cristo estaba en la barca con sus discípulos. Cuando las aguas subieron, Cristo estaba allí; y cuando las aguas empezaron a hundir la embarcación, Cristo estaba allí.

Llevar una vida con Cristo significa tener a Jesús con nosotros en la tormenta. Cuando llega la enfermedad, Él está en nuestra barca. Cuando la pérdida nos abruma, Él está con nosotros. Cuando la confusión nos derriba, Él es nuestro consolador. Durante la tormenta, es mejor estar en una barca con Jesús que en las aguas sin Él.

Dios, que pueda encontrar consuelo en ti y experimentar paz a través de tu presencia. Cuando las tormentas de la vida me abrumen, sé la esperanza que me lleve al otro lado.

SOLO CREE

Todavía estaba hablando Jesús cuando llegaron unos hombres de la casa de Jairo, jefe de la sinagoga, para decirle:
—Tu hija ha muerto. ¿Para qué sigues molestando al Maestro?
Sin hacer caso de la noticia, Jesús dijo al jefe de la sinagoga:
—No tengas miedo; nada más cree.

Marcos 5:35-36 NVI

Cuando la vida no va según lo planeado, con frecuencia tenemos miedo a lo desconocido y ponemos nuestra fe en un nuevo plan. Escuchamos nuestros miedos e inclinamos nuestra cabeza a la desesperanza. Nuestras dudas internas se refuerzan con un espíritu de negatividad. Damos poder a los críticos mientras sus palabras apagan nuestra esperanza. Pero Jesús escucha nuestro diálogo interno que nos distrae y anhela darnos una nueva voz a la cual escuchar, una voz que dice: "No tengas miedo, solo cree".

Como un comandante en un ejército se dirige a sus a los soldados, Jesús habla esas palabras a Jairo como una orden; un mandato, no una recomendación. Jesús no se dirigió a la multitud; Él se dirigió directamente a Jairo por encima de los que dudaban. Así como con Jairo, Jesús desea sacarnos de la desesperanza y superar nuestro miedo. Él quiere que pongamos nuestra fe en Él, no un nuevo plan. Puede que sus palabras no sean más fuertes que las de sus críticos, pero son más poderosas y vienen de una autoridad superior.

Dios, dame oídos para escuchar tu voz cuando la duda entre. Restablece mi fe en ti cuando mis plantes fallen. Muéveme más allá de mis miedos a un lugar de convicción, esperanza y promesa.

COMO UN NIÑO

Les aseguro que el que no reciba el reino de Dios como un niño, de ninguna manera entrará en él.

MARCOS 10:15 NVI

Cuando tomamos un nuevo empleo, necesitamos pasar dos cosas: un proceso de solicitud y un período de entrenamiento para asegurarnos de que podamos llevar a cabo las tareas requeridas. Así que, si creemos que el reino de Dios es más grande que cualquier empleo al que estamos solicitando, deberíamos esperar que el ingreso también requiere un proceso extenuante. Pero Jesús desafía nuestras expectativas y explica que recibir el reino requiere humildad y sencillez, no una solicitud ni entrenamiento.

El proceso de ingresar al reino no es extenuante, pero tampoco es fácil. Llegar a ser "como un niño" significa convertirse en dependiente. Significa despojarnos de todo lo que nos haga fuertes y autosuficientes, y lo que vaya en contra de "crecer" y ser independiente. Pero hace mucho sentido si queremos integrarnos al reino y ser dependientes del Rey. Cuando somos autosuficientes, caemos en la mentira que somos todo lo que necesitamos. Pero cuando estamos comprometidos a la humildad y sencillez, nos damos cuenta de lo mucho que necesitamos a Dios en nuestras vidas. Si recibimos el reino como un niño, con humildad y dependencia, podremos alcanzar más de lo que pudiéramos hacer por nosotros mismos.

Dios, haz humilde mi espíritu y hazme más dependiente de ti. Ayúdame a convertirme en un niño para que pueda recibir el reino con asombro y admiración.

LIDERAZGO DE SERVICIO

Porque ni aun el Hijo del hombre vino para que le sirvan, sino para servir y para dar su vida en rescate por muchos.

MARCOS 10:45 NVI

Es el llamado de nuestra cultura a subir la escalera de poder y autoridad. Muchas personas encuentran el propósito de su vida en esta búsqueda. Premiamos asensos y nos definen los títulos que poseemos. Usamos a otros para obtener lo que queremos e invertimos en relaciones solo si hacerlo nos beneficia. Sin embargo, Jesús tenía un camino diferente en cuanto al poder y la influencia. El camino de Cristo estaba lleno de servicio y sacrificio. Jesús no solo servía, sino que era un servidor. Sus acciones provenían de su carácter, de quien Él era.

Las posiciones de poder y autoridad son posiciones honorables. Sin embargo, la actitud de derecho que viene con esas posiciones es algo que debemos dejar de lado. Cuando tomemos el camino de Cristo para buscar servir y sacrificarse por el bien de los demás, crearemos una cultura que refleja el reino.

Dios, dame los ojos para ver las maneras en que puedo ser hoy un servidor. Aliéntame para aprovechar esas oportunidades. Ayúdame a desarrollar el hábito de ayudar a los demás, para que el servicio y sacrificio se conviertan en un ritmo natural en mi vida.

GRACIA

"Ya no merezco que se me llame tu hijo; trátame como si fuera uno de tus jornaleros". Así que emprendió el viaje y se fue a su padre. Todavía estaba lejos cuando su padre lo vio y se compadeció de él; salió corriendo a su encuentro, lo abrazó y lo besó.

LUCAS 15:19-20 NVI

Cuando tomamos decisiones que nos alejan del Señor, nos convencemos a nosotros mismos de que debemos ganarnos nuestro regreso. Nuestras decisiones equivocadas nos llevan a una tierra lejana, y empezamos a perder nuestra identidad como hijos de Dios. Si no entendemos la profundidad de la gracia de Dios, tratamos de manipular a Dios para que se ocupe de nuestra desobediencia.

En la parábola del hijo pródigo, el hijo tenía un plan y una propuesta. El plan era ir a casa, y la propuesta era de volverse un empleado de su papá. No entendió la gracia de su papá y cayó en la mentira de que él tenía que ganar su regreso al redil. Pero el padre tenía un plan y una propuesta diferente. Su plan era darle una amorosa bienvenida a casa a su hijo, y su propuesta era una celebración familiar. La parábola es sobre la gracia del padre, no los esfuerzos del hijo. Nosotros no podemos dar a otros lo que no podemos tener para nosotros mismos. Una vez que recibimos la gracia de Dios en nuestras vidas, podemos extenderla a quienes amamos.

Dios de amor, quédate a mi lado. Dios de gracia, sé mi guía.

SACRIFICIO

Entonces Él les contestó: "En verdad les digo, que no hay nadie que haya dejado casa, o mujer, o hermanos, o padres o hijos por la causa del reino de Dios, que no reciba muchas veces más en este tiempo, y en el siglo venidero, la vida eterna.

LUCAS 18:29-30 NBLA

El peso del sacrificio no es una carga ligera de llevar. El sacrificio es una pérdida que provoca dolor, pero además abre paso a algo nuevo. Jesús no nos llamó a sacrificarnos por la pérdida, sino por el reino. Cuando ponemos a Cristo y el reino en lo más alto en nuestra lista de prioridades, podemos ver más allá del objeto del sacrificio. Lo que se gana mediante nuestra pérdida. La promesa es que los beneficios van a sobrepasar nuestro sacrificio, no solo en este tiempo, sino, además, en el siglo venidero.

Cuando elegimos llevar una vida sacrificial, nosotros experimentaremos la vida a plenitud. Experimentaremos una vida con Cristo como nuestra provisión. Y con Él como nuestra provisión, tenemos suficiente vida para dedicarnos a aquellos a nuestro alrededor.

Señor Jesús, ayúdame a enfocarme en ti y en tu reino. Dame la fuerza para rendir a ti todo lo que soy y lo que tengo. Derrámate en mi vida para que pueda empezar a ver el gozo más allá del sacrificio.

RUTINAS

—Todo el que beba de esta agua volverá a tener sed —respondió Jesús—, pero el que beba del agua que yo le daré no volverá a tener sed jamás, sino que dentro de él esa agua se convertirá en un manantial del que brotará vida eterna.

JUAN 4:13-14 NVI

Nuestras rutinas diarias pueden condicionarnos a una vida cómoda. Nos acomodamos para movimientos repetitivos y esperamos que nuestra vida cambie. Día tras día, mes tras mes, año tras año, encontramos vida en las cosas que satisfacen solamente nuestras necesidades y deseos inmediatos. Nuestros corazones anhelan mucho más, pero nos conformamos con mucho menos.

Con mucha frecuencia vivimos para algo temporal, pero Cristo nos invita a la vida que nuestros corazones están anhelando. Si le permitimos a Jesús que interrumpa nuestros patrones diarios, podemos desarrollar una visión de la vida alternativa que Cristo nos ofrece. Una vida que satisface más allá de nuestros deseos y necesidades temporales. Una vida que genera más vida. Una vida que irradia luz a nuestro trabajo y entretenimiento. Una vida que se derrama sobre nuestras familias y amigos.

Dios, ayúdame a encontrarte más allá de mis rutinas diarias. Interrumpe mi comodidad para que pueda estar abierto a recibir la vida que, por gracia, nos ofreces. Moldea mi corazón para que desee las cosas eternas que has puesto delante de mí.

LA PRESENCIA

—Sé que viene el Mesías, al que llaman el Cristo —respondió la mujer—. Cuando él venga nos explicará todas las cosas. —Ese soy yo, el que habla contigo —le dijo Jesús.

JUAN 4:24-26 NTV

La comprensión no es un requisito previo para tener fe. Es posible aferrarse a una promesa cuando nos encontramos en el medio de la duda y la confusión. A veces nos distraemos con nuestras propias circunstancias. Otras, nos ciegan nuestras propias expectativas; y en otras más, Jesús se encuentra parado justo frente a nosotros, pero estamos tan consumidos por nuestra búsqueda de Él, que fallamos en reconocer su presencia.

La mujer samaritana tuvo un encuentro no planeado con el profeta judío, cerca del pozo de Jacob. La conversación trajo a la luz su pasado, descubrió sus preguntas y le reveló su fe en la promesa de la venida del "Mesías". Ella no conocía todos los detalles, pero ella sabía algo con certeza: "El Cristo viene a explicarlo todo". Cuando ella declaró su fe en esa promesa, Jesús le reveló su verdadera identidad. La vida nos traerá valles de duda y nubes de confusión. Sin embargo, cuando tenemos fe y nos aferramos a la promesa de la venida del Mesías, podemos llegar a darnos cuenta de que Cristo estuvo con nosotros todo el tiempo.

Dios, cuando la confusión y la duda me abrumen, ayúdame a poner mi esperanza en ti. Cuando me ciegue por mis circunstancias, dame la fe para saber que tú estás cerca.

EL CONTENTAMIENTO

No es que haya pasado necesidad alguna vez, porque he aprendido a estar contento con lo que tengo.

Filipenses 4:11 NTV

Nunca podría decirse que fue fácil para Pablo. Quizá puedas relatar lo que él tuvo que atravesar. Su vida estaba plagada de altibajos. Pasó por pruebas y victorias, agonía y abuso, rechazo y aceptación, y vergüenza, pero también gozo. Pablo cometió grandes errores y causó un tremendo dolor que marcó su pasado, pero su vida cambió dramáticamente cuando conoció a Jesús. Él empezó a ayudar a otros y aprendió a mostrarse vulnerable. En lugar de conseguir la victoria a base de intimidación, algunas veces pasó hambre. En lugar de ser festejado, algunas veces sufría pérdidas.

Sin embargo, por medio de Jesús, Pablo encontró contentamiento. El aprendió que, sin importar sus circunstancias, él estaba firme en lo que era porque Jesús estaba en su vida. El encontró seguridad en lo que él fue llamado a hacer porque Jesús lo estaba llamando a hacerlo. Como hombre, ¿dónde encuentras contentamiento? ¿Qué es lo que te permite a pararte con valentía? ¿Qué te ayuda sentirte seguro en quién eres y que estas llamado a hacer? Ojalá, puedas encontrar hoy tu fuerza interior en la vida y poder de Jesucristo.

Dios, ayúdame a encontrar mi sentido de valor, de paz y de identidad en ti. Permíteme confiar por completo en ti para el contentamiento que con desesperación busco en mi vida.

CONFIAR QUE DIOS PROVEERÁ

Y este mismo Dios quien me cuida suplirá todo lo que necesiten, de las gloriosas riquezas que nos ha dado por medio de Cristo Jesús.

FILIPENSES 4:19 NTV

Toma en cuenta todas las cosas que se han puesto delante de ti. ¿Qué tienes? ¿Qué te hace falta? ¿Qué hace que te levantes de alegría? ¿Qué hace que te arrodilles de tristeza? ¿Los pasos de quién se están atravesando en tu camino? ¿Qué palabras están listas a salir de tu boca? ¿Qué pasiones están listas para brotar en tu corazón? ¿Qué vistas absorbes con tus ojos? Esa sí que es un listado. Ya sea que tengas mucho o poco, tu vida es plena.

Si consideras todo lo que está puesto frente a ti, ¿qué necesitas? Dios el padre tiene recursos ilimitados. ¿Tienes responsabilidades puestas frente a ti? ¿Qué es lo que Dios tiene a su disposición que podría ayudarte a cumplir tu llamado? ¿Tienes personas en tu vida que necesitan de tu amor? ¿Cómo Dios puede proveer a tus necesidades de tal forma que puedas amarlos incondicionalmente? ¿Hoy, te hace falta fuerza o valentía para ti mismo? ¿Cómo el Señor de toda la creación quiere bendecir tu corazón, mente, alma y fortaleza?

Dios, permíteme buscarte primero y encontrar allí que tú suplirás mis necesidades.

JULIO

Él da poder a los indefensos
y fortalece a los débiles.

Isaías 40:29 NTV

EL INTERRUPTOR DE APAGADO

Trabaja seis días y haz en ellos todo lo que tengas que hacer, pero el día séptimo será un día de reposo para honrar al Señor tu Dios. No hagas en ese día ningún trabajo.
Éxodo 20:9-10 NVI

¿Alguna vez tuviste una máquina que fuera difícil de apagar? Tal vez necesitabas una serie específica de pasos y paciencia antes de que pudieras realmente apagarla. Tal vez se trataba de un interruptor atascado, por lo que lo tenías que dejar en posición de encendido. Quizás tenía alguna pieza interna quebrada y eso evitaba que se apagara. Frecuentemente, esa es la imagen desafortunada que proyectamos. Nos quedamos atorados en una posición, seguimos sin descanso hasta que los circuitos se nos queman o nuestras baterías se quedan inservibles. Nos damos la indicación de que después de que solo redactemos un correo más, terminaremos todo por ese día. Nos llegamos a convencer de que esta llamada telefónica es tan importante, que nos debemos alejar de los amigos o la familia por un rato. No podemos apagarnos.

Dios les dio a los israelitas el mandato de apagar su interruptor, a eso le llamó el *sabbat*. Este interruptor de apagado era la forma en la que honraban a Dios, pues recordaban que ni los problemas ni las oportunidades del mundo descansaban sobre sus hombros. Sin embargo, esto no solo honraba a Dios, sino también era de bienestar para ellos. Ellos, a diferencia de muchos de nosotros, llevaban un ritmo de descanso y trabajo, en donde el descanso los resguardaba de quemarse. Esta semana, considera en tomarte un tiempo para descansar. Haz algo que honre a Dios y te llene tus niveles al máximo.

Dios, el mundo no depende de mí. Eres tú quien está en control. No necesito trabajar ansiosamente sin descanso. Ayúdame a creer confiadamente en ti esta semana y a honrarte mediante el descanso.

TU CRUZ

Luego Jesús dijo a sus discípulos:
—Si alguien quiere ser mi discípulo,
que se niegue a sí mismo, tome su cruz y me siga.
MATEO 16:24 NVI

Seguir a Jesús es un camino de gran gozo, pero también de sacrificio real. Muchas veces, cuando escuchamos la palabra sacrificio, pensamos que tal vez se trate de un campo de misiones o de donar una gran suma de dinero. Todo eso está bien y es bueno, pues en ocasiones, eso es lo que Dios nos llama a hacer.

Sin embargo, muchas otras veces, el sacrificio se percibe como despertarse a las 3:00 a. m. para ayudar a un amigo enfermo; como tomarse un tiempo en tus noches para ser voluntario en un comedor comunitario; como elevar tus oraciones con un compañero del trabajo. Estos son pequeños sacrificios que, cuando los vamos practicando año tras año, cosechan grandes recompensas. ¿Cuál podría ser tu "cruz" hoy? ¿Cómo puedes aceptarla y, al hacerlo, seguir a Jesús?

Padre, ayúdame a estar listo para sacrificar mi tiempo y energía por aquellos que están más cerca de mí. Deseo que pueda llegar a amar como tú amas. Dame la fuerza para lograrlo.

AFIRMACIÓN

Entonces Jacob llevó la comida a su padre. —¿Padre?—dijo. —Sí, hijo mío—respondió Isaac—. ¿Quién eres, Esaú o Jacob?

GÉNESIS 27:18 NTV

Isaac siempre tuvo como preferido a su hijo Esaú sobre su hijo menor, Jacob. Y es que Esaú podía cazar y poseía otros atributos de masculinidad, mientras que Jacob se quedaba en casa y era un poco confabulador. Esaú era más sencillo. El corazón de Isaac gravitaba hacia su hijo mayor. Cerca del final de la vida de Isaac, Jacob, en un loco esfuerzo por tomar la herencia de Esaú, se vistió para parecer su hermano mayor y engañó a su anciano padre. Jacob andaba un poco a hurtadillas, pero es que ¿puedes imaginarte saber que vas después de tu hermano cuando se trata del amor de tu padre? Eso es difícil de asimilar.

Aunque esta situación, en algunas formas es un poco rebuscada, la experiencia nos recuerda lo común que es. Muchos de nosotros vivimos con un vacío de afirmación, un lugar que no recibió lo que deseábamos. El truco es recordar que cuando sentimos la necesidad de amor, necesitamos recordar a Dios quien dio a su hijo unigénito para que pudiéramos ser llamados sus hijos. Ese es un amor que puede sanar los vacíos de la afirmación. Es un amor que nos da un ejemplo de cómo podemos dejar derramar nuestro amor hacia quienes nos rodean.

Padre, enséñame tus caminos. ¡Ayúdame a amar como tú amas! Quiero conocer tu amor para mí y pasárselo a los demás.

PADRE NUESTRO

Ustedes deben orar así: "Padre nuestro…".
MATEO 6:9 NVI

Encontramos muchos títulos para Dios en toda la Biblia. Aprendemos que Dios es creador y poderoso, que es soberano y omnisciente. Sin embargo, en el Nuevo Testamento, cuando Jesús comparte con sus seguidores cómo deberían orar, Él indica que debemos decir "Padre nuestro". Permite que eso se impregne en tu pensamiento.

El infinito y soberano Dios creador quiere que lo conozcas como tu "papá". No solo eso, sino que Jesús también dice que Dios es el tipo de padre que puede ver en todo el horizonte en busca de sus hijos perdidos y luego corre hacia ellos cuando apenas los visualiza (Lucas 19). Dios es un padre y el amor del padre es íntimo y protector, el cual anhela conocernos y que lo conozcamos.

Dios, eres todopoderoso, pero también deseas intimidad. Quieres ser conocido como papá. Ayúdame hoy a conocerte como ese tipo de padre.

SANTIFICADO SEA

Santificado sea tu nombre.

MATEO 6:9 NVI

Cuando la mayoría de las personas escuchan la palabra santo, lo ven desde una perspectiva "moral" o "religiosa". No es que estén en un error, pero pierden la riqueza del significado bíblico. *Santo* significa "ser apartado" o "ser diferente". Unos cuantos teólogos sugieren que cuando vemos la palabra santo, deberíamos pensar en que es "totalmente diferente". Dios es perfecto, pero nosotros no. Dios es todopoderoso, pero nosotros no. Esto te da la idea. En el Antiguo Testamento, los sacerdotes tenían que realizar ciertos rituales de pureza para acercarse a Dios. ¿Por qué? Porque Dios es santo y nosotros no lo éramos. Para acercarse a Dios tenían que purificarse a sí mismo y así convertirse en santos.

Es interesante que Jesús diga que debemos llamar a Dios "padre, pero al mismo tiempo reconocer que Él es santo. Jesús quiere que preservemos juntas esas dos verdades. Dios está más allá y Dios está cerca. Dios es poderoso y Dios es manso. Dios es un guerrero y Dios es amoroso. Es como si Jesús, justo al principio de la oración del Padre nuestro, estuviera invitándonos a conocer el hermoso misterio de quién es Dios. Cuando reflexionamos en ese pensamiento, nos empezamos a asombrar, nos deja atónitos. Si nos sentimos así, vamos por buen camino.

Oh Dios, eres un Dios todopoderoso y santo, eres un padre íntimo y amoroso. Ayúdame a sorprenderme ante ti. Permite que me acerca este día a ti.

HÁGASE TU VOLUNTAD

Venga tu reino. Hágase tu voluntad en la tierra como en el cielo.

MATEO 6:10 NVI

En eras pasadas, un reino era un lugar donde se practicaban los valores y el tipo de vida que un rey establecía como su deseo. Como podrás imaginarte, podría tratarse de algo bueno o malo dependiendo del rey. Jesús es el buen rey por excelencia. En todos los evangelios (Mateo, Marcos, Lucas y Juan), Jesús sanaba a los enfermos, tomaba en cuenta a los despojados social, espiritual y racialmente dentro de su familia y al final de todo hizo público su poder al triunfar sobre el poder del mundo a través de la muerte. El reino de Jesús es incomparable.

A medida que nos alineamos con este Dios que es tan lejano como cercano, también debemos asumir la causa de su reino, lo cual puede ser difícil. Dentro de cada uno de nosotros existe una pequeña regla que, al dejarla sola, podría establecer un reino que se dirija bajo nuestros propios deseos y manifiestos. Cuando aprendemos a orar como Jesús, debemos derrocar nuestro propio reino y asumir la misión de su reino. No significa que todos se tienen que convertir en un pastor, ni que tenemos que vivir en la iglesia. Significa que, como Jesús, debemos tener un corazón para los despojados y los vulnerables. No significa que debamos familiarizarnos con el sacrificio, sino que nuestra lealtad se la debemos a Jesús primero, en todas las áreas de la vida.

Dios, dame la fuerza para vivir por tu reino. Dame el poder de amar a mi familia, a mis compañeros de trabajo y a mis vecinos. ¡Ayúdame a sentir el deseo de tu reino!

PAN DIARIO

Danos hoy nuestro pan cotidiano.

MATEO 6:11 NVI

Dios no solo se preocupa por nuestras necesidades espirituales. También está interesado y desea ser reconocido en cada área de nuestra vida, después de todo, es el creador de todo lo que nos rodea. Así es, eso también incluye los alimentos que comes.

Las generaciones pasadas tenían una relación mucho más íntima con sus alimentos. Eran personas que producían y sacrificaban la carne que consumían. Dependían de lo que recibieran de la lluvia y del sol. Mientras que nosotros solo tomamos con la mano un pedazo de pan, las generaciones antiguas veían el trigo crecer desde su raíz. Así que la oración a continuación podría tener mucho más sentido para un grupo de judíos o cristianos de algunos siglos atrás. A pesar de ello, cuando damos gracias por nuestro "pan diario o cotidiano", reconocemos que Dios es el Dios de cada centímetro de la creación. Recordamos que Él hizo todo y cuida de todos nosotros. Así también, recordamos que todo, incluso una rebanada de pan en la mañana es un regalo de su gracia.

Dios, gracias por los regalos que olvidamos fácilmente: por la comida, los amigos, la familia y el trabajo. Eres generoso y gracias por ser mi proveedor.

PERDÓNANOS COMO NOSOTROS PERDONAMOS

Perdónanos nuestras ofensas, como también nosotros hemos perdonado a nuestros ofensores.

Mateo 6:12 NVI

El perdón es una de esas palabras que tienen un sonido hermoso, pero que resulta sumamente difícil poner en práctica. Quizás esta sea la mejor descripción del perdón: una dificultad hermosa. El perdón se muestra como una dificultad hermosa cuando una mujer encuentra la fuerza para perdonar a un padrastro cruel y recibe la libertad que el perdón siempre brinda. Una dificultad hermosa se da cuando un esposo le dice a su esposa: "Te amo y te perdono" cuando ella ha aceptado una lucha moral. Esta dificultad hermosa se hace presente cuando el propietario de una empresa abraza a aquel empleado que fue hallado culpable de evadir sus responsabilidades.

Sin embargo, la mejor imagen del perdón como una dificultad hermosa es la cruz. En la cruz, Jesús despojó el peso difícil de nuestro pecado y ofreció el hermoso regalo de su perdón divino. Cuando entendemos esa dificultad hermosa, todas las necesidades de perdón que podamos tener se vuelven un poco menos difíciles.

Oh Dios, gracias por tu perdón. Gracias por la cruz. Ayúdame a recordar que perdonaste todo en mí y yo recordaré perdonar a quienes me han herido u ofendido.

NO NOS DEJES CAER

Y no nos dejes caer en tentación,
sino líbranos del maligno.
MATEO 6:13 NVI

La oración de Jesús concluye con la solicitud de que no nos deje caer en la tentación. A veces, cuando empezamos a batallar contra una tentación para superarla, nos damos cuenta de que estamos dando demasiado enfoque a esa tentación. Desde el instante en el que se menciona una tentación, no dejamos de pensar en ella. Diga la palabra 'helado' a alguien que vela por las calorías de lo que consume y entenderá a lo que me refiero. La solución de sobreponernos a la tentación es enfocarnos en algo mejor que en esa tentación.

Las escrituras hablan muchas veces de fijar nuestros ojos en Jesús y existe una razón para ello. Cuando fijamos nuestros ojos en Él, curiosamente las tentaciones se "atenúan". ¿Por qué? Porque nuestra mirada está en algo mucho mejor que las distracciones que nos lanza la cultura. De hecho, nuestra mirada está en aquel que anhela realmente nuestro corazón.

Dios, eres digno de toda mi atención. Ayúdame hoy a verte en tu poder y tu fuerza. Permíteme ver tu luz en tu amor para que no resbale ante las distracciones.

SEAN UNO

Para que todos sean uno.
Padre, así como tú estás en mí y yo en ti.
JUAN 17:21 NVI

Un equipo podrá subir o caer dependiendo de cuán unido estén. No importa si se trata de una empresa, un pelotón, un equipo de fútbol o una familia. Las fracturas en las relaciones de un equipo provocan un ambiente que causa el fracaso. Un ejemplo de ello es el equipo olímpico de básquetbol de los Estados Unidos de 2004. Aunque eran los mejores jugadores del mundo, no lograron obtener la medalla de oro. La razón fue que cada uno buscaba ser la estrella, no estaban unidos. Las fracturas en un equipo llevan al fracaso del mismo equipo, así de simple.

Sí, simple, pero difícil de poner en práctica. En el momento en el que tienes cualquier tipo de equipo, también tienes seres humanos quebrantados y rebeldes compartiendo un mismo entorno, el cual puede llegar a la tensión. Así como los puercoespines se acurrucan en el frío, así podemos llegar a lastimar a otros cuando buscamos tener una conexión, pero así como en muchos casos puede darse esa fractura, también puede darse lo opuesto: la armonía. Cuando dos voces se unen en armonía, el resultado es una hermosa canción. Lo mismo pasa cuando las vidas se unen en un entorno de equipo. Esa es la razón por la que Jesús oraba para que sus discípulos (lo que estuvieran en cualquier época de la iglesia) fueran "uno", porque Jesús quiere armonía, no fracturas.

Dios, hoy mi oración es para todas las relaciones en mi vida. Mi oración es que pueda, a través de tu obra, ser una armoniosa voz, ser alguien que puede trabajar en equipo, un amigo que aprecia. Ayúdame, Dios, porque si lo intento solo, me deslizaré y todo se podría tratar de mí.

LA PRUEBA

Permite que ellos también estén en nosotros, para que el mundo crea que tú me has enviado.

JUAN 17:21 NVI

"La prueba del algodón", dice un dicho muy antiguo que significa que lo único que realmente importa es si algo funciona. ¿Te queda claro? Al final, el precio anunciado y de venta no significa nada si el producto no sirve cuando abres su empaque.

Jesús sigue orando por unidad, lo que sugiere que cuando la iglesia se mantenga unida, el mundo creerá. La prueba de la iglesia está en la unidad aquí, eso podríamos decir. Significa que cuando se trata de unidad, existe algo muy puntual: nuestra integridad espiritual y nuestro testimonio a un mundo que necesita conocer el amor de Dios.

Dios, ayúdame a irradiar tu amor para que el mundo conozca el amor que tú das. Permite que tenga una vida de unidad para que el mundo conozca tu poder y tu amor.

NUESTRO AYUDADOR

Yo les he dado la gloria que me diste, para que sean uno, así como nosotros somos uno.

JUAN 17:22 NVI

¿Alguna vez te han pedido que hagas algo, tal vez una tarea específica en el trabajo o un ensayo en una clase, pero sin los recursos adecuados o sin la capacitación para alcanzar la meta? Si es así, ¿cómo te fue? Por lo regular, hacer tareas así no da los mejores resultados. Cuando se trata de la unidad cristiana, demos gracias de que Jesús ¡no nos ha dejado sin recursos! En el versículo anterior, Jesús describe la unidad cristiana como una meta alcanzable, no porque realmente seamos talentosos o porque seamos sumamente amigables, no. Desde la perspectiva de Jesús, la unidad cristiana es posible porque Él nos ha dado su gloria, la cual está en la misma presencia de Dios en la vida de sus creyentes. La presencia de Dios en los seguidores de Cristo trae unidad real y duradera unidad cristiana.

De alguna forma, nos alienta. Jesús no nos ha dejado a la deriva para que veamos qué hacer. Nos ha dado un ayudador, su Espíritu Santo. Sin embargo, de otra forma, significa que tenemos que trabajar. La unidad no viene de forma natural, tenemos que ceder ante los demás y ante el Espíritu Santo. Tenemos que rendir nuestras agendas. Si lo que realmente queremos es la unidad por la que Cristo oró que experimentáramos, tenemos que mantenernos en el paso con el Espíritu diciendo todos los días: "No mi voluntad, sino la tuya".

Dios, confieso que te necesito. Específicamente, necesito a tu Espíritu Santo en mi vida. Quiero ver tu obra, quiero crecer como hombre y para ello necesito tu presencia. Dame hoy tu fuerza, Señor.

UN CUERPO

También nosotros, siendo muchos, formamos un solo cuerpo en Cristo, y cada miembro está unido a todos los demás.

ROMANOS 12:5 NVI

Una bicicleta se conforma de muchas partes. El manubrio nos ayuda a girar en las esquinas o a mantener la bicicleta recta mientras nos desplazamos colina abajo. Las velocidades pueden cambiarse con el simple toque de los dedos, lo que nos ayuda a subir pendientes. Los pedales que conectan las velocidades mueven la cadena y la rueda trasera. Los frenos nos permiten detenernos cuando el semáforo cambia a rojo. Si extraemos alguna de estas partes, la bicicleta no funcionaría o sería peligrosa de conducir.

Ahora piensa en tu familia, tu iglesia o incluso en tu lugar de trabajo. Ahí encuentras personas que son talentosas con la administración, que pueden organizar y crear sistemas. También encuentras personas gregarias, extrovertidos, que siempre logran hacer conexiones. Algunos tienen una presencia amable y cálida, el tipo de persona que te hace sentir seguro. Las personalidades prevenidas y conservadoras nos ayudan a sentirnos seguros y a no sumergirse temerariamente en nuevas aguas. Los pioneros equilibran las voces cautelosas y nos desafían a tener fe y a salir de la barca, incluso cuando es incómodo. Los tipos creativos imaginan las hermosas creaciones que honran a Dios, que nos inspiran a mantenernos asombrados de Dios. También están los honestos que te hablan directamente y que te pueden ver a los ojos y decirte lo que necesitas escuchar. Si dejas fuera un tipo de persona de tu familia, iglesia o lugar de trabajo, la diferencia será notable.

Dios, ayúdame a reconocer y a honrar la diversidad que has colocado en mi hogar, iglesia y lugar de trabajo.

LEGADO

No solo ruego por estos. Ruego también por lo que han de creer en mí por el mensaje de ellos.

JUAN 17:20 NVI

¿Qué es lo que piensas cuando escuchas la palabra legado? ¿Piensas en dinero? ¿O piensas en algunos valores familiares que se pasan de una generación a la otra? Jesús elevó la máxima oración de "legado" a medida que la cruz se iba acercando. En esa oración no solo oró para sí mismo, aunque estaba en medio de la crisis. Ni siquiera oró solo por sus amigos y seguidores, aunque ellos pronto estarían enfrentando la crisis. Hacia el final de la vida terrenal de Jesús, su oración era por nosotros. Eso es sorprendente, te incluyó a ti y a mí. La persona en tu grupo pequeña que siempre se aparece tarde, incluyó a todos. Jesús, en uno de sus últimos momentos en la tierra, pensó en nosotros.

¿Te puedes imaginar que piensas en dos o tres generaciones después de ti? ¿Cómo podría afectar eso tu vida? Cuando piensas en ello, empiezas a recibir una visión para dejar un legado y estás más cerca de tener la mente de Cristo (1 Corintios 2:16).

Dios, dame una visión para mi vida, una que sea más grande que yo. Oro por una visión para mi futuro que sea mucho más grande de lo que puedo imaginar, una visión del tamaño de Dios. Ayúdame a pensar en el legado que estoy dejando para mis futuras generaciones. Deseo que sea un legado que te honre. Señor, dame fuerza.

LA BASE

Dichoso el que tiene en ti su fortaleza,
que de corazón camina por tus sendas.
SALMOS 84:5 NVI

¿Sobre qué base has puesto tu corazón? Una forma de explicarlo es pensar en qué pensamientos estás invirtiendo tu tiempo. Otra explicación podría ser que tomes en cuenta en qué has gastado tu tiempo o dinero. El salmista dice que el hombre dichoso es el que establece su corazón sobre una senda. Esta palabra significa que busca un objetivo con un significado real, es un objetivo que tiene relevancia espiritual, así que es más grande que el próximo aumento que venga o que una casa nueva.

El hombre que basa su corazón en la senda está buscando algo que es mucho más grande que él mismo. El hombre que establece su corazón en la senda conoce sus debilidades y deficiencias morales, busca crecer en esas áreas. El hombre que ha establecido su corazón en la senda busca a Jesús. Ese es el hombre realmente dichoso.

Padre, quiero que mi corazón se enfoque y permanezca en ti. No quiero establecerlo en objetivos menores ni insignificantes. Quiero que tus planes sean los míos, por lo que me rindo. Serás el destino final de mi travesía en la vida.

ATRIBULADO

Al escuchar esto, me senté a llorar; hice duelo por algunos días, ayuné y oré al Dios del cielo.

NEHEMÍAS 1:4 NVI

¿Alguna vez has vivido algo que te ha causado una profunda molestia? Por lo general, vemos estas experiencias como algo negativo y sí, en muchas ocasiones, así es. Sin embargo, también tienen el poder de impulsarnos a tomar medidas. Un pequeño estudio de la historia muestra que los hombres que han afectado al mundo de una forma más positiva, lo han hecho porque han actuado por alguna necesidad seria, alguna situación que ha atribulado su corazón. Un ejemplo es Nehemías. Cuando escuchó acerca de la destrucción de su ciudad natal, su corazón se quebrantó y lo llevó a regresar a ese lugar y trabajar en su restauración. Analizó el problema y entendió la necesidad que había para actuar. Reunió a un grupo de personas para que le ayudaran a restaurar los muros y las estructuras caídas. Fue perseverante ante todos los desafíos cuando la gente se burló de sus esfuerzos. Todos estos sucesos se dieron a partir de un corazón atribulado al escuchar las noticias del lugar.

Entonces, ¿qué es lo que ha afectado tu corazón en este tiempo que lo está atribulando? ¿Es algún familiar que sabes que está en necesidad? ¿Es el chico del vecindario que necesita una buena influencia masculina? ¿Es que las personas conozcan la bondad amorosa de Dios? Cuando puedas darles respuestas a estas preguntas, posiblemente y como Nehemías, podrás tener el impulso para actuar.

Padre, ayúdame a tener un corazón que se quebrante por aquello que quebranta tu corazón. Ayúdame a saber qué debo hacer.

OPOSICIÓN

Y Tobías el amonita, que estaba junto a él, añadió: —¡Hasta una zorra, si se sube a ese montón de piedras, lo echa abajo!
NEHEMÍAS 4:3 NVI

¿Qué haces al enfrentar la oposición? Es fácil dejar que la oposición te oprima hasta llegar a sentirte en derrota. En otros momentos, lo fácil es descargarse contra alguien, lanzar un contraataque a la persona que se opone en contra de nosotros. Posiblemente, lo más difícil de todo es perseverar, estar firmes a través de la oposición. Quizás recuerdas que el corazón de Nehemías estaba atribulado después de haber escuchado las noticias de que su ciudad natal yacía en ruinas. Regresó a este lugar y buscó su restauración. Pero no había pasado mucho tiempo en el proceso cuando apareció la oposición. No despotricó con insultos contra sus opositores, ni tampoco se hundió en el fracaso. En lugar de ello, encontró la fortaleza para perseverar. Su secreto a su reacción está en la oración, que fue la primera acción que hizo cuando las críticas se levantaron en su contra.

Cuando busques tener un impacto positivo, también encontrarás oposición. Esta oposición viene internamente a medida que experimentas dudas de ti mismo y estas te distraen. La oposición viene externamente cuando escuchas las voces de las críticas y los cuestionamientos. Ya sea que la oposición es interna o externa, el camino de perseverancia empieza con oración. Cuando oramos es cuando Dios nos recuerda el apremio de lo que estamos haciendo y la fortaleza para mantenernos firme en ello.

Dios, ayúdame a perseverar. Recuérdame el apremio de atender a quienes están alrededor de mí. Recuérdame la importancia de mostrar tu amor en mi vecindario. Recuérdame lo mucho que está en juego.

CRISTO EN MÍ

He sido crucificado con Cristo, y ya no vivo yo, sino que Cristo vive en mí. Lo que ahora vivo en el cuerpo, lo vivo por la fe en el Hijo de Dios, quien me amó y dio su vida por mí.

GÁLATAS 2:20 NVI

¿Cómo te sientes cuando no encuentras tu billetera? Puede ser que se te vaya el sueño o que llegues tarde al trabajo por estar buscando debajo de cada cojín o del sillón. Si tienes que conducir a algún lugar, claro que te vas a sentir un poco agitado. Tu billetera dice algo de quién eres. De alguna forma, es la que habla de tu identidad. Sin embargo, la pregunta de la identidad es mucho más grande de lo que está en tu billetera. "¿Quién soy?" es una pregunta que nos hacemos múltiples veces y, por lo general, estas preguntas de identidad se manifiestan alrededor de los logros. Muchos de nosotros nos definimos por lo que hemos hecho o lo que no hemos podido hacer. Cuando nosotros dejamos ir nuestra identidad en un logro, eso tiende a llevarnos a una crisis cuando nos damos cuenta de nuestras limitaciones y debilidades.

Pablo nos da una forma diferente de entregar nuestra identidad. En el pasaje de este día, dice que la esencia de quiénes somos, está conectada con Jesucristo. Es Él quien nos da nuestra identidad y gracias a ellos, somos aceptados a pesar de nuestros logros (o nuestra falta de logros también). Nos entrega una identidad que no puede perderse porque lo que ha alcanzado Cristo lo ha hecho en nuestro nombre.

Padre, recuérdame que estoy en Cristo. Ayúdame a recordar que, al final, eso es lo que me define. Dame la claridad de pensamiento para recordar que Él es mi identidad máxima.

SÍMBOLO DEL ESTATUS

Ya no hay judío ni no judío, esclavo ni libre, hombre ni mujer, sino que todos ustedes son uno solo en Cristo Jesús.

GÁLATAS 3:28 NVI

Una de las preguntas comunes que le hacemos a alguien a quien acabamos de conocer es: ¿Y tú, a qué te dedicas? Y cuando decimos "dedicas", lo que queremos decir es qué tipo de trabajo hace. La respuesta a la pregunta, ya sea que lo aceptemos o no, determina lo que pensamos de ellos. Si la respuesta es: "soy un médico", nuestro cociente del respeto se eleva y podría ser que hasta nos sintamos un poco inseguros. Es fácil caer en la búsqueda del estatus para esta pregunta inofensiva. Cuando alguien tiene más educación o un mejor trabajo, nos sentimos inseguros con nuestra posición social. Si alguien tiene una red más amplia, nos quedamos pensando en la posición que poseemos.

Pablo, al escribir a los gálatas, desmantela los símbolos más relevantes del estatus y la posición social de sus días. Para él, un esclavo está al mismo nivel de una persona libre. Un judío está al mismo nivel de un gentil. Una mujer está al mismo nivel de un hombre. Nadie está por encima de nadie, ni tampoco por debajo. Este es el caso, pues antes de Cristo, todos estábamos en una situación desesperada. En Cristo, hemos recibido más de lo que pudiéramos pedir o imaginar. Para Pablo, el símbolo más relevante de un estatus o posición social no es un carro nuevo ni un trabajo estupendo, sino la cruz.

Dios, ayúdame a creer que lo único que necesito para tener significado eres tú. Guárdame de la inseguridad y el orgullo. Recuérdame quién soy en ti.

LIBERTAD

Cristo nos libertó para que vivamos en libertad. Por lo tanto, manténganse firmes y no se sometan nuevamente al yugo de la esclavitud. Les hablo así, hermanos, porque ustedes han sido llamados a ser libres; pero no se valgan de esa libertad para dar rienda suelta a sus pasiones.
Más bien sírvanse unos a otros con amor.

GÁLATAS 5:21 NVI

Posiblemente, no te tomará mucho tiempo pensar en una película o en un libro cuya trama sea la búsqueda de la libertad. Nos encantan las historias de personas que desean liberarse de la cautividad o de la opresión. Para los habitantes del continente americano, eso está tejido en nuestro ADN con frases como "hogar de la libertad" y otras similares. Es interesante que la Biblia está alineada a esta idea. Pablo desafío a los gálatas porque su fe la fijaron en adherirse a las reglas. Pablo quería que supieran que la fe verdadera significa libertad de una religión que se enfocaba estrictamente en las reglas y las normas.

Culturalmente, nos encanta la idea de ser libres de la aprobación de los demás, de la religión fundamentada en las normas o de la autocrítica y claramente es así. Sin embargo, la libertad es más que solo escapar de algo. En Gálatas 5:1, Pablo habla de ser libre de la ley, pero en el versículo 13 dice que hemos sido liberados con un propósito. La libertad verdadera significa que hemos sido liberados de las normas y las reglas religiosas mediante la obra de Cristo en la cruz y que somos libres para cumplir el propósito de amar a Dios y a todas las personas. Estos dos son elementos esenciales de la verdadera libertad.

Padre, recuérdame que soy libre de la ley. Recuérdame que soy libre para cumplir un propósito: el de amar.

INVITACIÓN

Después de esto miré y apareció una multitud tomada de todas las naciones, tribus, pueblos y lenguas; era tan grande que nadie podía contarla. Estaban de pie delante del trono y del Cordero.

APOCALIPSIS 7:9 NVI

Ya sea que se trate de una celebración por festividades o una cena con la familia o amigos del trabajo, una de las preguntas importantes para ese tipo de reuniones es: "¿Cuántas personas vamos a invitar?". Puede que no sea una decisión popular o fácil, pero al final, algunas personas estarán en la lista de invitados y otras no. Este proceso puede causar ansiedad con el tema de mandar las invitaciones y al mismo tiempo, también podría causar frustración para los que no fueron invitados. A pesar de esto, todo es parte del proceso.

Cuando Juan, el autor de Apocalipsis, tuvo un vistazo del cielo, vio a personas de todos los continentes, grupos étnicos y contextos económicos, uno a la par del otro. La invitación de Jesús a su fiesta eterno no tiene limitación, es una invitación abierta para todos. Todos están invitados. Aunque nuestras invitaciones a las fiestas terrenales tienen límites comprensibles, ¿en qué pensamos cuando nos damos cuenta de que, siempre, todos hemos sido invitados al banquete celestial?

Dios, ayúdame a incluir, nunca a excluir. Ayúdame a recibir bien a todos, nunca a rehuirle a alguien. Ayúdame a amar a aquellos que pudieran excluirme. Necesito tu fuerza para llevar a cabo estas acciones.

EVANGELISMO

Oren también por nosotros, para que Dios nos dé muchas oportunidades para hablar de su misterioso plan acerca de Cristo. Por eso estoy aquí en cadenas.

COLOSENSES 4:3 NTV

El evangelismo es una palabra que disgusta tanto afuera como adentro de la iglesia. Puede causar ansiedad cuando algunos se sienten obligados, pero no preparados para llevarlo a cabo, o se sienten nerviosos por lo que podría decir la persona a la que le van a hablar. Otras personas sienten que están siendo forzados y se preocupan por parecer irrespetuosos o incluso "más santos que" alguien más. En cierta parte, esta ansiedad se da porque no siempre hemos tenido los mejores ejemplos. Es fácil pensar en aquella persona que está en la calle haciendo comentarios que dan vergüenza. Contrario a ese escenario de caricatura, Pablo le pide a la iglesia de los colosenses que oren para que Dios abra las puertas. El método de evangelismo de Pablo era orar para que se abrieran las puertas, no para entrar sin permiso en ellas.

No tenemos excusa para no hacer el trabajo de evangelismo. Todo aquel que ha escuchado las buenas nuevas del evangelio es llamado a hablarles a otros, además de que las puertas se abren todos los días. El evangelismo requiere paciencia y una oración atenta. Está ligado a la relación que mantenemos con aquellos que no conocen a Cristo. Está ligada a una amistad lo suficiente larga para ver cómo Dios va abriendo la puerta del corazón de esa persona. Es como decir algo tan sencillo como: "¿Sabes que me he estado preguntando en qué necesitas que ore por ti?".

Dios, dame ojos para ver las puertas abiertas del evangelio.

CALIFICADO

Ahora ve, porque te envío al faraón. Tú vas a sacar de Egipto a mi pueblo Israel. Pero Moisés protestó: —¿Quién soy yo para presentarme ante el faraón? ¿Quién soy yo para sacar de Egipto al pueblo de Israel?

ÉXODO 3:10-11 NTV

¿Alguna vez te has sentido muy poco preparado para realizar una tarea? Tal vez han pasado por esto cuando has tenido una conversación tensa con algún miembro de tu familia o tal vez cuando empezaste en un nuevo trabajo. Tal vez lo sentiste cuando salías caminando del hospital después de que un familiar hubiera fallecido. No importa si lo estás viviendo ahora o vaya a venir en el futuro, la pregunta es: "¿Estoy realmente calificado para hacer esta tarea?". Esta pregunta inquieta a muchos hombres. Era el temor que plagaba la mente de Moisés cuando Dios lo llamó a liderar a los israelitas a la libertad. De alguna forma, la preocupación de Moisés no era infundada, es que no estaba listo del todo para hacer esta faena. Aparentemente, tartamudeaba (Éxodo 4:10), había salido huyendo después de haber matado a alguien en un arrebato de enojo (Éxodo 2:12), además de que su hoja de vida no encajaba para el puesto. Sin embargo, Dios no llama al que esté calificado, sino que capacita al que llama.

Ahora invierte unos minutos para evaluar tu vida. ¿En qué parte sientes ese indicio de inseguridad? ¿Tal vez es con una amistad específica? ¿En el trabajo? No importa donde sea, ten en mente que Dios está ahí contigo y cuando lo busques de corazón, Él guiará tus pasos.

Dios, confieso que dudo de tu capacidad para usarme. Ayúdame a confiar en ti. Ayúdame a creer que quieres usarme.

DIFICULTADES Y CRECIMIENTO

El oro, aunque perecedero, se acrisola al fuego. Así también la fe de ustedes, que vale mucho más que el oro, al ser acrisolada por las pruebas demostrará que es digna de aprobación, gloria y honor cuando Jesucristo se revele.

1 PEDRO 1:7 NVI

Levanta pesas y ya verás que amanecerás adolorido. Decide correr una carrera de 10 km y tus siguientes pasos los darás con dolor. Trata de estar en una relación tensa y tendrás que mantener conversaciones difíciles sobre esas áreas de crecimiento que se pasan por alto con facilidad. Compra una casa y tendrás que mantener la disciplina e inflexible para ahorrar para el enganche. Aunque nos encantaría que la madurez viniera así de fácil, parece que las dificultades y el crecimiento son inseparables.

Las personas a las que Pedro les escribía (exiliados dispersos por las provincias de Ponto, Galicia, Capadocia, Asia y Bitinia) no tenían mucho dinero y sus vecinos y compañeros de trabajo los difamaban por su fe. Incluso, estos exiliados en su mayoría no tenían una posición social y, por lo tanto, no tenían oportunidades reales para progresar. Todo ello creó una situación difícil; sin embargo, Pedro dice que lo que tienen es el uno al otro y en Cristo, esto era algo mucho más valioso que el oro. No solo eso, sino que esta riqueza oculta se volvía más pura y fuerte ante la oposición. Nuevamente, nos damos cuenta de que las dificultades y el crecimiento son inseparables.

Dios, ayúdame a recibir bien las dificultades. Dame ojos para ver lo que estás haciendo en mí en tiempos de dificultad. Dame fe para creer que lo que tengo en ti es mucho más valioso que el oro.

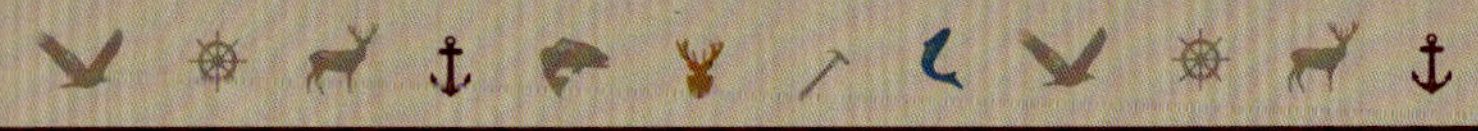

DESEO DE DIOS

Ustedes lo aman a pesar de no haberlo visto;
y aunque no lo ven ahora, creen en él y se alegran
con un gozo indescriptible y glorioso.
1 Pedro 1:8 NVI

Cuando los hijos están por irse a la universidad, frecuentemente los padres se concentran en ver fotos familiares que captura los momentos que se han ido hace tiempo. Otros ven las fotos en su teléfono y empiezan a desplazarse para encontrar fotografías de los seres amados que están lejos de su hogar. La ausencia hace que el corazón se vuelva más cariñoso, dicen algunas personas. Los destinatarios de la primera carta de Pedro nunca tuvieron la oportunidad de conocer a Jesús personalmente, pero cuando escuchaban de él mediante los esfuerzos misioneros de la iglesia primitiva, algo los cambiaba. Llegaban a amar a Jesús y se llenaban de gozo porque anticipaban una eternidad con Él.

Pero, así como la ausencia puede que el corazón se vuelva más cariñoso, también puede olvidar. Los destinatarios de la carta de Pedro pasaron por sentir ese creciente deseo por el Señor, no por el olvido. ¿Por qué? Porque como los padres que ven las fotos de su familia, estas personas se aferraban de la realidad de Jesús ante ellos lo más que pudieran y esto le daba gran gozo.

Padre, no te he visto; ayúdame a amarte. Deseo conocerte, ayúdame a desearte más.

ALEJARSE

Muy de madrugada, cuando todavía estaba oscuro, Jesús se levantó, salió de la casa y se fue a un lugar solitario donde se puso a orar. Simón y sus compañeros salieron a buscarlo. Por fin lo encontraron y le dijeron: —Todo el mundo te busca.

MARCOS 1:35-37 NVI

Jesús no se preocupaban por las multitudes. Claro que las amaba, pero la preocupación principal de Jesús era la conexión con su padre. Sabía que esa conexión era el origen de la fuerza. Toda sanidad y esperanza para las masas descansaba en esa relación íntima con el Espíritu y con el Padre. Sin embargo, Simón (o Pedro) estaba preocupado. La multitud buscaba a Jesús y si Él no aparecía pronto, se podrían ir. Si eso pasaba, ¿qué sería del movimiento? ¿No entendía Jesús que Simón había invertido su vida en este movimiento? Si toda la gente se iba, ¿qué iba a pasar con todo lo que hubiera invertido? Se hubiera tenido que regresar todo enfurruñado a comprar una nueva red y equipo para pescar. *Tenía que respirar.*

¿Por qué Jesús no cedió ante la ansiedad de Pedro? Jesús conocía que su popularidad entre las masas no lo definía. Sabía que su prioridad no estaba en la aprobación pública ni en ver si su movimiento ganaba más adeptos. Sabía que la voz de su Padre y la presencia del Espíritu eran lo más importante y que la identidad que ellos le ofrecían, nadie se la arrebataría.

Dios, dame la valentía de alejarme hoy. No tengo que ganar eternamente el favor de las masas. Lo que necesito es escuchar la voz de tu favor.

EL LLAMADO DEL TRABAJO

Dios el Señor tomó al hombre y lo puso en el jardín del Edén para que lo cultivara y lo cuidara.

Génesis 2:15 NVI

Algunas veces decimos: "este fin de semana tengo que trabajar", lo cual es comprensible. A menudo nuestra mirada está puesta en esa escapada de fin de semana o en pasar un rato relajado con la familia. Es más, los entornos laborales pueden ser tan estresantes que nos avivan más la expectativa de que lleguen las cinco de la tarde. Al principio, en el libro de Génesis, vemos el sello de aprobado en el trabajo de Dios. Puede ser contrario a lo que hemos pensado acerca del jardín del Edén. ¿Pensaste que "paraíso" tenía que ver solo con sombrillas de sol y bebidas tropicales? Tal vez sí, pero también tiene que ver con el trabajo. Debido a que fuimos creados a la imagen de Dios y Dios trabajó al crear el mundo, también tenemos mucho dentro de nosotros sobre el deseo arduo de crear y hacer, es decir, de trabajar.

¿Qué pensarías si Dios te hubiera colocado en tu lugar de trabajo, así como colocó a Adán en el jardín? ¿Cómo lo honrarías desde ese lugar? ¿Cómo sería encontrar gozo en el proceso del trabajo? ¿Cómo responderías a la invitación de Dios de amar tanto a él como a las personas con las que trabajas?

Dios, ayúdame a tener gozo mientras trabajo. Quiero que sea más que solo un trabajo duro, quiero tener una actitud que te honre en ese lugar. Ayúdame a sentir satisfacción en lo que hago.

ESCONDITE

Cuando el día comenzó a refrescar, el hombre y la mujer oyeron que Dios el Señor andaba recorriendo el jardín; entonces corrieron a esconderse entre los árboles para que Dios no los viera.

Génesis 3:8 NVI

Cuando somos niños, siempre estamos jugando escondite. Seguimos escondiéndonos incluso al ser adultos, aunque con intereses diferentes y sin ninguna diversión. Cuando alguien con quien tenemos un desacuerdo sin resolver se nos aparece en una tienda, nos ocultamos en uno de los pasillos con tal de quedar fuera de su vista. Cuando nuestro jefe nos pregunta cómo va el "gran proyecto", bajamos la mirada. Dado que no queremos que nuestra familia ni amigos sepan cuánto bebemos, guardamos la cerveza o el licor en la cochera o la bodega.

¿Por qué hacemos esto? La respuesta de la Biblia nos dice que es por vergüenza. Nos avergonzamos de nosotros mismos y no queremos que otros vean lo que realmente está pasando. A veces tenemos algo parecido a una pista musical que se la pasa repitiendo en nuestra cabeza: "No te amararían si supieran". El camino a la sanidad es dejar de esconderse. Solo cuando salimos de detrás de los arbustos es cuando le damos un golpe fatal a la vergüenza. ¿Dónde podemos conseguir la valentía para confesar? Viene de darse cuenta de que Dios ya sabe lo que está adentro y afuera de nosotros y a pesar de eso, sigue amándonos. El valor viene de conocer el eterno amor de Dios, el cual expresó de una forma tan clara en la cruz.

Padre, dame la fuerza para salir de esos lugares en donde me he estado escondiendo. Quiero ser honesto y ser libre. Dame fuerza para lograrlo.

SÁNAME

Un hombre que tenía una enfermedad en su piel se acercó y, de rodillas, suplicó: —Si quieres, puedes limpiarme. Movido a compasión, Jesús extendió la mano y tocó al hombre, diciéndole: —Sí, quiero. ¡Queda limpio!

MARCOS 1:40-41 NVI

En el mundo antiguo, las personas que padecían lepra eran desechados. Nadie era tratado con más desdén que ellos. No podían ir al templo por el riesgo de contagiar a los demás. Su propia familia los desconocía. Tenían que mantenerse a una cierta distancia de los demás y les gritaban "¡Impuros!" cuando se acercaban. De hecho, los rabís no podían acercarse a menos de dos metros de un leproso.

El leproso que menciona el evangelio de Marcos rompió las reglas y caminó hacia el rabí Jesús. Puedes imaginarte la respiración agitada de la multitud. Las escrituras dicen que Jesús fue "movido a compasión", lo que es un claro mensaje de que no se indignó con el atrevimiento del leproso, sino que fue movido por la afección que sufría. En ese momento, bajo la mirada observante de los demás, Jesús tocó al leproso. Hubiera sido fácil sanar al hombre desde la distancia y luego invitarlo a acercarse. Aunque también pudo haber despedido al leproso por no haber obedecido el protocolo cultural. En lugar de ello, Jesús dijo: "Sí, quiero" y tocó al hombre. ¿Existe algo que te obligue a mantenerte alejado de Jesús? ¿Te preocupa qué pudiera pasar si te acercas? ¿Te paraliza la idea de lo que los demás pudieran pensar? Si importar lo que te esté alejando de Él, debes saber que Él solo quiere ofrecerte su toque sanador.

Dios, hoy creo que estás dispuesto a sanarme. Deseas alcanzarme con tu mano y decirme: "¡Sé limpio!".

NECESITAMOS A JESÚS

Al oír esto, Jesús contestó: —No son los sanos los que necesitan médico, sino los enfermos. Y yo no he venido a llamar a justos, sino a pecadores.

MARCOS 2:17 NVI

¿Puedes imaginarte un hospital lleno con personas que no necesitan un doctor? Un hombre en una camilla diciendo que puede caminar bien, que no necesita estar ahí. Un joven con un brazo fracturado asegurando a la enfermera que no necesita ningún tipo de ayuda. Estos escenarios son un tanto increíbles, pero no sentimos lo mismo cuando imaginamos una iglesia con personas que piensan que están muy bien y que prácticamente no necesitan al médico por excelencia. Es mucho más fácil de creer, lo cual es realmente trágico.

En los principios de su ministerio, Jesús se aseguraba de que todos los que lo escuchaban comprendieran que la razón real por la que vino fue para sanar, ayudar y rescatar. Aquí vemos dos significados. El primero es que nuestra relación con Dios no puede fundamentarse en nuestra bondad, sino en la confesión de que necesitamos a Jesús. Buscar otro medio es risible, como el tema del hombre enfermo en el hospital que dice que está bien. El segundo significado es que los seguidores de Jesús son llamados a construir hospitales, no castillos. Como Jesús, debemos buscar a quienes están en necesidad en lugar de solo protegernos de estas personas que pueden tener "problemas". Y es que, en realidad, todos necesitamos del médico de médicos, nadie está exento de llegar a necesitar a Jesús.

Padre, hoy confieso nuevamente que te necesito. Jesús, tengo tanta necesidad de ti ahora, como la que tenía hace diez años.

CAMINAR EN FE

—Y ustedes, ¿quién dicen que soy yo? —preguntó Jesús.
—Tú eres el Cristo —afirmó Pedro.
MARCOS 8:29 NVI

¿Cuándo fue la última vez que arriesgaste algo al atreverte a hacerlo en fe? Tal vez cuando tomaste la oportunidad de empezar un negocio o de decir las palabras "Te amo", por primera vez. Tal vez cuando tuviste esa conversación difícil con tu jefe. Algunos sienten que es fácil tomar estos pasos llenos de fe, mientras que otros se paralizan por la presión. Cualquiera que sea la situación, con frecuencia la única forma de vivir es caminar en fe.

Pedro se encontró en esta situación cuando Jesús les preguntó a sus discípulos: "Y ustedes, ¿quién dicen que soy yo?". Jesús no había olvidado quién era, no necesitaba que nadie le recordara su nombre. Sin embargo, Él quería que ellos caminaran en fe y que compartieran atrevidamente quiénes creían que era Jesús. Lo habían visto sanar y enseñar, calmar las aguas y atender a los heridos. ¿Podría ser el Mesías? Seguro que se trataba de una pregunta que ya se habían hecho, tal vez incluso hablaron juntos al respecto, pero Jesús quería que confesaran con su boca esa respuesta. Pedro fue quien tuvo la valentía y la fe para hablar de lo que creía. Ahora se le recuerda por su fe, pero no sabemos nada de lo que los demás dijeron en ese momento. Como dice el proverbio: "Al que se anima, la suerte le sonríe", así que, ¿a dónde te está llamando Dios para que des pasos de fe? ¿Te está invitando a que tomes un pequeño riesgo? ¿A dónde?

Dios, estás en control. Ayúdame a creerlo y a caminar en fe.

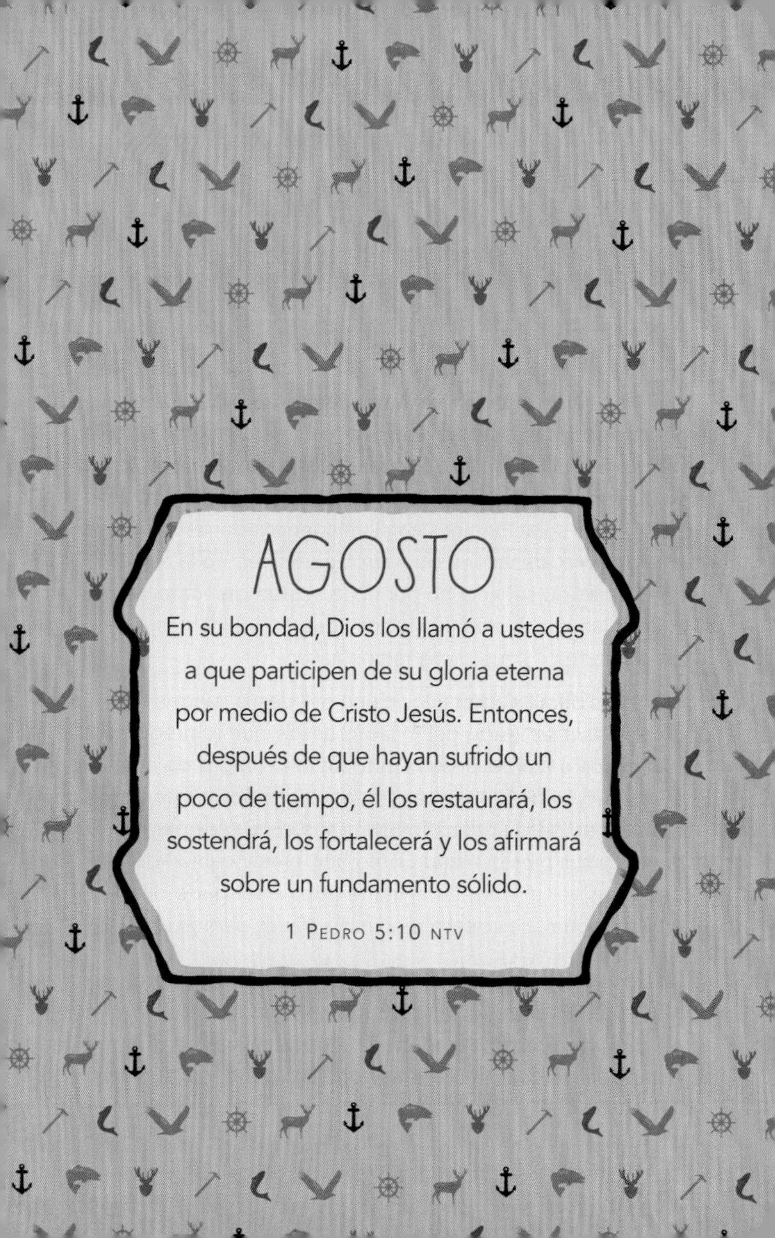

AGOSTO

En su bondad, Dios los llamó a ustedes a que participen de su gloria eterna por medio de Cristo Jesús. Entonces, después de que hayan sufrido un poco de tiempo, él los restaurará, los sostendrá, los fortalecerá y los afirmará sobre un fundamento sólido.

1 Pedro 5:10 NTV

PARTICIPACIÓN

Cuando Jesús alzó la vista y vio una gran multitud que venía hacia él, dijo a Felipe: —¿Dónde vamos a comprar pan para que coma esta gente? Esto lo dijo solo para ponerlo a prueba, porque él ya sabía lo que iba a hacer.

JUAN 6:5-6 NVI

Los líderes buenos ven las necesidades antes de que realmente se presenten. Se anticipan y se preparan para los problemas antes de que sucedan. Los buenos líderes otorgan soluciones, pero los líderes excelentes invitan al resto a ser parte de la solución. Incluso si un líder puede resolver solo el problema, da valor a que otros participen en la acción. Los líderes de servicio no tienen la actitud de "mírame". Aumentan el esfuerzo y la efectividad de los demás al preguntarles: "¿qué deberíamos hacer?".

Antes de alimentar a los cinco mil, Jesús invitó a sus discípulos a ser parte del milagro desde que le preguntó su opinión a Felipe. Jesús era totalmente capaz de ejecutar el milagro como si se tratara de un espectáculo que todos debían ver, pero él decidió usar a sus discípulos para ser sus manos y sus pies ese día. Como hombres y como líderes, debemos ver el valor de invitar a otros a ser parte de los milagros que Dios desea ejecutar a través de nosotros.

Señor mi Dios, gracias por invitarnos a ser parte de la historia. Gracias por elegirme a participar en tu obra aquí en la tierra. Permite que invite a otros a la obra que me has llamado a hacer, a medida que te sirva a ti y a tu reino.

DEPÓSITO DE ABUNDANCIA

El ladrón solo viene para robar, matar y destruir. Yo he venido para que tengan vida, y para que la tengan en abundancia.

JUAN 10:10 NBLA

En la vida pasamos por épocas difíciles que nos cuesta atravesar. También existen épocas en las que nos adormecemos en el pasar de la existencia diaria. Algo profundo adentro de nosotros sabe que fuimos creados para algo más que los trabajos que tenemos y las cuentas que pagamos. Algo en nuestra alma tiene ese deseo mayor a solo sobrevivir. Sin embargo, cuando las ocupaciones de la vida nos acechan, nuestro recurso es llevar una vida bien manejada y las circunstancias controladas.

El camino para salir de esa rutina es seguir a Cristo y aceptar su ofrecimiento de una vida abundante. Si recibimos la vida que Jesús nos ofrece, podremos traer vida a quienes nos rodean. Tener algo en abundancia quiere decir que tenemos más que suficiente. Llevar una vida abundante es mucho más que solo sobrevivir. Vivir abundantemente no solo le da forma a cómo vivimos, sino que le da forma a la vida de alguien más. Cuando tenemos más vida de la que necesitamos, hacemos veredas para poder dar de nuestra vida a otros. Derramamos con gozo esa vida sobre nuestra familia, nuestros vecinos e incluso sobre los extraños que nos encontramos en el camino y todavía así tendremos más para seguir dando.

Dios, ayúdame a no estancarme en solo sobrevivir. Dame un corazón que desee la vida abundante que ofreces. Deja en mí un espíritu de generosidad para que pueda traer una vida llena de gozo sobre aquello que me rodean.

UN NUEVO MANDAMIENTO

Un mandamiento nuevo les doy: "que se amen los unos a los otros"; que como Yo los he amado, así también se amen los unos a los otros. En esto conocerán todos que son Mis discípulos, si se tienen amor los unos a los otros.

JUAN 13:34-35 NBLA

Si el amor se convierte en la posición configurada de vida, estaremos yendo por la dirección correcta. Si elegimos el amor, estaremos siguiendo el nuevo mandamiento que Jesús nos entrega. Sin embargo, cuando tratamos de amarnos los unos a los otros con nuestra propia fuerza, nos quedamos cortos para cumplir con el llamado que Cristo nos envió a cumplir. Nuestros esfuerzos más grandes de amarnos los unos a los otros solo nos pueden llevar a un punto limitado.

El amor con el que Jesús nos ama viene del padre. Cristo explica el fundamento de su amor cuando dice: "Como el Padre me ha amado, así también Yo los he amado" (Juan 15:9). Ahí es cuando nos pasa la estafeta del amor junto con el mandamiento de amarnos los unos a los otros. Este amor por los demás se vuelve un indicador de nuestro compromiso con Cristo. El peso de amarnos a los demás es una carga más ligera de llevar cuando estamos llenos del amor que el padre nos ha dado. Su amor llena todo vacío cuando nuestros mejores esfuerzos han fallado. Cuando nos revestimos de la provisión eterna del amor del padre, podemos amarnos los unos a los otros sin problema.

Padre celestial, tu amor por nosotros va mucho más alto que los cielos. Tu suministro es más que suficiente. Llena mi corazón y mi alma con tu amor para que pueda amar a los demás más generosamente.

A TODOS

A los débiles me hice débil, para ganar a los débiles. A todos me he hecho todo, para que por todos los medios salve a algunos. Y todo lo hago por amor del evangelio, para ser partícipe de él.

1 CORINTIOS 9:22-23 NBLA

No importa si se trata de intereses en común o de un pasatiempo compartido, nos damos cuenta de que las conexiones más poderosas se dan con aquello que nos une. Las relaciones sólidas y duraderas se construyen cuando celebramos la singularidad de los demás y aceptamos lo que tenemos en común. Cuando nuestras relaciones se desarrollan, las necesidades de los demás se vuelven nuestras necesidades, sus batallas se vuelven nuestras batallas y sus alegrías se vuelven nuestras alegrías. La humildad se da cuando elegimos dejar nuestras agendas centradas en nosotros para crear las mejores oportunidades para quienes nos rodean.

Cuando nos aferramos a las bendiciones del evangelio, haremos lo que sea necesario para convertirnos en quienes necesitamos ser para que los que nos rodean puedan experimentar a Cristo en una forma que cambie su vida. El reino se acerca cuando sentimos empatía con las personas, ya sea física, emocional o espiritualmente. Cuando las personas ven nuestra disposición de entrar a su mundo en el nombre del evangelio y sus bendiciones, las puertas se abren, los muros caen y las personas se acercan un poco más a Cristo y a su reino.

Dios, aumenta mi gozo cuando piense en las bendiciones del evangelio. Dame la valentía para alcanzar a otros en nombre del evangelio. Que mi carácter refleje el tuyo cuando busque entrar en la vida de aquellos que me rodean.

CRECIMIENTO

Pero todos nosotros, con el rostro descubierto, contemplando como en un espejo la gloria del Señor, estamos siendo transformados en la misma imagen de gloria en gloria, como por el Señor, el Espíritu.

2 Corintios 3:18 NBLA

A diferencia de nuestro cuerpo, nuestro espíritu no deja de crecer. Con el tiempo, a medida que nuestro cuerpo se deteriora, nuestro espíritu sigue transformándose a la imagen de Dios. No llegamos a un punto máximo en nuestra aventura de la fe en donde pensemos que ya estamos plenamente formados. Con manos abiertas y con la gracia de Dios, necesitamos dejar al Espíritu Santo que nos guía en este crecimiento.

Nunca somos muy viejos, muy débiles o frágiles para reflejar la gloria de Dios. Si llegamos a un punto en donde pensemos que estamos en el punto ideal, necesitamos volver a adoptar ese deseo de la niñez de crecer. Necesitamos salir de esos días de gloria y buscar seguir avanzando al siguiente nivel de gloria que el Señor quiere que alcancemos. Cuando envejecemos, pero nos volvemos más fuertes, estamos dándoles a los demás un vistazo de la gloria de Dios, porque nuestro cuerpo puede quebrantarse, pero nuestro espíritu seguirá desarrollándose. Cuando reflejamos la gloria del Señor, nuestro corazón se abre y nuestro espíritu se prepara.

Señor, sigue derramándote en mi vida para que pueda reflejar tu gloria. Mantenme humilde, hazme un hombre dispuesto. Estoy agradecido de que sigues trabajando en mí todavía.

REGALO DE GRACIA

Dios los salvó por su gracia cuando creyeron.
Ustedes no tienen ningún mérito en eso; es un regalo de Dios.
EFESIOS 2:8 NTV

La gracia de Dios es un regalo que Cristo pagó en la cruz. El trabajo que hacemos en el nombre de Jesús, el servicio que prestamos en nombre del reino debería expresar nuestra gratitud por ese regalo. Le restamos valor al significado de la cruz cuando intentamos ganar la gracia de Dios a través de nuestras obras. Si tuviéramos un espíritu de propiedad, no podríamos recibir verdaderamente la gracia de Dios porque creemos que nos pertenece. Y si creemos que hemos ganado el regalo, esperaríamos que los demás se esfuercen igual.

El obstáculo más grande entre el regalo de la gracia y aquellos que necesitan recibirlo de nosotros, es la creencia de que nosotros fuimos quienes lo pagamos. Cuando nos despertamos a la realidad de que la gracia es un regalo de Dios y que no hicimos nada para ganarla, podemos entregarla con libertad y generosidad. Si recibimos con gozo el regalo, con gran gozo lo daremos a quienes nos rodean. Y cuando extendemos la gracia a otros en medio de sus errores, se alejarán con una comprensión más clara del amor que Cristo tiene para ellos.

Señor, gracias por el regalo de la gracia. Abre mi corazón y mis manos para que pueda recibir y entregar libremente el regalo que generosamente has posado sobre mí.

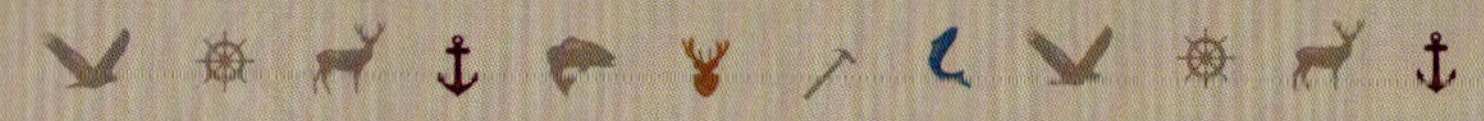

PROPÓSITO

Pues somos la obra maestra de Dios. Él nos creó de nuevo en Cristo Jesús, a fin de que hagamos las cosas buenas que preparó para nosotros tiempo atrás.

EFESIOS 2:10 NTV

Nuestra vida no está hecha de eventos aleatorios que las manos del tiempo ensamblan uno con otro. Fuimos creados con intención y propósito por las manos de Dios. La palabra griega *poiema* se traduce como "obra maestra" y describe un trabajo que solo Dios puede hacer. Como aquel artista que crea con una intención definida, de esa manera Dios nos creó. Nos hizo como una hermosa representación de la obra que hace en el mundo.

Ninguna persona es idéntica a ninguna otra. Cada uno está dotado de una forma singular para hacer las buenas obras para las que Dios nos preparó. Le dio forma a nuestra historia, tejió nuestros talentos y aseguró nuestro futuro para seguir moldeándonos para su propósito. Dios quiere usarnos para traer vida a quienes nos rodean y para animar a quienes están bajo nuestro cuidado. Cuando aceptamos nuestra singularidad y vivimos con propósito, podemos aceptar confiadamente el llamado que Dios hace a nuestra vida.

Dios, abre mis ojos para ver lo que me hace único. Ayúdame a descubrir mi función tan única en tu reino. A medida que vea las buenas obras en las que quieres que me involucre, sigue moldeándome para que sea más como tú.

PODER VERDADERO

Quien, siendo por naturaleza Dios, no consideró el ser igual a Dios como algo a qué aferrarse. Por el contrario, se rebajó voluntariamente, tomando la naturaleza de siervo y haciéndose semejante a los seres humanos. Y al manifestarse como hombre, se humilló a sí mismo y se hizo obediente hasta la muerte, ¡y muerte de cruz!

FILIPENSES 2:6-8 NVI

Si queremos ser exitosos en nuestra cultura, necesitamos comprometernos a seguir avanzando en la escalera de los logros. Sin embargo, sin importar cuán alto ascendamos, sin importar qué título obtengamos, nunca llegaremos a estar al mismo nivel de la naturaleza de Dios. Es un honor tener una posición alta de poder, pero el desafío real está en cómo usamos esa posición. Si tenemos una actitud en la que nos creemos merecedores, buscaremos formas para que otros satisfagan nuestras necesidades. Si tenemos un espíritu de humildad, usaremos nuestra posición de poder para crear formas para servir a los demás.

Jesús buscó incansablemente el camino de la humildad. Este camino le llevó a hacer mucho más que solo servir, le llevó también a la cruz. Comprometerse a una vida de humildad no llevará al servicio y al sacrificio. Cuando elegimos buscar ese camino, veremos que tendremos una buena compañía.

Dios, dame la fuerza para seguir el camino de la humildad. Ayúdame a ver mi vida a través de los lentes de la humildad para que no pierda las oportunidades de servir a los demás.

ENFOQUE

*Por último, hermanos, consideren bien todo lo verdadero,
todo lo respetable, todo lo justo, todo lo puro,
todo lo amable, todo lo digno de admiración, en fin,
todo lo que sea excelente o merezca elogio.*

FILIPENSES 4:8 NVI

Muchas veces es más fácil enfocarse en lo que está mal con el mundo que ver la belleza que nos rodea. Nuestra mente gravita hacia lo que necesita arreglo, hacia lo que está mal o lo que podría mejorar. Lo que pensamos moldea lo que vemos. La postura de nuestra mente es la que moldea la forma en la que experimentamos la vida. Si estamos pensando constantemente en lo que podría salir mal, veremos los obstáculos e identificamos los problemas. Si tenemos la postura de un crítico, estaremos apuntando a los problemas.

No obstante, si cambiamos nuestro enfoque, podemos ver y experimentar la belleza que ha estado oculta a simple vista. Cuando enfocamos nuestra mente en lo que es verdadero, lo respetable, lo justo, lo puro, lo amable, lo admirable, lo excelente, lo que es digno de admiración, encontraremos algo para celebrar. Pensar en todo ello nos ayuda a mejorar nuestra visión. Veremos la bondad en los demás de una forma más clara y con más gozo en nuestra vida.

Dios, cambia mi enfoque y pule mi mente. Ayúdame a pensar en lo que es verdadero, lo noble, lo correcto, lo puro, lo amable, lo admirable, lo excelente y lo que es digno de admiración para que pueda experimentar más gozo en mi vida.

VISIÓN

Todos estos murieron en fe, sin haber recibido las promesas, pero habiéndolas visto desde lejos y aceptado con gusto, confesando que eran extranjeros y peregrinos sobre la tierra.

HEBREOS 11:12 NBLA

Cuando vivimos detrás de una visión, arrastramos a los demás a este movimiento. Sin embargo, necesitamos comprender que la visión es secundaria cuando se trata de la búsqueda. En Hebreos se nos explica que la gente de fe no recibió lo que les habían prometido. No vieron cumplida su visión. ¿Esto los haría unos fracasados? ¿Esto anuló su vida honrosa? ¿Esto hizo que su vida se viera como un desperdicio? Por supuesto que no.

Si la visión en sí misma es la que obtiene más importancia, cuando esta visión no se cumpla anulará todos los precedentes. En otras palabras, si tus sueños no se cumplen, tu búsqueda fue una pérdida de tiempo y esfuerzo. Pero si los sueños son secundarios a la búsqueda, sucede algo interesante. A pesar de que pierdas, seguirás ganando. Si no ganas la medalla del campeonato, igual tu dignidad se mantiene. Si no consigues el trabajo, tu vida seguirá intacta. Si tus sueños no se materializan, podrán seguir inspirando a otros en sus propios anhelos. Vivir en la búsqueda de una visión le da forma a cómo vivimos. Si la búsqueda de nuestra visión es la importancia principal, todavía así podemos inspirar a los demás a seguir sus sueños, aunque nosotros solo hayamos saludado a los nuestros de lejos.

Dios, dame ojos para ver lo que me rodea a medida que viva en esta búsqueda. Permite que mi búsqueda inspire a otros a soñar en grande y a perseguir su visión.

PASTOREO

Cuiden del rebaño que Dios les ha encomendado. Háganlo con gusto, no de mala gana ni por el beneficio personal que puedan obtener de ello, sino porque están deseosos de servir a Dios.

1 Pedro 5:2 NTV

La vida puede darnos muchas oportunidades para el liderazgo, ya sea en el trabajo, en la iglesia o en la familia y con los amigos. Como líderes, Dios nos ha colocado en una posición que requiere un alto nivel de responsabilidad. Nos hizo pastores de un rebaño. Sin embargo, hay libertad para comprender que nuestro rebaño es principalmente de Él. Es Dios el pastor por excelencia que nos ha confiado un rebaño y nuestra función es alimentar y cuidar a ese rebaño.

Cuando discipulamos a nuestro rebaño, nuestros motivos importan, no podemos ser egoístas. Nuestra actitud importa, debemos mantener la disposición. Nuestro enfoque importa y le da forma a cómo cuidamos a nuestro rebaño. Cuando nuestra prioridad es nuestro rebaño, el peso de la responsabilidad puede abrumarnos. Sin embargo, si cambiamos nuestro enfoque a Dios, quien nos ha entregado el rebaño, podremos confiar en que Él llenará todas las brechas que no hayamos podido cubrir. Cuando confiamos en el pastor por excelencia, que es quien nos ha llamado a hacer esta función, podemos servirle con gran deseo al cuidar a aquellos que nos ha confiado.

Dios, gracias por el rebaño que me confiaste. Cuando discipule a mi rebaño, quita toda razón egoísta que se presente. Cuando busque servirte, inculca un espíritu de entusiasmo en mí para que pueda servir con libertad y con gozo.

MENSAJEROS DEL EVANGELIO

¡Qué hermosos son sobre los montes los pies del mensajero que trae buenas noticias, buenas noticias de paz y de salvación, las noticias de que el Dios de Israel reina!

ISAÍAS 52:7 NTV

Frecuentemente pensamos que los misioneros son esas personas que viven en tierras lejanas. Vemos con admiración a estas personas por su dedicación y servicio y los respetamos por los sacrificios que hacen para traer el evangelio a quienes lo necesitan.

Cuando atravesamos la calle y compartimos nuestra fe con los vecinos, también estamos alcanzando la misma meta de aquellos misioneros que trabajan en todo el mundo. Nuestro llamado de compartir el evangelio con aquellos que nos rodean no es menos noble o importante que el llamado de aquellos que sirven en esos lugares apartados. ¿Cómo puedes ser un mensajero del evangelio en tu vecindario esta semana?

Dios, ayúdame a ser un mensajero del evangelio. Permíteme tomar cada oportunidad para compartir mi fe con los vecinos y con aquellos que viven en mi comunidad.

DEJAR DE BATALLAR

Y dijo: "¡Todas las naciones del mundo reconocen mi grandeza! ¡Reconózcanme como su Dios y ya no se peleen!".

SALMOS 46:10 TLA

Con frecuencia vemos una versión de este versículo que dice: "Quédense quietos, reconozcan que yo soy Dios.", y lo vemos colgado en carteles en las iglesias. También es una cita que usan mucho los maestros de escuela dominical, con la mejor de las intenciones, para tratar de calmar a los niños escurridizos. Sin embargo, cuando leemos esa otra versión que dice "dejen de pelear", vemos que nos habla desde el corazón del padre.

Constantemente se nos dice todo lo que falta por hacer para llegar a ser hombres piadosos. Debemos trabajar mucho, amar de mejor manera: la presión se siente sobre los hombros. Sin embargo, "dejen de pelear y reconozcan que yo soy Dios" nos llega al corazón. Dios sigue siendo Dios y no hay nada que podamos hacer nosotros o que podamos cambiar en Él. Mantén tu confianza en que Dios está sentado en su trono y date cuenta de que en ocasiones necesitamos retroceder unos pasos en nuestras batallas para verlo ahí.

Dios, ayúdame a entender mejor tu lugar en el trono, tanto de este mundo como de mi corazón. Mis batallas y esfuerzo no cambiarán nada de eso. Déjame tener esa confianza para dejar de pelear por las cosas que no importan.

DISCIPULADO

Para mí no hay mayor alegría que la de oír que mis hijos vive de acuerdo con la verdad.

3 JUAN 1:4 NBV

Pocas cosas nos traen más gozo y felicidad que cuando sobresalimos. Por eso es por lo que muchos participamos en deportes, aprendemos a ejecutar un instrumento o buscamos logros en carreras desafiantes. Eso es lo que hacen los hombres. Como creyentes, necesitamos seguir creciendo en nuestra relación con Dios. Pareciera ser obvio, pero es tan importante que señalemos que nuestra relación con Dios es, por mucho, lo más importante sobre cualquier destreza adquirida o logro que podamos alcanzar.

Seguir a Jesús es algo que no podemos proponernos en una medida más allá de nuestras propias posibilidades; sin embargo, sí podemos tomar acciones que nos aseguren estar expuestos a la verdad de la palabra de Dios. Con esto tal vez te imaginas buscar grupos pequeños de hombres donde escuches sus historias de fe o puedas conectarte en el ámbito de la iglesia local. Sin embargo, al elegir este tipo de actividades, tendrás un gran gozo en darte cuenta de que vas detrás de la verdad junto con otro grupo de creyentes.

Dios, gracias por la relación con los creyentes. Ayúdame a unirme en otros grupos para tratar de tener una mejor comprensión de quién eres. Ayúdame a crecer en mi relación contigo.

ENFOQUE EN JESÚS

Mantengamos fija la mirada en Jesús, pues de él viene nuestra fe y él es quien la perfecciona. Él, por el gozo que le esperaba, soportó la cruz y no le dio importancia a la vergüenza que eso significaba, y ahora está sentado a la derecha del trono de Dios.

HEBREOS 12:2 NBV

Mantener nuestros ojos en Jesús suena mucho más fácil de lo que realmente es. Nuestro trabajo, familia, amigos, pasatiempos, contactos y mucho más está tratando de llamar nuestra atención. No hay suficientes libros, ni blogs que nos digan qué debemos creer y cómo deberíamos vivir. Generalmente, la vida se siente como un recorrido en vehículo en medio de una fuerte tormenta. La carretera se vuelve incierta cuando no logramos ver más que uno o dos metros frente a nosotros. Queremos seguir avanzando, pero no logramos ver las señales que conocemos que nos digan que vamos en la dirección correcta. La única forma en la que se facilita esta tarea es si estamos siguiendo las luces traseras de alguien que va delante de nosotros, guiándonos.

Jesucristo va adelante para hacer un camino para nosotros. Si podemos fijar nuestros ojos en Él, nos guiará en medio de las tormentas de la vida que nos puedan distraer y nos ayudará a traer iluminación al camino. Cuando invertimos tiempo en su palabra y en oración es cuando fijamos nuestros ojos en Él. ¿Tienes los ojos fijos en Él o estás más enfocado en las preocupaciones que no ves?

Dios, has hecho un camino para mí mediante tu hijo, Jesucristo. Ayúdame a no distraerme con las voces que tratan de atrapar mi atención, sino fija mis ojos en ti, el autor y el consumador de mi fe.

REGOCIJO

Porque el Señor tu Dios, está en medio de ti como poderoso guerrero que salva. Se deleitará en ti con gozo, te renovará con su amor, se alegrará por ti con cantos".

Sofonías 3:17 NVI

¿Recuerdas cuando eras un niño e iban a arroparte en tu cama por las noches? La mayoría de los niños dependen de una frazada que les encanta y de sus animales de felpa alineados a la perfección. Los padres toman unos minutos para pronunciar una oración y muchas veces, incluso con una o dos canciones de cuna. No importa si los padres son buenos cantando o no, ¡a los niños simplemente les encanta! Sus caritas se iluminan y se unen con la letra. Es una experiencia especial.

Aunque muchos padres jóvenes podrían sentir como que no merecen esa devoción automática y ese deleite de sus hijos pequeños, esa es una imagen real de cómo se ve nuestro padre celestial con nosotros. Es como el padre que canta tiernamente a su pequeñito a quien ama. El niño se siente seguro y desarrolla su confianza en la medida que los padres le muestren una atención afectuosa. También nosotros adquirimos la misma confianza y seguridad cuando Dios nos ve con gozo y nos canta una melodía de amor. Invierte unos minutos para agradecer a Dios por ser tu padre amoroso. Descansa en la paz de un niño cuando te imagines a Dios cantándote.

Dios, gracias por siempre ser mi padre. Gracias por dejarme ver tu amor por mí en ese padre amoroso hacia su pequeño hijo en la tierra. Ayúdame a conocer tu amor y a compartirlo con quienes son parte de mi vida.

MODELO

Hermanos, sean imitadores míos, y observen a los que andan según el ejemplo que tienen en nosotros.

FILIPENSES 3:17 NBLA

¿Conoces a alguien cuya vida es un ejemplo digno de seguir? ¿En tu iglesia has visto hombres que merecen admiración? ¿Has conocido a hombres que aman a Jesús y dan su vida a Él? Pablo solo dice: sigue su ejemplo.

En tu caso, ¿estás estableciendo un ejemplo que sea digno de seguir para otros? ¿Te sentirías orgulloso de que otros hombres traten de imitar tu vida? Te observan y aprenden. Hay muchísimos ejemplos que no son dignos de seguir en nuestro mundo, pero tú tienes una oportunidad que incluso podría ser algo como un mandato: establecer un ejemplo que sea digno de imitar.

Dios, gracias por los hombres que has colocado en mi vida y que modelan la vida de Cristo para mí. Ayúdame a ser ese mismo ejemplo para otros que me observan.

APROBACIÓN

Entonces, ¿busco ganarme la aprobación humana o la de Dios? ¿Piensan que procuro agradar a los demás? Si yo buscara agradar a otros, no sería siervo de Cristo.

GÁLATAS 1:10 NVI

No puedes complacer a todos al mismo tiempo, ¡pero seguro que nos encanta intentarlo! Sin importar si se trata de nuestros amigos, familia, jefe o vecino, lo que queremos es que nos den su sello de aprobación. Junto con esa búsqueda viene la preocupación. ¿Estamos diciendo las frases correctas? ¿Estamos usando la ropa correcta? Si supieran lo que pienso realmente, ¿seguirían aceptándome?

Es comprensible que queramos que las personas nos aprueben, pero como siervos de Cristo, debemos tomar un camino diferente. Solo experimentaremos la paz verdadera cuando busquemos la aprobación de Dios y lo que Dios aprueba, por lo general, gira en contra de los caminos de este mundo. Por ello, debemos estar preparados para el conflicto. No obstante, cuando coloquemos la opinión de Dios sobre las opiniones de todos los que nos rodean, Él seguirá acercándonos hasta que escuchemos su susurro que diga: "Bien, buen siervo fiel" (Mateo 25:21).

Dios, ayúdame a buscar tu aprobación antes de buscar la aprobación de los hombres.

GRATITUD

Daré gracias al Señor con todo mi corazón; todas tus maravillas contaré. En ti me alegraré y me regocijaré; cantaré alabanzas a tu nombre, oh Altísimo.

Salmos 9:1-2 NBLA

¿Por qué te sientes agradecido hoy? ¿Es esa una pregunta fácil de responder o necesitas un tiempo para pensar? A menudo es difícil que los hombres digan aquello por lo que están agradecidos. No es que no lo estén, sino que no siempre sabe cómo verbalizar esos agradecimientos.

Hoy tómate un tiempo para escribir todo aquello por lo que te sientes agradecido, sin importar si es algo grande o pequeño. Tómate un tiempo para hablar con Dios y agradecerle por todo lo que anotaste en tu lista. Luego, cuéntale a alguien acerca de tu gratitud por las provisiones de Dios. Te sorprenderás de todo lo que tienes que agradecer, y te darás cuenta cómo al verbalizar, puedes entender y sentir verdaderamente tu gratitud.

Dios, ayúdame a ser un hombre con un corazón agradecido. Recuérdame de todo aquello por lo que debo agradecer y ayúdame a traer a mi mente con rapidez todo mi agradecimiento para compartirlo con los demás.

DOMINIO PROPIO

Yo me esfuerzo por recibirlo. Así que no lucho sin un propósito. Al contrario, vivo con mucha disciplina y trato de dominarme a mí mismo. Pues si anuncio a otros la buena noticia, no quiero que al final Dios me descalifique a mí.

1 Corintios 9:26-27 tla

Luchar sin un propósito. Cuando lees estas palabras, ¿qué imagen se te viene a la mente? Según otras versiones donde habla de carreras, ¿te imaginas a un corredor de maratones desplazándose sin un objetivo en una carrera? Imagínate a este hombre arrastrando sus pies, distrayéndose con la multitud y deteniéndose en cualquier lugar solo para ver su teléfono. Ahora imagínate a un corredor enfocado en esa misma carrera. Sus ojos están fijos en lo que ve enfrente. Puede escuchar a la multitud vitoreando, pero se mantiene firme hacia adelante. Ve su reloj, pero solo para asegurarse de que mantiene el paso con el cual se entrenó.

¿Vives enfocado o sin un propósito? ¿Corres con un plan definido o vas haciendo lo que se te presente en el momento? ¿Cómo puede ayudarte la disciplina a mantenerte enfocado en lo que tienes que hacer?

Dios, ayúdame a correr con enfoque y perseverancia. Recuérdame el objetivo por el que corro. Permite que mis acciones sean dignas de recompensa.

JUSTICIA

Habla a favor de los que no pueden hablar por sí mismos; garantiza justicia para todos los abatidos.

PROVERBIOS 31:8 NTV

Es fácil que mostremos nuestro apoyo a aquellas personas que nos caen bien y que respetamos. Mostrar nuestro respeto para quienes no son tan populares, es mucho más difícil. A pesar de ello, nuestra responsabilidad es levantar la voz en nombre de aquellos que no pueden hablar por sí mismos. El versículo anterior describe las ideas que el rey Lemuel del Antiguo Testamento aprendió de su madre. Como rey, Lemuel estuvo en una postura de poder e influencia, así que las palabras que su madre compartió con él lo guiaron para que pudiera guiar a otros.

¿Estas palabras del rey Lemuel guían tu vida? ¿Estás tratando a todos por igual y alzas la voz por aquello que no pueden hablar por sí mismos? La forma en la que vivimos hoy guiará a los demás en su vida en el futuro.

Dios, ayúdame a dejar un ejemplo de cómo tratar a los demás. Ayúdame a ser la voz de aquellos que no pueden hablar por sí mismo. Ayúdame a dejar un legado de justicia.

ESCUCHA

Mis amados hermanos, quiero que entiendan lo siguiente: todos ustedes deben ser rápidos para escuchar, lentos para hablar y lentos para enojarse. El ojo humano no produce la rectitud que Dios desea.

SANTIAGO 1:19-20 NTV

Rápidos para escuchar, lentos para hablar y lentos para enojarse. Algo fuera de lo común, ¿no es así? Nuestro instinto como hombres es controlar y arreglar todo. Damos consejo, criticamos y llegamos a conclusiones a la velocidad del sonido. Sin embargo, estas reacciones tempestuosas pueden llevarnos a pleitos, amargura y resentimientos.

Las palabras de Santiago nos recuerdan la importancia de escuchar primero; eso es lo más importante. Cuando escuchamos, mostramos que nos importan los demás que participan en la conversación o la situación. Cuando escuchamos primero, nos acordamos de que no somos los únicos interesados. Cuando escuchamos primero, decimos que no somos los expertos. No somos los que se precipitan y tratan de arreglar todo con una respuesta rápida.

Dios, ayúdame a escuchar a quien hable en mi familia, en el trabajo y con quien tenga interacción hoy. Ayúdame a escuchar lo que desean expresar y respetarlos en mi conversación.

LA ORACIÓN

Por eso, confiésense unos a otros sus pecados y oren unos por otros, para que sean sanados. La oración del justo es poderosa y eficaz.

SANTIAGO 5:16 NVI

Nos podríamos saltar la primera parte de este versículo e irnos directamente a la parte que dice que "la oración del justo es poderosa y eficaz", ¡esa es la parte buena! Queremos saber que nuestra oración será eficaz. Sin embargo, no podemos solo saltarnos. La primera parte de este versículo nos da el contexto para lo que sigue. Santiago nos recuerda la importancia de confesar nuestros pecados los unos a los otros. Como hombres, no somos buenos en confesar. Lo hacemos en oraciones privadas ante Dios, pero es mucho más difícil para nosotros confesar nuestros pecados cuando es el uno al otro.

Confesar nuestros errores y pecados no es una forma de debilidad, sino un ejemplo de justicia. ¿Conoces a alguien a quien necesitas confesar? Si es así, hoy mismo haz un plan para hacerlo.

Dios, gracias por el perdón que tenemos por medio de tu hijo, Jesucristo. Gracias por tu promesa de que, al confesar nuestros pecados a ti, eres fiel para perdonar. Ayúdanos también a confesar nuestros pecados a quienes se ven afectados con nuestras acciones.

LIBERTAD EN CRISTO

Pero lo que hago, no lo entiendo. Porque no practico lo que quiero hacer, sino que lo que aborrezco, eso hago. ¡Miserable de mí! ¿Quién me libertará de este cuerpo de muerte? Gracias a Dios, por Jesucristo Señor nuestro.

ROMANOS 7:15, 24-25 NBLA

¿Cuántas veces te has repetido estas mismas palabras? Sabes qué es lo mejor para ti, pero simplemente parece que no puedes cumplirlo. Romanos 7 toma nota de la frustración de Pablo con su incapacidad de hacer lo correcto. Sin embargo, vale la pena tomar nota de la pregunta que hace Pablo: "¿Quién me libertará?". No está preguntando qué necesita hacer ni qué tan difícil puede ser. En lugar de ello, lo que pregunta es quién puede libertarlo. Pablo se dio cuenta de que no había nada que pudiera hacer en sus propias fuerzas, pues lo que necesitaba era un salvador.

No eres lo suficientemente bueno y fuerte para vencer tu pecado por ti mismo. Ninguno de nosotros lo es, pero Jesús ya ganó la batalla por ti. Acepta lo que ha hecho por ti y camina en victoria en Él.

Dios, conoces mi deseo de hacer lo correcto, aunque siga siendo insuficiente ante tus estándares. Ayúdame a no tratar de ser mi propio héroe, sino a aceptar completamente lo que Jesús ha hecho por mí en la cruz. Gracias porque no solo me has perdonado, sino que también me liberaste del yugo del pecado.

CONFIANZA EN DIOS

Grande es nuestro Señor, y muy poderoso;
su entendimiento es infinito.
Salmos 147:5 NBLA

¿Alguna vez hubieras deseado tener a alguien con quién hablar y que entendiera por lo que estabas pasando? Claro, otros están dispuestos a escuchar, pero simplemente no entiende. ¿Alguna vez deseaste que hubiera alguien que pudiera ayudar trayendo claridad a tu incertidumbre?

Este versículo nos recuerda que la comprensión de Dios es infinita. El versículo anterior incluso dice que Él no solo conoce el número de las estrellas del cielo, sino que también las llama por su nombre. No existe un sentimiento, situación, emoción o problema que vaya más allá de su comprensión. Existe una lista completa de calificativos que puedes describir a Dios, pero ¿alguna vez también pensaste que Él era comprensivo? Acércate a Él con confianza, nunca lo tomarás por sorpresa.

Dios, gracias por ser un Dios comprensivo. Tomo seguridad al saber que sin importar lo que estoy enfrentando, nada está fuera de tu comprensión. Hoy, ayúdame a alejar mi incertidumbre y a confiar en ti.

PASIÓN

Pues no me avergüenzo de la Buena Noticia acerca de Cristo, porque es poder de Dios en acción para salvar a todos los que creen, a los judíos primero y también a los gentiles.

ROMANOS 1:16 NTV

Todos disfrutamos actividades que nos apasionan: nuestro equipo favorito, nuestra marca favorita de vehículo, que nos encanta comer tocino. No nos avergonzamos de todas estas cosas que nos encantan.

Pero ¿nos sentimos igual cuando hablamos del evangelio? ¿Es fácil para nosotros compartir con otros el agradecimiento que tenemos por lo que Dios ha hecho en nuestra vida mediante Jesús, como si estuviéramos hablando de las estadísticas del juego de anoche?

¡El evangelio de poder de Dios para salvación de todo aquel que cree! ¿Cómo podemos hoy compartir con otros sobre el orgullo de lo que el evangelio ha hecho por nosotros? ¿Cómo podemos incorporar la importancia de vivir con libertad y compartir el evangelio en nuestra vida diaria?

Dios, ayúdame a ver la necesidad del evangelio en la vida de aquellos con quien comparta tiempo esta semana. Luego, ayúdame a tener la confianza que necesito para compartirles el mensaje de salvación del evangelio.

MENTORÍA

Los amamos tanto que no solo les presentamos la Buena Noticia de Dios, sino que también les abrimos nuestra propia vida.

1 Tesalonicenses 2:8 ntv

¿Quiénes son las personas que han invertido más en tu espiritualidad? Podría tratarse de un padre, un pastor, un maestro de escuela dominical o un mentor. Es muy probable que hayas pasado una buena cantidad de tiempo con esta o estas personas. Te conocen bien y tú a ellos.

El versículo de hoy nos refleja la hermosa imagen de un mentor. Compartir las buenas nuevas de Dios es importante, pero compartir la vida también es importante. Cuando compartes tu vida con alguien más desarrollas confianza. Cuando invitas a otros a que sean parte de tu vida, ellos logran ser testigos de que vives el mensaje que compartes. ¿Con quién compartes tu vida? ¿Cómo compartes las buenas noticias de Dios con ellos? Al compartir tu vida y estas buenas nuevas, les muestras que realmente los amas.

Dios, ayúdame a ser un hombre que vive lo que predica. Ayúdame a no solo hablarles a los demás de ti, sino también a invitarlos a mi vida para que puedan ver que mi prioridad son tus buenas nuevas.

LIDERAZGO

Pero yo y mi casa, serviremos al Señor.

Josué 24:15 NBLA

Existen muchas cosas sobre las cuales no tenemos control y como hombres, eso es atemorizante. Queremos garantizar un entorno seguro y confiable donde podamos vivir. Sin embargo, cuando vemos cómo está el mundo, vemos que muchas circunstancias le han dado la espalda a Dios.

No tenemos control sobre todo el mundo, nuestro país, ni siquiera de nuestra comunidad, pero sí tenemos control sobre lo que sucede en nuestro hogar. Hoy, ¿te comprometes a liderar en la forma en la que sirvas al Señor? ¿Les enseñarás a otros quién es Dios y cómo pueden servirle?

Dios, te declaro hoy que mi deseo es ser el hombre que te sirva. Ayúdame a no perder el enfoque en ti y a seguir poniendo mi mirada en ti primero en todo lo que haga y diga.

PATERNIDAD

Padre nuestro que estás en el cielo: que todos reconozcan que tú eres el verdadero Dios.

MATEO 6:9 TLA

Cuando Jesús enseñaba a sus discípulos a orar, empezó tratando a Dios como "padre". Esta definición de autoridad que Jesús atribuye que Dios es la imagen principal que describe nuestra relación con Dios en todo el Nuevo Testamento. Demuestra una hermosa pintura de la naturaleza de nuestra relación con Dios como nuestro padre. Nuestros padres en la tierra son las personas que más influencia tienen en nuestra vida porque son los indicados para ser el modelo claro de nuestra relación con Dios. También tienen un impacto directo en nuestra comprensión de Dios. Claro que los hombres no son perfectos y algunos padres dan mejor ejemplo que otros.

¿Qué hemos aprendido de nuestra relación con Dios por medio de nuestras experiencias con nuestro papá? ¿Qué podemos aprender tanto de los ejemplos positivos y negativos que no dio? Son preguntas que deberían motivarnos y llevarnos a doblar rodillas.

Dios, gracias por el privilegio de conocerte como padre. Ayúdame a comprender esta relación más y más cada día.

DESARROLLO DEL FUNDAMENTO

Instruye al niño en el camino correcto
y aun en su vejez no lo abandonará.
PROVERBIOS 22:6 NVI

Tus padres querían lo mejor para ti, así que te enseñaron y capacitaron de la mejor forma posible. Se aseguraron de que fueras a una buena escuela, de que te conectaras con los ministerios de la iglesia local y te establecieron directrices y expectativas. En ocasiones, recibieron un contraataque tuyo a causa de estos límites.

A pesar de ello, es importante recordar que en realidad ellos no fueron los que moldearon y cambiaron tu corazón. Ese cambio fue obra de nuestro padre celestial. El trabajo de tus padres fue empezar a trazar el camino que debías seguir, es decir, apuntarte hacia Jesús en todas las circunstancias. La ventana de influencia de tus padres en tu vida fue limitada, pero la obra de Dios apenas había empezado. ¿Seguirás construyendo sobre el fundamento que ellos colocaron?

Dios, ayúdame a mantenerme firme en el fundamento que se estableció en mi vida. Permíteme seguir construyendo sobre esa base con tu verdad y tu gracia.

MOTIVACIÓN

Siempre damos gracias a Dios por todos ustedes cuando los mencionamos en nuestras oraciones. Los recordamos constantemente delante de nuestro Dios y Padre a causa de la obra realizada por su fe, el trabajo motivado por su amor y la constancia sostenida por su esperanza en nuestro Señor Jesucristo.

1 Tesalonicenses 1:2-3 nvi

Aquí vemos a Pablo con acción de gracias a Dios por los creyentes en Tesalónica. Es sumamente interesante ver que Pablo está agradecido por la obra que produjo la fe, la labor que se procuró en amor y constancia que inspiró la esperanza en el Señor Jesucristo. Su relación con Cristo influyó en su vida diaria y Pablo se dio cuenta de ello.

Cuando dejamos que nuestra relación con Cristo impacte toda nuestra vida, nuestra motivación cambia. Vivimos guiados por la fe que tenemos en Cristo. Empezamos a servir a otro por el amor que recibimos de Cristo y tenemos la motivación de seguir trabajando, aunque sea difícil, por la esperanza de la eternidad que tenemos en Cristo. Cuando tratamos de vivir lejos de Cristo, nuestro trabajo es solo eso, un trabajo y una obligación que necesitamos cumplir. Llegamos a quebrantarnos sin esperanza. ¿Está tu vida llena de fe, esperanza y amor? ¿O está marcada solo por lo que hay que hacer y por la obligación?

Dios, ayúdame a ser un hombre cuyo trabajo sea producto de mi fe en ti y cuya labor viene de mi amor por ti y de ti. Permite que mi constancia siga moviéndose por la esperanza de la eternidad que tengo en Cristo Jesús.

SEPTIEMBRE

Puede fallarme la salud
y debilitarse mi espíritu,
pero Dios sigue siendo la fuerza
de mi corazón;
él es mío para siempre.

Salmos 73:26 NTV

ACCESO A DIOS

Gracias a Cristo y a nuestra fe en él, podemos entrar en la presencia de Dios con toda libertad y confianza.

Efesios 3:12 NTV

Todo se mueve con base a quién conoces, ¿no es así? Todos queremos ser aquel hombre que tiene los contactos para lograr esos boletos en primera fila en el juego final del campeonato, o el que tiene acceso directo con el jefe en la oficina. Las conexiones que logramos muchas veces traen beneficios. ¡Y nosotros que olvidamos tan rápidamente que tenemos acceso directo a Dios, el creador del universo! Olvidamos que podemos hablar con Él, buscarlo para encontrar consejo e incluso para pedirle su ayuda. No solo nos podemos acercar a Él, sino que también nos recibe gustoso en su presencia. Sabemos que esto es verdad solo por lo que Cristo logró por nosotros en la cruz.

¿Te cuesta hablarle a Dios? ¿Sientes como que tus problemas y situaciones son muy pequeñas para molestarlo? ¿Olvidas que podemos hablar con Dios y que Él nos escucha? Gracias a tu relación con Jesús, puedes acercarte a él confiadamente. Hoy invierte tiempo para hablar con Dios, ¡Él espera con ansias disfrutar tiempo contigo!

Dios, gracias por permitirme acercarme a ti y hablarte. Gracias porque no necesito concertar una cita ni tener una razón para acercarme. Gracias porque me escuchas y contestas mis oraciones.

MINISTERIO EFECTIVO

En vista de todo esto, esfuércense al máximo por responder a las promesas de Dios complementando su fe con una abundante provisión de excelencia moral; la excelencia moral, con conocimiento; el conocimiento, con control propio; el control propio, con perseverancia; la perseverancia, con sumisión a Dios; la sumisión a Dios, con afecto fraternal, y el afecto fraternal, con amor por todos. Cuando más crezcan de esta manera, más productivos y útiles serán en el conocimiento de nuestro Señor Jesucristo.

2 Pedro 1:5-8 NTV

Todos queremos ser efectivos. Queremos ser los mejores líderes, amigos, maestros y hombres que podamos ser. Muy poca gente anda por la vida con el propósito de tener una vida promedio. En los versículos de hoy, Pedro menciona ocho características de una persona efectiva. Aunque puede ser fácil verlas como tareas que tenemos que cumplir, no se trata de una lista que podrá completarse por completo. Si lo que queremos es ser efectivos, necesitamos "hacer todo el esfuerzo posible" (que requiere tiempo y trabajo) para seguir desarrollándonos en esas áreas.

¿Abundan más estas características en tu vida presente que lo que se veían la semana anterior o el año pasado? Esta es una lista que debemos estar revisando una y otra vez. Ya sea que este sea tu primer año caminando con Jesús o que lo hayas seguido por décadas, es importante esforzarte continuamente en incrementar tu fe, bondad, conocimiento, dominio propio, constancia, piedad, afecto fraternal y amor.

Dios, ayúdame a que nunca considere que los logros son míos cuando ha sido lo que tú tienes para mí. Permíteme seguir siendo intencional en cuanto a desarrollar estas características. Ayúdame a crecer en mi efectividad cuando estas características se vuelvan más evidente en mi vida.

FIDELIDAD

Por su parte, asegúrense de temer al Señor y de servirlo fielmente. Piensen en todas las cosas maravillosas que él ha hecho por ustedes.

1 Samuel 12:24 NTV

¿Qué grandes cosas ha hecho Dios por ti? ¿Alguna vez te has detenido a sopesar la bondad que ha tenido en tu vida? Ser agradecido pareciera algo sencillo, pero muchas veces olvidamos la importancia de recordar la bondad y la fidelidad de Dios en nuestra vida. Aparte hoy un tiempo para hacer una lista con todas las maravillas que has observado que Dios ha hecho en tu vida. También puedes pedirles a algunos amigos o familiares que piensen contigo. Tomar en consideración algo significa que vamos a meditar en ello. No traigas pensamientos rápidos a tu lista solo para cumplir con una tarea. En lugar de ello, medita con atención la grandeza de Dios en tu vida.

Somos llamados a ser hombres que "temen al Señor y le sirven fielmente" con todo el corazón. Se vuelve mucho más fácil de hacer cuando pensamos con regularidad en toda la grandeza que Dios hace en nuestra vida. A medida que te muevas en tus diferentes áreas de influencia, deja que tu gratitud al Señor te guíe para ser un hombre que teme y adora al Señor con todo el corazón.

Dios, tus grandes obras en mi vida son interminables. Ayúdame a nunca dejar de meditar en todas las formas en la que estás activamente trabajando en mi vida. Permite que viva marcado por la adoración que te rinda.

DEVOCIÓN PERSONAL

Así que humíllense delante de Dios. Resistan al diablo, y él huirá de ustedes. Acérquense a Dios, y Dios se acercará a ustedes. Lávense las manos, pecadores; purifiquen su corazón, porque su lealtad está dividida entre Dios y el mundo.

SANTIAGO 4:7-8 NTV

Solo hay espacio para un líder en tu vida. No podemos servir a Dios y al maligno, eso no funciona. Santiago señala nuestra tendencia de querer seguir a Dios, pero seguimos dándole autoridad al enemigo en nuestra vida. Dice que tenemos que elegir a quién seguir.

A través de Jesús, Dios nos ha dado la capacidad de estar firmes contra las tentaciones del diablo en nuestra vida. Ya no nos controla el poder del pecado, sino que tenemos la capacidad de enfrentar el pecado y decir que no. Santiago dice que cuando nos mantenemos firmes, el diablo huirá de nosotros. Cuando decidimos mantener nuestra postura contra los esquemas del diablo y en lugar de ello nos acercamos a Dios, no solo Él también se acerca a nosotros, sino que el diablo y sus tentaciones se vuelven menos y menos poderosas en nuestra vida.

Dios, ayúdame a seguirte solo a ti. Recuérdame la victoria que ya lograste sobre el pecado en mi vida por medio de Jesús y dame la fuerza para permanecer firme ante el diablo. Gracias por tu promesa de estar cerca de mí cuanto yo te busque.

DIOS AMOROSO

Amar a Dios significa obedecer sus mandamientos, y sus mandamientos no son una carga difícil de llevar.

1 JUAN 5:3 NTV

Lo anterior se parece a una conversación que hubiéramos tenido con nuestros padres en nuestra niñez: "Si me amas, sabré que lo dices en serio, si haces lo que yo te pida. No estoy pidiendo nada que sepa que no puedes hacer". Sabemos que la mejor forma para que los niños muestran su amor por los padres es pedirles que hagan lo que les hemos pedido.

No es diferente para nosotros. La mejor forma en que podemos mostrar nuestro amor y agradecimiento por nuestro padre celestial es seguir los mandamientos que nos ha entregado. Demostramos nuestro amor por Él, no solo mediante las palabras que le decimos, sino también por la forma en que vivimos. Las acciones sí logran hablar más fuerte que las palabras. ¿Cómo estás mostrando hoy tu amor a tu padre celestial?

Dios, ¡te amo! Ayúdame a tener una vida que demuestre el amor que te tengo por medio de mi obediencia para ti. Gracias por darme la posibilidad de obedecer tus mandamientos, pues el poder del Espíritu Santo vive en mí.

SERVICIO

Según cada uno ha recibido un don especial, úselo sirviéndose los unos a los otros como buenos administradores de la multiforme gracia de Dios.

1 PEDRO 4:10 NBLA

Dios ha dado dones únicos a cada uno de sus hijos. Nos creó con talentos y habilidades singulares a cada uno. Cuando ve a las personas que Dios ha puesto en su vida, ¿puede identificar los dones que se le ha otorgado a cada una? ¿Cómo puede ayudar a que entiendan esos dones que poseen?

Cuando usted ha identificado sus dones, es tiempo de descubrir cómo puede usarlos para servir a los demás, ya sea a ellos individualmente o en grupo con otros creyentes. Dios no nos ha dado dones a cada uno solo para nuestro propio beneficio. Use sus dones para servir y ayudar a los demás. A medida que lo haga, empezará a descubrir que somos mucho más fuertes cuando estamos juntos que cuando cada persona se queda en soledad.

Dios, gracias porque me creaste de forma única. Ayúdame a usar mis dones para servir a los demás. Ayúdame a ser buen mayordomo de lo que me has dado y que estos mismos dones los pueda usar para que otros experimenten tu gracia y amor.

LA PASCUA

Como a las tres de la tarde, Jesús gritó con fuerza:
—Elí, Elí, ¿lema sabactani? *—que significa "Dios mío, Dios mío, ¿por qué me has abandonado?".*
Mateo 27:46 NVI

Hombres: durante esta época de la pascua profundiza en tu alma y deja que alabanzas fluyan de tu corazón para cantarlas al rey. Los hombres tienen un problema con cantar en la iglesia. Se ha dicho que las alabanzas de Jesús son excesivamente sentimentales y que tienen influencias femeninas. La verdad es que no nos han dado información verídica de lo que es la adoración. El Antiguo Testamento enseña que la adoración es la primera elección para participar. Se supone que es una ofrenda; en otras palabras, debería tener un costo. Luego, se conecta con el poder de Dios en una misión. La misión y la adoración son inseparables.

Tal vez el lugar más poderoso de ver la adoración se demostró en la cruz del Calvario. Jesús, colgado ese viejo madero después de haber decidido ser parte de todo, trajo una ofrenda costosísima: su propia vida. Con toda intención, Jesús se hizo parte de la mismísima misión de Dios. Este salvador golpeado y encarnecido, crucificado y moribundo, levantó su voz y entonó esta adoración. Adoró a su padre al citar Salmos 22. Hombres: si alguna vez dudan de la masculinidad de la adoración, recuerden a Jesús, un hombre que estuvo colgado de una cruz con clavos en sus manos. Encontró en lo profundo de su corazón un deseo de adorar a Dios. En esta pascua no busques excusas, solo elevemos nuestros gritos de gozo.

Señor, me arrepiento de mi actitud de adoración. Perdóname por hacer que se tratara de mí. Ayúdame a participar y a adorarte.

DIGNO DEL LLAMADO

Por eso yo, que estoy preso por la causa del Señor, les ruego que vivan de una manera digna del llamamiento que han recibido, siempre humildes y amables, pacientes, tolerantes unos con otros en amor. Esfuércense por mantener la unidad del Espíritu mediante el vínculo de la paz.

EFESIOS 4:1-3 NVI

¿Acaso los padres establecen reglas y normas para que sus hijos los amen más? ¿O tal vez indican cuáles son las expectativas que se espera de los hijos para que puedan ganar el amor de sus padres? No. Los aman y quieren verlos prosperar. Les han dejado los estándares porque los padres saben de qué son capaces los hijos y quieren que vean que pueden alcanzar todo su potencial.

Cuando Pablo dice: "vivan de una manera digna del llamamiento que han recibido", no quiere decir que deben vivir así para ganar el amor de Dios o para probarse a sí mismos que son dignos para Él. En lugar de ello, está dejando en claro que hemos recibido el supremo llamado de ser hijos de Dios y que deberíamos vivir de forma que dignifique el llamado. Cuando piensas en tu vida, ¿las palabras humilde, gentil, paciente, tolerante en amor con los demás y vida en unidad te describen? Estas son las cualidades presentes en una vida que actúa de acuerdo con el llamado que ha recibido. Permite que estas palabras te motiven para alcanzar un estándar más alto de vida, no para que ganes el favor de Dios, sino para que puedas vivir conforme a lo que Dios ve en ti.

Dios, gracias por el valor que ves en mí. Gracias porque me has llamado para ser tu hijo. Ayúdame a vivir en una forma que refleje la vida para la que me has llamado.

ACTITUD

Regocíjense en el Señor siempre. Otra vez lo diré: ¡Regocíjense! La bondad de ustedes sea conocida de todos los hombres. El Señor está cerca.

FILIPENSES 4:4-5 NBLA

Es fácil regocijarse cuando las circunstancias son favorables. Cuando recibes el ascenso en el trabajo que has estado esperando o cuando tu cuenta bancaria acumula un cero más. Sin embargo, ¿puedes regocijarte cuando no todo se ve bien? ¿Te llenas de gozo cuando te quitan el trabajo, cuando el calentador se descompone y no tienes dinero para reemplazarlo, cuando estás en un pleito constante con un amigo o cuando el médico te informa que el cáncer te está afectando a ti o alguien a quien amas?

Pablo entendió que regocijarse en el Señor no siempre es fácil ni natural. Después de todo, estas palabras las escribió mientras estaba encarcelado en una celda. Entre todo esto, todavía nos lanza una luz de cómo logra estar con gozo, porque "el Señor está cerca". Pablo nos recuerda la promesa del Señor de que siempre estará con nosotros. Podemos regocijarnos al saber que Dios conoce nuestras circunstancias y que está con nosotros, así como estuvo con Pablo en esa celda. Cuando enfrentes cada día, hazlo con una actitud que se goce en el Señor en toda situación. Cuando lo hagas, estarás modelando tu confianza en las provisiones del Señor y todos serán testigos de ello.

Dios, gracias por la promesa de tu presencia en mi vida. Recuérdame de tu presencia cuando las situaciones se tornen difíciles. Ayúdame a regocijarme siempre en ti.

DEVOCIÓN

Tú, en cambio, hombre de Dios, huye de todo eso y esmérate en seguir la justicia, la devoción, la fe, el amor, la constancia y la humildad. Pelea la buena batalla de la fe; haz tuya la vida eterna, a la que fuiste llamado y por la cual hiciste aquella admirable declaración de fe delante de muchos testigos.

1 Timoteo 6:11-12 NVI

¿Recuerdas que cuando eras niño tus padres alguna vez te dijeron: "Así es como lo hacemos en esta familia"? Lo que buscaban era que conocieras cuáles eran los parámetros a los que se aferraba tu familia, los cuales eran diferentes a los que viste en tu entorno. Querían que supieras que, porque eres parte de su familia, también te sujetarías a un estándar más alto. Ese es el tipo de conversación que Pablo tiene con Timoteo en este versículo. Le recuerda de su identidad como hijo de Dios. Timoteo recibió el llamado para vivir con la medida de un estándar más alto. Pablo lo llama a actuar con palabras como huir, pelear, hacer suya la vida eterna. Lo que hace es recordarle que es un hijo de Dios que debe pasar a la acción y que no solo puede quedarse esperando a que se den las situaciones.

Lo mismo va dirigido a ti hoy. Eres un hijo de Dios y has sido llamado a vivir según un alto estándar que solo se hace real con un compromiso a la acción. Huye del enemigo que está alrededor de ti y busca lo que es bueno. Mantente dispuesto a pelear por tu fe y cuando lo hagas, ten en mente el destino final: la vida eterna con Cristo.

Dios, gracias por el recordatorio de que soy tu hijo. Gracias por no solo haberme llamado a vivir conforme un estándar más alto, sino a que también me has dado el poder para vencer mientras mantenga el objetivo de pelear por nuestra fe.

FORTALEZA EN LA DEBILIDAD

Y Él me ha dicho: "Te basta mi gracia, pues mi poder se perfecciona en la debilidad". Por tanto, con muchísimo gusto me gloriaré más bien en mis debilidades, para que el poder de Cristo more en mí.

2 Corintios 12:9 NBLA

No siempre estamos del todo dispuestos a aceptar que somos débiles en algo. No nos gusta confesar que nos extraviamos al conducir, ni mucho menos que alguna situación se nos dificulta. Somos hombres y la gente está acostumbrada a contar con nosotros. Tenemos que salir de los conflictos por nuestros propios medios, no hay otra forma. ¿No es lo que hacemos? Estamos equivocados.

Es tiempo de eliminar esa mentalidad y aceptar el hecho de que no somos los superhéroes que creemos que tenemos que ser en ocasiones. Es hora de darnos cuenta de que somos mejores líderes cuando permitimos que la gracia y el poder de Dios sean evidentes en nuestra vida. Somos los más fuertes cuando lideramos y vivimos dependientes de la obra de Dios en nuestra vida. Ya lo ha dicho: "Te basta mi gracia, pues mi poder se perfecciona en la debilidad". Aceptemos que no podemos hacerlo todo en nuestras fuerzas y ese el inicio para darle espacio al poder de Dios.

Dios, perdóname por querer hacer cada cosa a mi manera y en mis fuerzas. Perdóname por no buscar ayuda cuando lo necesito, ni la ayuda de otros ni de ti. Hoy, ayúdame a aceptar mi debilidad ante ti. Te invito a que entres y obres en mi vida.

ACCIÓN DE GRACIAS

Den gracias al Señor, invoquen su nombre;
den a conocer sus obras entre los pueblos.
Salmos 105:1 NBLA

Una de las primeras palabras que nos enseñan a decir es: "gracias". Nuestros padres querían que supiéramos la importancia de tener un corazón agradecido. A muchos nos enseñaron a enviar notas de agradecimiento al recibir un regalo, a decir gracias a nuestros anfitriones, a pronunciar una oración de agradecimiento antes de cada comida. En Dios, tenemos tanto por qué estar agradecidos. Este versículo nos enseña que no solo debemos decir gracias a Dios por lo que ha hecho en nosotros, sino también contarles a los demás de nuestro agradecimiento. Hemos sido enviados a "dar a conocer sus obras entre los pueblos".

Hoy, ¿qué puedes compartir con otros de lo que Dios ha hecho en ti? ¿Cómo puedes compartir tu agradecimiento a Dios con tu familia y amigos?

Dios, gracias por tus muchas bendiciones en mi vida y en la vida de mi familia. Ayúdame a ser pronto en compartir y contarles a otros de todo lo que has hecho.

DIOS ES MÁS GRANDE

Pues la locura de Dios es más sabia que la sabiduría humana y la debilidad de Dios es más fuerte que la fuerza humana.
1 Corintios 1:25 NVI

Es un poco extraño leer de la locura y la debilidad de Dios, pero en realidad, lo que Pablo trata de ayudarnos a entender es que, de algún modo, si se dieran estas circunstancias, Dios es mucho más grande. Vivimos en un mundo de "hágalo usted mismo", en donde muchos queremos saber cómo podemos hacerlo todo por nuestros propios medios. Creemos que si pedimos ayuda estamos aceptando que somos débiles. Este versículo nos recuerda que incluso en nuestro punto más alto de grandeza y fuerza, seguimos sin compararnos a Dios.

¿No nos llena de ánimo saber que Dios no solo es sabio y fuerte, sino que también está de nuestro lado? Podemos acercarnos confiadamente ante Él, con la certeza de que es más que suficiente para ayudarnos en cada situación que lleguemos a enfrentar. De la misma manera, cuando otros vengan a nosotros en busca de ayuda, podemos esforzarnos de la mejor manera para guiarlos hacia Dios.

Dios, ayúdame a descansar en tu fuerza y en tu sabiduría. Ayúdame a confiar en ti para dejar de lado los intentos de alcanzar logros en mis propias fuerzas. Gracias por la sabiduría y la fuerza que compartes con gozo con tus hijos.

LIDERAZGO

Traten a los demás tal y como quieren que ellos los traten a ustedes.

LUCAS 6:31 NVI

En ocasiones, los detalles pequeños son los que le dan sentido a la vida. La idea que está detrás del versículo de hoy se enseña en todos los preescolares del mundo, pero sigue siendo una verdad en nuestro hogar, nuestra oficina y nuestra vida. Tratemos a los demás como queremos que nos traten. ¿Estás siendo ejemplo de la conducta que quieres ver en aquellos sobre los que tienes autoridad? Es fácil querer ser líderes con poder y autoridad, pero la mejor forma de ser líderes es tratando a los demás de la forma en la que desearíamos que nos trataran.

Las personas podrán escuchar nuestras palabras, pero será mucho más probable que sigan nuestro ejemplo. Los demás te ven, siguen las conductas, actitudes y acciones que ejemplificas. ¿Tus palabras e instrucción también son un modelo de vida propio en ti?

Dios, gracias por este simple recordatorio que nos das hoy. Ayúdame a vivir de forma que sea digna de replicar en la vida de aquellos que están alrededor. Ayúdame a ser líder y ejemplo en la forma en la que trato y me relaciono con los demás.

CONTENTAMIENTO

Sea el carácter de ustedes sin avaricia, contentos con lo que tienen, porque Él mismo ha dicho: "Nunca te dejaré ni te desampararé".

HEBREOS 13:5 NBLA

Como hombres, lo que queremos es ser los proveedores. No solo queremos tener lo que necesitamos, sino también lo que queremos. ¿Quién no quisiera tener objetos divertidos? Entonces, ¿cómo podemos encontrar contentamiento incluso sin los objetos que se compran con dinero? ¿Cómo podemos ayudar a los demás a que comprendan el contentamiento en lo que tenemos? La respuesta empieza con entender quién es Dios.

Dios es nuestro creador, nuestro proveedor, nuestro sustentador y nuestro defensor, es quien nos ama profundamente. Cuando tenemos una comprensión clara de quién es Dios y lo que hace por nosotros, nuestras prioridades y valores empiezan a cambiar. Saber que Dios ha prometido que nunca nos dejará ni nos abandonará, nos da consuelo. Podemos esforzarnos al máximo para ser los proveedores, pero también deberíamos saber que Dios ha prometido cuidar de nosotros. Es Él quien proveerá.

Dios, ayúdame a descansar en las promesas de tu presencia infinita en mi vida. Permíteme valorar tu presencia más que el dinero o las posesiones en mi vida.

GRACIA Y PERDÓN

Sean comprensivos con las faltas de los demás y perdonen a todo el que los ofenda. Recuerden que el Señor los perdonó a ustedes, así que ustedes deben perdonar a otros.

COLOSENSES 3:13 NTV

El perdón y la gracia son elementos poderosos. Junto con el amor, probablemente podrían solucionar cualquier problema en cualquier parte del mundo. Suena como algo muy atrevido, ¿no es así? Piensa en alguna situación de tu vida. Si fueras con alguien a pedirle o darle perdón, ¿qué sucedería? ¿Cómo cambiaría la dinámica de esa relación?

Cuando el apóstol Pablo usa la palabra "comprensivos", suena como una instrucción para saber que puedes esperar fallas y errores. Se da cuenta de la naturaleza de la iglesia, de sus relaciones y cuán difíciles pueden ser. Nuestra intención nunca es complicarlas, pero nos cansamos, nos frustramos cuando la cuenta bancaria no está donde quisiéramos que estuviera, cuando perdemos nuestro trabajo y cuando nos afecta la vida diaria. Esperamos que las personas sean comprensivas con nosotros para que podamos también ser comprensivos mediante el poder de la gracia de Dios.

Dios, ayúdame a recordar que me has otorgado tu gracia; has perdonado mis faltas. Ahora, dame la capacidad de hacer lo mismo por las personas en mi vida.

DELEITE EN DIOS

Deléitate en el Señor, y él te concederá los deseos de tu corazón. Entrega al Señor todo lo que haces; confía en él, y él te ayudará.

Salmos 37:4-5 NTV

Cuando nos deleitamos en Dios, todo toma un significado diferente. Una cosa es deleitarse en una comida específica, un pasatiempo o incluso un trabajo; sin embargo, es algo totalmente diferente cuando nos deleitamos en Dios. En ese momento empezamos a plantar en nosotros nuevos anhelos, el anhelo de más de Él, de más amor, paz, gracia y muchos más deseos. Como hombre, si te deleitas en Dios, Él empieza a dar forma a tus deseos para que estén alineados con los de Él. Empezarás a estar comprometido con Él en cada aspecto de tu vida. El verdadero compromiso con Dios es el que dará a conocer cómo te ves tú y cómo ves a los demás. No necesariamente hace la vida más fácil, sino que en realidad te da sabiduría, gracia y perspectiva de todo lo que se aparezca en tu camino.

Si tu vehículo pareciera estar descomponiéndose, lo llevas a un mecánico. Si nuestra vida y fe pareciera estar doblegándose, necesitamos volvernos a recalibrar en la relación con Dios y volver a retomar el compromiso con Él.

Dios, en este momento te entrego mis deseos y mi vida. Ayúdame a estar alineado con tu voluntad en mi vida.

LA VOLUNTAD DE DIOS

Esto dice el Señor: "Ustedes permanecerán en Babilonia durante setenta años; pero luego vendré y cumpliré todas las cosas buenas que les prometí, y los llevaré de regreso a casa. Pues yo sé los planes que tengo para ustedes—dice el Señor—. Son planes para lo bueno y no para lo malo, para darles un futuro y una esperanza.

Jeremías 29:10-11 NTV

Muchas veces, el versículo 11 de Jeremías 29 les da a las personas un sentimiento de emoción por el futuro porque pueden ver que Dios tiene planes de bien. No obstante, también muchas veces se nos olvida lo que dice el versículo 10. Dice que permanecerán en cautiverio por "setenta años". Dios permite que su pueblo sepa que el futuro es brillante, sí, pero su voluntad no necesariamente cambia las circunstancias de la noche a la mañana.

Los hombres, en ocasiones, solo queremos saber cuál es el plan para afirmarnos y listo. Sin embargo, también debemos darnos cuenta de que el plan puede incluir un proceso. Queremos comprender las situaciones inmediatamente, pero debemos reconocer que Dios es paciente con nosotros porque también estamos en el proceso. En ocasiones, Dios incluso permite que el proceso tome más tiempo del que nos gustaría. Confía en que Dios tiene mejores planes para hoy y que tiene definida su voluntad para ti; también debes saber que todo es un proceso. Incluso cuando no pareciera que nada está pasando, eso no significa que Dios no esté trabajando.

Dios, ayúdame a confiar en tu voluntad para mi vida. Dame la capacidad de estar bien con el proceso.

ACABA CON EL DESORDEN

Dichosos los pobres en espíritu,
porque el reino de los cielos les pertenece.
MATEO 5:3 NVI

Cuando Jesús le habla a una audiencia que ya es pobre, pareciera un poco extraño que esté llamando incluso más pobreza. Sin embargo, las palabras "pobre en espíritu"; no se detienen a hablar solo a un nivel económico, aunque es parte de ello. Lo más importante es que lo que importa es que cuando una persona empieza a quitar el desorden, tendrá más consciencia de Dios. Cuando todo empieza a desvanecerse, empieza a vivirse un nuevo nivel de confianza en Dios, tanto física, como espiritual, mental, financiera y emocionalmente.

Jesús anima a sus seguidores a llegar a un nivel más profundo de confianza. Como hombres, en ocasiones podemos llenar nuestra vida con tanto desorden o actividades, que no podemos filtrar lo que realmente importa a un nivel más profundo. Medita en lo que necesitas eliminar de tu vida. ¿Cómo puedes ser ejemplo de vida en simplicidad para los demás y así puedan entender lo que significa ser pobre en espíritu?

Dios, acércame en una relación más cercana contigo y ayúdame a eliminar el desorden para que pueda confiar mucho más en ti.

GENEROSIDAD

Más bien, cuando des a los necesitados, que no se entere tu mano izquierda de lo que hace la derecha, para que tu limosna sea en secreto. Así tu Padre, que ve lo que se hace en secreto, te recompensará.

MATEO 6:3-4 NVI

¿No te parece que en las fiestas siempre hay un hombre que no puede dejar de hablar de sí mismo? Cuenta de todos los lugares que ha visitado, todas las acrobacias extremas que ha hecho y todas las personas en necesidad que ha rescatado. Sin embargo, en lugar de ponerlo en un pedestal, como él intenta colocarse, sus alardeos nos dejan un sentimiento de pena por su inseguridad oculta. De la misma forma, cuando alguien empieza a hablar acerca de una donación sumamente generosa que dio, nos terminamos preguntando las verdaderas intenciones detrás de su donación.

Jesús habló del hombre rico, del pobre y habló muchísimo del dinero. Dar, siempre pareció ser una prioridad principal para Él, incluso por eso dio su vida. Es más fácil hablar de la generosidad que llevarla a cabo. En ocasiones, en nuestra vida de rendición al Señor, nuestra billetera es lo último que le entregamos a Jesús. Cuando damos en secreto o damos sin toda la fanfarrea, tenemos la confianza de que la recompensa y el gozo del padre vendrá sobre nosotros. Ya sea que giremos un cheque a nuestra iglesia o donemos de nuestro tiempo en el proyecto social de alimentos, no tendremos necesidad de contárselo a nadie. Es nuestra decisión, ¿queremos que la gloria sea para Dios o que quede como una alabanza vacía a un hombre?

Dios, ayuda a mi corazón para que esté en línea con el de Jesús. Cultiva un corazón para el pobre que vive en mí para que se dirija a la generosidad.

EL DINERO

No almacenes tesoros aquí en la tierra, donde las polillas se los comen y el óxido los destruye, y donde los ladrones entran y roban. Almacena tus tesoros en el cielo, donde las polillas y el óxido no pueden destruir, y los ladrones no entran a robar. Donde esté tu tesoro, allí estarán también los deseos de tu corazón.

MATEO 6:19-21 NVI

¿Recuerdas que cuando éramos niños escuchamos a varios comparar a sus papás con otros papás? Decían algo como: "Mi papá tiene este tipo de vehículo", o "pues mi papá tiene este otro". El deseo de ser más que el otro es un arte que sigue hasta hoy.

Es muy fácil caer en la trampa de querer todo lo "bueno", los juguetes "correctos" y la cantidad "adecuada" de dinero. Jesús nos advierte contra este tipo de idolatría porque reconoce el precio que paga nuestro corazón y alma. Muestra quién somos realmente y qué deseamos en lo más profundo de todo. Hoy medita un tiempo y analiza cuál es tu perspectiva del dinero y las posesiones y lo que realmente te importa.

Dios, ayúdame a no dedicarme solo a obtener dinero y hacer posesiones que sean ídolos en mi vida. Confieso que a veces almaceno demasiadas "cosas". Ayúdame a poner mi confianza en ti, hoy en especial.

PROVIDENCIA

Así que no se preocupen diciendo: "¿Qué comeremos?", o "¿Qué beberemos?" o "¿Con qué nos vestiremos?". Los paganos andan tras todas estas cosas, pero su Padre celestial sabe que ustedes las necesitan. Más bien, busquen primeramente el reino de Dios y su justicia, entonces todas estas cosas les serán añadidas.

MATEO 6:19-21 NVI

Proveer para tus necesidades puede ser una de las responsabilidades más gratificantes, pero también angustiantes, que un hombre puede tener. Desde el momento en que conseguimos nuestro primer trabajo empezamos a pensar en las necesidades en un nivel completamente nuevo. También puede darnos más perspectiva de los versículos que vemos hoy. Si pensamos de este modo en la provisión para nosotros mismos, ¡cuánto más pensará Dios mismo en proveernos!

La realidad es que el acto de proveer puede ser una situación abrumadora. ¿Qué pasaría si nos quedamos sin trabajo? ¿Qué sucede si recibimos una factura imprevista? Cualquiera que sea el caso, lo que dice Jesús es que no nos preocupemos. La verdad es que resulta mucho más fácil decirlo que hacerlo, pero no es imposible. Mantente presente en todo momento y haz tus planes lo mejor que puedas en tus capacidades, pero debes saber que el máximo proveedor será Dios. Tal vez no será de la forma que te imaginaste, pero a medida que cultives una vida de fe, crecerás en los hábitos de una vida libre de preocupación.

Dios, danos hoy nuestro pan de cada día. Ayúdame a confiar en que proveerás para lo que necesitemos.

UNA ORACIÓN PERSISTENTE

Sigue pidiendo y recibirás lo que pides; sigue buscando y encontrarás; sigue llamando, y la puerta se te abrirá. Pues todo el que pide, recibe; todo el que busca, encuentra; y a todo el que llama, se le abrirá la puerta.

MATEO 7:7-8 NTV

Jesús nos dice que la motivación de nuestro corazón en la oración, cuando buscamos al Espíritu Santo, es la persistencia. ¡Sigamos ese camino! Nos prometió que siempre que busquemos a Dios, lo encontraremos. La oración podría verse como un desafío muchas veces, pero a medida que sigas orando, vas a crecer, eso está garantizado.

¿Crees que puedes orar por las personas en tu vida? ¿Qué necesitan? ¿Los estás viendo crecer? ¿Qué te gusta de ellos? ¿Cuáles son los dones que están desarrollando? Pide a Dios que los ayude a crecer en ese don. Un tiempo de oración también podría verse como un espacio de cinco minutos en silencio, porque buscar a Dios puede hacerse en silencio y en soledad también.

Dios, ayúdame a crecer en oración. Enséñame cómo orar por mis hijos. Recuérdame lo que amo de ellos.

EL REINO DE DIOS

La siguiente es otra ilustración que usó Jesús: "El reino del cielo es como una semilla de mostaza sembrada en un campo. Es la más pequeña de todas las semillas, pero se convierte en la planta más grande del huerto, crece hasta llegar a ser un árbol y vienen los pájaros y hacen nidos en las ramas".

MATEO 13:31-32 NTV

A menudo, Jesús habló del reino de Dios o del reino de los cielos. Es mucho más grande y abundante que solo un destino al que se llega después de esta vida; es una forma de vida. Es la razón por la que Jesús nos pide que oremos para que su reino pueda venir a la tierra, como es en el cielo. Cuando piensas en vivir a la manera de Jesús, ¿qué viene a tu mente al decir el reino de los cielos? Jesús frecuentemente lo compara con algo pequeño y casi insignificante, pero con el tiempo (tal vez después de un tiempo largo), crece y adquiere un propósito.

En la ilustración que nos da, Jesús habla del reino de los cielos como un hogar o un refugio. En muchos aspectos, nuestra transición de la niñez a la adultez puede modelarse con esta ilustración. Empieza de formas muy sencillas, pero con el tiempo, influye en cómo nuestras relaciones con otros se desarrollan y cambian. La pregunta es, ¿está adquiriendo el reino de Dios un propósito en nuestra vida? Como hombre, ¿te has convertido en un refugio seguro para aquellos en tu vida?

Dios, conviérteme en el hombre que quieras que sea. Ayúdame a establecer mi vida a la manera de Jesús y dejar que tu reino venga.

LAS POSESIONES

Jesús le dijo: —Si deseas ser perfecto, anda, vende todas tus posesiones y entrega el dinero a los pobres, y tendrás tesoros en el cielo. Después ven y sígueme.

MATEO 19:21 NTV

En la cultura moderna, el consumismo es el aire que respiramos. Tenemos festividades que celebran el conseguir más, muchas más cosas. Nos encantan las cosas y es difícil pensar en una vida que no busque esos mismos objetivos. Siempre que entramos a una tienda, nos bombardea la misma idea: adquirir más cosas.

Sin embargo, Jesús nos da una forma diferente de vivir. Nos dice que, al desear ser perfectos, nos deshagamos de lo que tenemos. Les dice a sus seguidores que tengan una vida sencilla en la que se despojen de cosas que pueden dominar su vida. Jesús habla de que, en ocasiones, incluso al organizar nuestra vida y nuestro calendario, lo hacemos alrededor de las posesiones. Compramos más unidades de almacenamiento para tener una casa llena de nuestras cosas y con el tiempo, hasta nuestro corazón se abarrota más y más, sin espacio para estar conscientes de Dios. Nos volvemos mucho menos conscientes de Él que aquellos que en realidad no tienen nada. Le deja menos espacio del que se les da a todas las cosas. Como hombre, seguir a Jesús se ve como una vida de sencillez y generosidad. Piensa cómo puedes ser ejemplo de este tipo de vida para quienes vive alrededor de ti.

Dios, ayúdame a reorganizar mi vida y despojarla para que pueda dedicarme plenamente a ti.

EL LIDERAZGO A TRAVÉS DEL SERVICIO

No ha de ser así entre ustedes, sino que el que entre ustedes quiera llegar a ser grande, será su servidor.

MATEO 20:26 NBLA

Cuando Jesús habló a sus discípulos acerca de la posición del liderazgo y de poder, también les dio una forma de pensar totalmente distinto. Dijo que los mejores líderes son aquellos que no solo saben cómo servir, sino que en realidad son los que participan sirviendo. Cuando somos niños, sentimos que nos están atendiendo casi todo el tiempo y se debe a que no podemos hacer todo lo que necesitamos, por nosotros mismos. Sin embargo, con el tiempo, si nuestros padres no son intencionales con darnos responsabilidades, seguiremos esperando que los demás nos atiendan. Debemos encontrar un equilibrio, lo cual es difícil porque no solo se trata de ser siervo, sino también de animar a otros a adoptar una actitud de servicio.

Una de las formas más exitosas para ser ejemplo de este tipo de liderazgo es salir y encontrar una forma de servir en nuestra comunidad, ya sea mediante el voluntariado en un comedor comunitario, un refugio de personas en situación de calle o incluso en tu iglesia local. Los mejores líderes son los que están dispuestos a ensuciarse las manos y a servir.

Dios, ayúdame a ser ejemplo de una vida de servicio gozoso para seguir creciendo como un líder y siervo lleno de humildad.

INVERSIÓN

Su señor respondió: "¡Hiciste bien, siervo bueno y fiel! En lo poco has sido fiel; te pondré a cargo de mucho más. ¡Ven a compartir la felicidad de tu señor!".

MATEO 21:21 NVI

En Mateo 25, Jesús cuenta una parábola interesante acerca de un amo que entrega cierta cantidad de dinero a tres sirvientes distintos. Dos de ellos invirtieron ese dinero y obtuvieron sus frutos, mientras que el tercer siervo lo enterró. Esta parábola tiene diferentes significados, pero una de las aplicaciones más populares es la idea de la inversión. No solo está relacionado con las finanzas, aunque es un aspecto importante, sino también nos ayuda a meditar en nuestros dones y talentos.

¿Estás invirtiendo los dones que Dios te ha dado en lograr una diferencia en el mundo? ¿Cómo estás invirtiendo en la vida de otras personas? Hoy, piensa en una forma en la que puedas hacer una inversión en la vida de alguien más. La recompensa de tu inversión es invaluable.

Dios, gracias por invertir en mí al enviar a Jesús para que pueda estar en una relación contigo. Ayúdame a entender más sobre tus dones para que pueda invertirlos en los demás.

UNA VIDA DE SACRIFICIO

Nadie tiene amor más grande
que el que da la vida por sus amigos.
JUAN 15:13 NVI

Como hombres, seguro que hemos escuchado que ser "rudo" o "fuerte" es lo que nos mantiene firmes, que no debemos dejar que nuestras emociones nos dominen, que debemos tener valentía y determinación ante las situaciones difíciles. Estas ideas se construyeron en distintas culturas con el paso del tiempo, pero no es lo que dice Jesús. De hecho, ser un hombre de Dios tiene que ver con el amor, el sacrificio y la amistad. Podemos decir que el verdadero hombre fue revelado en la persona y el carácter de Jesús. Él era un hombre que amaba profundamente a las personas. Los discípulos no eran solo sus seguidores o estudiantes, sino que estuvieron juntos por casi tres años. Suponemos que se volvieron amigos cercanos y que llegó un día en el que Jesús hizo el máximo sacrificio; el día en el que sintieron que lo habían perdido. Se trataba de un sacrificio tan grande que nadie podía darse cuenta de la magnitud de ese sacrificio.

¿Cómo percibes el sacrificio como hombre? ¿Cómo puedes mostrar amor hoy? ¿Tal vez se ve como dejar tus deseos a un lado y poner las necesidades de alguien más cima de las tuyas? Quizás es algo mucho más grande y complejo. ¿Cómo puedes mostrar amor en estas situaciones?

Dios, gracias por hacer el máximo sacrificio por mí. Ayúdame a tener una vida de sacrificio.

EL ESPÍRITU SANTO

Cuando venga el Espíritu de verdad, él los guiará a toda la verdad. Él no hablará por su propia cuenta, sino que les dirá lo que ha oído y les contará lo que sucederá en el futuro.

JUAN 16:13 NTV

Todos experimentamos diferentes niveles de alianzas en la vida, ya sea con amigos, colegas del trabajo o familiares. No obstante, existe otra alianza en la que también deberíamos depender: la del Espíritu Santo. Es importante, y a veces es difícil, cultivar una relación con los aliados en la tierra; podemos decir lo mismo para nuestra relación con el Espíritu Santo. A medida que profundices en tu relación con Dios, pídele que te llene continuamente del Espíritu Santo. Te ayudará como una especie de mapa en la travesía de la fe y también en tu vida como padre (aunque a los hombres no mucho les guste la idea de usar mapas, ¿no es cierto?).

Otro nombre para el Espíritu Santo es el "consolador". Tómate un tiempo ahora para meditar en Dios como un consolador: uno que te escucha y que te consuela. ¿Qué necesitas despejar en tu interior? ¿Qué dificultades estás enfrentando? ¿En qué áreas necesitas dirección guía o consuelo?

Dios, sigue llenándome con tu Espíritu Santo. Guíame a la verdad, la verdad de quién eres, así como la verdad de quién soy.

TEMOR O CONFIANZA

El Señor está a mi favor; no temeré.
¿Qué puede hacerme el hombre?
Salmos 118:6 NBLA

El temor puede venir empacado en muchas formas. En ocasiones puede verse como un ser amado que está enfermo, en otras, puede verse como una inestabilidad financiera o incluso puede percibirse como un desastre natural. Como hombres, quizás estamos batallando con la idea de cómo podemos manejar el miedo en nuestra vida. Tal vez vemos el miedo como una debilidad y definitivamente no queremos que nos vean como débiles. ¿Por qué la Biblia nos indica entonces que no debemos temer, cuando la realidad es que todos nos enfrentamos a situaciones difíciles en la vida? El temor es parte de la experiencia humana, pero gloria a Dios porque ya nos dio el antídoto: la confianza. Cuando las nubes oscuras se colocan sobre nosotros y el futuro se ve incierto, ¿estamos confiando en que el Señor está de nuestro lado? Cuando el suelo tiembla y las montañas se derrumban, ¿confiamos en que el Señor está de nuestro lado?

Como cristianos, nuestra respuesta debería ser un fuerte "¡sí!". Cuando vivimos con la perspectiva de que el Señor, el creador todopoderoso y sustentador de todo lo que nos rodea, está de nuestro lado, ¿qué puede hacer el mundo en contra de nosotros? No significa que nunca experimentaremos temor en la vida, sino que el temor que encontremos se disipará porque estará eclipsado por nuestro Padre, quien es digno de toda confianza.

Dios, eres un Padre digno de confianza. Ayúdame a reconocer que ese miedo no puede mantenerse en la luz deslumbrante de tu presencia.

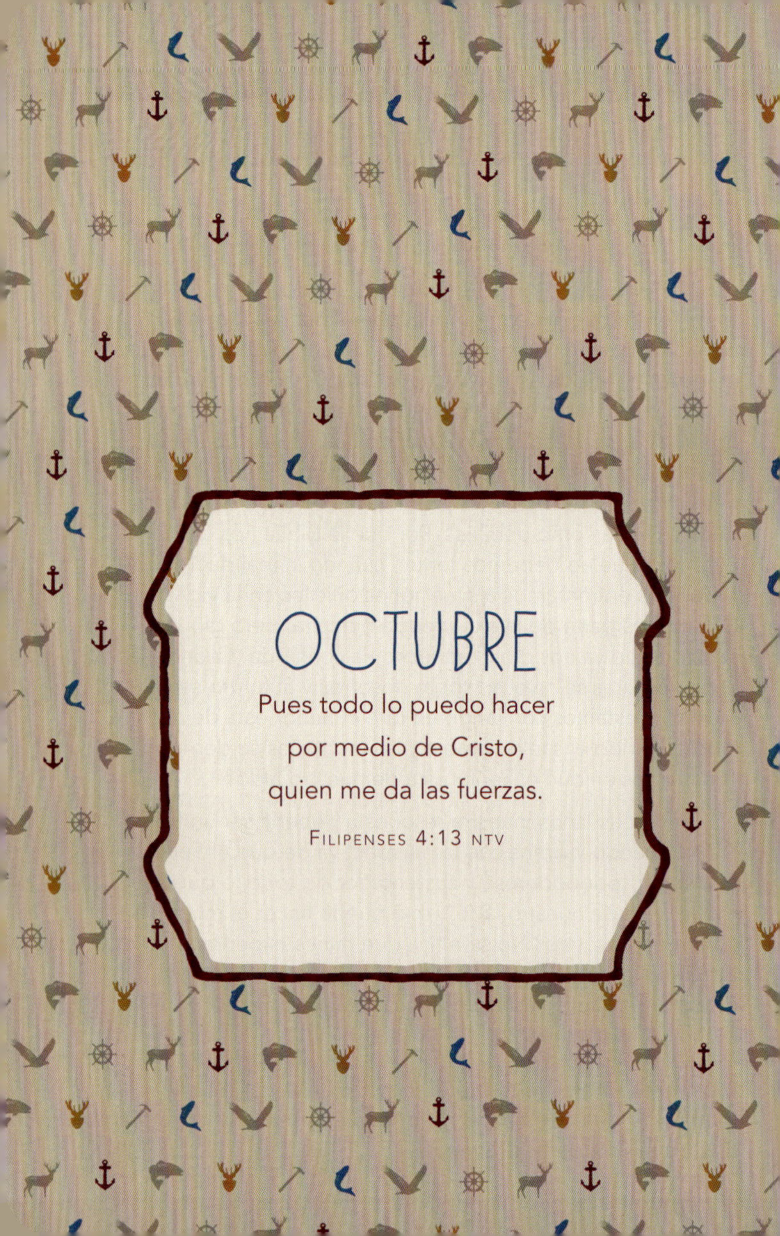

OCTUBRE

Pues todo lo puedo hacer
por medio de Cristo,
quien me da las fuerzas.

Filipenses 4:13 NTV

COMPARACIÓN

Entonces Pedro, al verlo, dijo a Jesús: "Señor, ¿y este, qué?". Jesús le dijo: "Si Yo quiero que él se quede hasta que Yo venga, ¿a ti, qué? Tú, sígueme".

JUAN 21:21-22 NBLA

En ocasiones es fácil ver a otros y comparar nuestra situación con la de ellos. Puede que nos comparemos con otros hombres en temas de salarios, tamaños de las casas, estilos de vehículos y en un sinfín de cosas. Con frecuencia nos preguntamos cómo conseguir más. Puede que digamos: "Al menos soy mejor que aquel", o "si tan solo fuera tan bueno como aquel otro". Es un juego constante de comparación que empieza desde muy pequeños.

Cuando Jesús hablaba con Pedro acerca de la vida de este hombre, Pedro quería comparar su futuro con el de otro discípulo. Prácticamente, Jesús le dice: "no es de tu incumbencia, Pedro. Enfócate en Pedro, o sea, en ti mismo y sígueme". Parece que esta es la mejor medicina para la comparación: simplemente poner nuestra vista en Jesús y seguirlo. Piensa en las comparaciones que estás haciendo en tu vida, en especial con otros hombres. ¿Cómo puedes enfocar tu atención nuevamente en Jesús?

Dios, ayúdame a seguirte y a enfocarme en ti. Aléjame de la tentación de compararme con los demás.

COMUNIDAD

Y se dedicaban continuamente a las enseñanzas de los apóstoles, a la comunión, al partimiento del pan y a la oración.

HECHOS 2:42 NBLA

Pareciera que los primeros seguidores de Jesús se dieron cuenta de la necesidad imperante de crear una comunidad después de los sucesos de la muerte, resurrección y ascensión de Jesús. Se enfocaron en unas cuantas cosas a las que podían dedicarse con regularidad. Con el tiempo, a esta comunidad le empezamos a llamar "iglesia", con la diferencia de que esta iglesia ha tomado muchas formas distintas durante los últimos dos mil años o más.

Lo más importante es que la comunidad es esencial para los seguidores de Jesús. ¿Te has conectado a una comunidad? No importa el tamaño del edificio, lo que importa es la comunión, el partimiento del pan y el tiempo que se dediquen a aprender de Dios en las Escrituras. Si ahora estás asistiendo a una iglesia, ¿te está llevando a un crecimiento en la fe?

Dios, ayúdame a seguir siendo parte de una comunidad que me enriquezca. Incluso cuando sea difícil, ayúdame a seguir esforzándome para lograr esa unidad.

VERGÜENZA

Por lo tanto, ya no hay ninguna condenación para los que están en Cristo Jesús, pues por medio de él la ley del Espíritu de vida te ha liberado de la ley del pecado y la muerte.

ROMANOS 8:1-2 NVI

En ocasiones, los hombres nos ponemos a pensar en nuestras acciones, las cuales pueden traer gran orgullo o vergüenza, incluso algún sentimiento entre ambos. En ocasiones, cuando fallamos en algo o cometemos un error, podríamos pensar que somos unos fracasados. Lo primero y más importante es que el apóstol Pablo trata de dejarnos en claro que en Cristo Jesús encontramos nuestro valor y nuestra identidad. Nos anima a no dejarnos abrumar por la vergüenza, a no agregar más a la naturaleza quebrantada que experimentamos en el mundo. Cuando encontramos nuestra identidad en Cristo, reconocemos que necesitamos gracia sobre gracia.

Necesitamos adoptar esta manera de pensar. Sabemos que vamos a cometer errores, que vamos a experimentar quebrantos. No significa que eso nos lleve a ser fracasados como hombres y seguidores de Cristo. Haz tu mejor esfuerzo para proveer un entorno lleno de gracia en donde estés. Cuando cometas errores, no adoptes la vergüenza, sino que, en lugar de ella, recibe la gracia que Jesús te da. Después podemos hablar del error. ¿Qué podemos aprender de todo esto?

Dios, dame la gracia que necesito para cada situación que enfrente hoy.

CONFIANZA

Y sabemos que Dios hace que todas las cosas cooperen para el bien de quienes lo aman y son llamados según el propósito que él tiene para ellos.

ROMANOS 8:28 NTV

Por lo general, hacemos referencia de este versículo cuando sucede algo malo, pues de alguna forma nos permite tener esperanza en medio de posibles circunstancias negativas. Si leemos unos versículos antes, el apóstol Pablo menciona nuestras debilidades. Ciertamente, corresponde a las situaciones difíciles que pudimos haber experimentado, pero varios de los versículos de este capítulo también hablan en futuro. Es como si estuviera diciéndonos que preparemos nuestro corazón para lo que venga y que sea lo que sea, que mantengamos la seguridad de que cuando la vida se complique (no si se llega a complicar) Dios estará obrando.

Aun cuando tu salud está débil, Dios sigue obrando. Si tu trabajo está en peligro, Dios sigue obrando. Si no puedes llevarte bien con los que te rodean, Dios está obrando. Si amas a Dios, puedes confiar en que Él sigue obrando.

Dios, ayúdame a confiar en ti incluso cuando las situaciones se vuelven difíciles y sigue obrando en mí, sobre mí y alrededor de mí.

TRANSFORMACIÓN

No se amolden al mundo actual, sino sean transformados mediante la renovación de su mente. Así podrán comprobar cómo es la voluntad de Dios: buena, agradable y perfecta.

ROMANOS 12:2 NVI

Es fácil distraerse por lo que vemos y escuchamos en la cultura que nos dice cómo deberíamos vivir, cómo ganar más dinero, cómo perder o ganar peso, qué comprar, qué no comprar y una enorme lista de más puntos. Ninguna de estas frases se puede considerar malas inherentemente, pero en el versículo de hoy, el apóstol Pablo mantiene esa preocupación de cómo la cultura está dominando los pensamientos que tenemos para tratar de controlarnos.

La transformación requiere un movimiento de Dios, no solo en tu corazón, sino también en tu mente. La renovación es necesaria dentro de tu vida y tus pensamientos para que puedas acallar las distracciones culturales y en lugar de ello, enfocarte en Dios. ¿Qué tipo de cambio necesita darse en tu mente para que puedas ver a Dios con más claridad hoy? ¿Cómo puedes empezar (o seguir) pensando en tu vida de una forma que honre a Dios?

Dios, ayúdame a no solo darte mi corazón y alma, sino también mi mente. Sigue renovando mis pensamientos.

UN FUNDAMENTO FIRME

Por tanto, todo el que me oye estas palabras y las pone en práctica es como un hombre prudente que construyó su casa sobre la roca. Cayeron las lluvias, crecieron los ríos, soplaron los vientos y azotaron aquella casa; con todo, la casa no se derrumbó porque estaba cimentada sobre la roca.

MATEO 7:24-25 NTV

Las tormentas de la vida pueden venir desde cualquier dirección. Estas tormentas son las que ponen a prueba nuestro fundamento. Entre más fuerte es la tormenta, más grande es la prueba. Jesús pintó la imagen de una tormenta que golpeaba de todos los ángulos. La lluvia empezó a caer, las olas empezaron a levantarse y los vientos soplaban y golpeaban contra la casa. Sin embargo, el fundamento era sólido y la casa se mantuvo firme durante esta tormenta. El fundamento no se construyó durante la tormenta, sino antes de que empezaran a soplar los vientos. No fue la tormenta la que se encargó del fundamento, sino el fundamento fue hecho para soportar la tormenta.

Jesús explicó que el fundamento de nuestra fe se construye mediante la acción. No se construye solo al escuchar la palabra de Dios, sino al obedecerla. Se construye al tomar las palabras de Cristo y ponerlas en práctica. Antes de atravesar los días difíciles, necesitas hacer el arduo esfuerzo de obedecer y construir un fundamento fuerte que pueda soportar la tormenta.

Señor, ayúdame a depender de ti durante los tiempos difíciles. Guíame mientras construya un fundamento fuerte de fe en ti. Cuando venga la lluvia, ayúdame a permanecer con valentía y confianza.

EL FRUTO DEL ESPÍRITU

En cambio, la clase de fruto que el Espíritu Santo produce en nuestra vida es: amor, alegría, paz, paciencia, gentileza, bondad, fidelidad, humildad y control propio. ¡No existen leyes contra esas cosas!

GÁLATAS 5:22-23 NTV

A menudo, cuando tratamos de depender en nuestra propia fuerza y nuestro poder de voluntad para ser hombres de Dios, podemos fallar. Jesús le dio vida al tipo de persona que todos esperamos ser. Dios reconoce esta necesidad que tenemos, por lo que envió a su Espíritu no solo a guiarnos, sino también a llevarnos a la verdad, pero también a desarrollar el carácter en nosotros. Un buen árbol frutal se planta en buena tierra, se le echa agua, se poda si es necesario y se le da la cantidad adecuada de sol.

Así como es un árbol frutal, también necesitamos un buen fundamento y el cuidado debido. Como seguidores de Jesús, necesitamos el Espíritu Santo. Si queremos ser personas (sobre todo, hombres) que siguen a Jesús, pero no mostramos las características que se mencionan en el versículo, tal vez necesitamos pedirle a Dios que siga llenándonos con el Espíritu Santo. Si nunca lo has hecho antes, tómate unos minutos y úsalos para orar.

Dios, lléname hoy con su Espíritu Santo para que pueda ser más y más como Cristo.

PROCESO

Estoy convencido precisamente de esto:
que el que comenzó en ustedes la buena obra,
la perfeccionará hasta el día de Cristo Jesús.

FILIPENSES 1:6 NBLA

A veces deseamos una recompensa instantánea, queremos resultados en el momento. En la era de tanta tecnología, todo está disponible con solo hacer clic a un botón y cuando esta rapidez se vuelve la norma de vida, proyectamos esta mentalidad en cada aspecto de la vida sin siquiera pensar al respecto.

También aquí se incluye nuestra relación con Dios y con los demás. Es difícil encontrar historias en la Biblia en donde el personaje haya tenido un encuentro con Dios e inmediatamente se haya convertido en otra persona. Incluso el apóstol Pablo, cuando dijo sí a Dios, siguió ciego temporalmente. Tuvo que pasar por un proceso para convertirse en el hombre que Dios quería que fuera. Incluso después de haber trabajado tanto en el ministerio, Pablo seguía confesando sus problemas y áreas de crecimiento. Debemos esperar que nuestra vida sea un proceso porque no somos microondas. Por lo mismo, no sientas que debes apresurarte o que te estás quedando atrás. ¿Estás en el lugar donde quieres estar en Dios o en tus relaciones? Tal vez no, pero ¿estás hoy en una posición diferente a la que estabas ayer o hace un año? Seguramente sí.

Dios, ayúdame a ser paciente con el proceso y a saber que estás transformándome para ser más como Jesús.

ACTITUD

Tengan la misma actitud que tuvo Cristo Jesús.

FILIPENSES 2:5 NTV

La ciencia y la experiencia nos han mostrado que, en la primera infancia, los niños empiezan a imitar a aquellos que los rodean: sus gesticulaciones, sus patrones de lenguaje, incluso sus expresiones faciales. Puede llegar a ser divertido verlos, aunque también puede ser un tanto perturbador. Cuando crecemos y pasamos mucho más tiempo con otras personas, prestamos atención a cómo manejan todo tipo de situaciones. Incluso no tienen que decir nada, pues estamos viendo su actitud, conducta y apariencia.

¿Cómo se refleja tu actitud en general? ¿Ves los mismos patrones en tus padres o en otras personas que influyeron en tus años de formación? El apóstol Pablo nos anima a tener la misma actitud de Jesús y más adelante sigue describiendo esa actitud. Al final, resume todo en una sola palabra: humildad.

Dios, dame la gracia para alinear mi corazón y mi actitud con la tuya. Ayúdame hoy a ser más como Jesús con mi actitud. Dame humildad y permite que otros también vean una actitud de humildad en mí.

ALIANZAS

Luego Dios el Señor dijo: "No es bueno que el hombre esté solo. Voy a hacerle una ayuda adecuada".
Génesis 2:18 NVI

Como seguidores de Jesús, nuestro diseño nunca fue el de permanecer solo. Como hombres, es importante para nosotros tener a alguien de alianza, ya sea nuestra esposa, madre, hermana, una amiga, que nos ayude. La intención creativa de Dios fue una alianza y una comunidad. También nos da el ejemplo de cuáles son las relaciones que se ven como una expresión del Padre, del Hijo y del Espíritu Santo.

Aprender a estar en alianza primero con Dios a medida que sigues confiando tu vida en Él. Luego, cuando reconozcas las distintas alianzas con las que has sido bendecido, toma la oportunidad de expresarles tu gratitud por estar en tu vida. Y no te sientas atemorizado de tener conversaciones difíciles sobre cómo pueden apoyarse y animarse los unos a los otros. No fuiste diseñado para estar solo y Dios te mostrará que no tienes que hacerlo.

Dios, ayúdame a darme cuenta de que no fui diseñado para pasar la vida solo. Permíteme confiar en ti y aprender a mantener una mejor alianza con mi "ayudador".

UN FUNDAMENTO FIRME

Que gobierne en sus corazones la paz de Cristo, a la cual fueron llamados en un solo cuerpo. Y sean agradecidos.

COLOSENSES 3:15 NVI

La gente de Colosas se sentía familiarizada con un tipo específico de paz cuando el apóstol Pablo escribió estas palabras. Conocían una paz que solo se lograba mediante la guerra en la que César conquistaba a nombre del imperio romano. No obstante, Pablo les dice que dejen que la paz de Cristo sea la que gobierne su corazón. Esta declaración es provocativa, porque, en realidad, la paz de Cristo se veía muy diferente a la paz que lograba el César. Se percibía como misericordia, humildad, amor y sacrificio, no como una fuerza conquistadora o dominante.

En ocasiones, como hombres, creemos que seremos más pacificadores en nuestra vida al afirmar más autoridad y más poder. Pero para los seguidores de Jesús eso es lo contrario. La única manera en la que promovemos la paz es mediante la paz. Cuando pareciera que el caos rodea tu vida, la reacción natural podría ser erguirse más, elevar el tono de voz y gesticular con tus acciones, pero antes de participar en algo así, trata de poner en práctica un semblante de paz. Al principio se sentirá contradictorio y podría ser que necesites un poco de tiempo acostumbrarte, pero al final, estarás siendo ejemplo de la paz que Jesús desea en nosotros.

Dios, concédeme la paz en medio del caos.

DUDA

Los once discípulos fueron a Galilea, a la montaña que Jesús les había indicado. Cuando lo vieron, lo adoraron; pero algunos dudaban.

MATEO 28:16-17 NVI

Sin duda, este es uno de los pasajes más maravillosos en el Nuevo Testamento. Me gusta imaginar a los discípulos llegando a la cima de la montaña cubiertos en polvo, empujándose unos a otros, divirtiéndose entre ellos y burlándose un poco de los más lentos del grupo y cuando llegan a la cima, ahí está Jesús. Ahí está, de pie con ellos: está presente, poderoso y decidido. Mateo nos dice que cuando lo vieron, algunos lo adoraron, pero sorprendentemente, algunos dudaron. La palabra duda, en este contexto significa "estar en dos lugares". En otras palabras, estaban ahí físicamente, pero en su espíritu y en sus emociones, estaban en otro lugar.

Todos los discípulos reunidos enfrente de Jesús era como ver toda la variedad del discipulado. Había adoradores apasionados y otros que estaban dudosos, atribulados y confundidos. Lo que nos impacta totalmente es que Jesús no los precalifica para la gran comisión por esa actitud del momento. En el siguiente versículo, Jesús les entrega la instrucción de ir y cambiar el mundo. Nos queda claro que el equipo de Jesús tiene espacio para todos, incluso para los que tienen dificultad para creer.

Señor, en algún momento soy como esos discípulos. Puedo moverme de tener fe a dudas, o viceversa una y otra vez. Gracias porque lo sabes y me llamas a cumplir tu misión a pesar de ello.

ENOJO

El enojo humano no produce la rectitud que Dios desea.
SANTIAGO 1:20 NTV

¿Puedes recordar algún momento en el que tu mamá o tu papá se enojó contigo? ¿Cómo te sentiste? ¿Podían enojarse contigo, aunque seguían amándote? Enojarse con otros es un sentimiento bastante común. El enojo no siempre es el problema, sino cómo controlamos ese enojo o cómo lo manejamos, eso es lo imperativo. Santiago no nos está diciendo: "no te enojes". Lo que hace es animarnos a meditar en nuestro enojo y ver cómo nos afecta como personas y las personas que amamos.

Ahora trata de recordar algún momento reciente en el que te hayas enojado con alguien. ¿Pudiste expresar tu enojo en amor? Puedes decirle a alguien que una situación en especial te enojó, necesitan saberlo. También necesitan saber por qué te sentiste enojado con esa situación. Luego, aparta un tiempo para meditar cómo el enojo puede afectarte tanto a ti como a tus relaciones. ¿Tu enojo cambia la forma en la que te sientes acerca de la persona con la que estás enojado?

Dios, ayúdame con el enojo. Desarrolla paciencia y dominio propio en mí para que pueda seguir mostrando amor a los demás cuando esté enojado.

ACCIÓN

No solo escuchen la palabra de Dios; tienen que ponerla en práctica. De lo contrario, solamente se engañan a sí mismos.

SANTIAGO 1:22 NTV

Cuando vas creciendo en tu relación con Dios, algunos de los deseos naturales que desarrollas son oración, la lectura de la palabra y unirte en comunidad con otros cristianos. Cuando Santiago dijo que había que "poner en práctica", se refería a un tipo de acción que da lugar a la justicia: esperanza para los desesperanzados. Solo unos cuantos versículos después, habla de cuidar a la viuda y los huérfanos: los pobres. Es evidente que estos dos grupos de personas estaban bastante abandonados y con bastante frecuencia los profetas que antecedieron a Jesús llamaban la atención del pueblo de Dios sobre este abandono. Santiago dice algo como al seguir a Jesús nos ponemos del lado de los marginados, los pobres, los quebrantados, porque la fe sin obras está muerta.

¿Cómo puedo ejemplificar este estilo de vida? Tal vez con pasos pequeños, al pensar cómo estamos interactuando con un cajero o con un empleado en un restaurante. ¿Cómo es tu relación con las personas de diferentes orígenes étnicos o incluso con los pobres? Podrás darte cuenta de que otros empezarán a imitar tus acciones, por lo que debes empezar a pensar cómo actúas con justicia.

Dios, dame tu corazón para los quebrantados. Ayúdame a pensar cómo puedo estar de su lado, cómo puedo cuidarlos, porque en realidad, tú eres quien cuida de mí.

AMA PROFUNDAMENTE

Sobre todo, ámense los unos a los otros profundamente, porque el amor cubre muchísimos pecados.

1 PEDRO 4:8 NVI

En ocasiones, escuchar las palabras "sobre todo, ámense" una y otra vez podría sonar como un disco rayado. En realidad es así de simple, pero también es importante reconocer la complejidad de la otra parte del versículo: "el amor cubre muchísimos pecados". Pedro no está tratando de decir "los pecados" nunca ocupan lugar o que de alguna forma deberíamos negarlos. Se trata de una declaración proactiva que, si nos amamos los unos a los otros profundamente y vivimos en un ritmo de amor, podría ser que estemos menos propuestos a ser parte del quebranto por el pecado.

El pecado sigue siendo real y presente, pero el amor es más poderoso. También es una declaración de respuesta en que el amor puede sanar el pecado. No se aleja del hecho de que el pecado realmente sucedió, sino de que el amor tiene el poder para sanar y restaurar. ¿Cómo puede expresarse en tu vida? Vas a cometer errores, de eso no cabe duda, pero si te mueves continuamente hacia el amor, experimentarás sanación y restauración.

Dios, muéstrame tu amor hoy y ayúdame a mostrar amor a los demás.

HOSPITALIDAD

Abran las puertas de su hogar con alegría al que necesite un plato de comida o un lugar donde dormir.
1 PEDRO 4:9 NTV

En la cultura antigua, la hospitalidad era sumamente importante. Decir que era un honor que alguien llegara a ese lugar a cenar no es suficiente. No obstante, en la cultura moderna, pareciera que siempre estamos corriendo. Casi nunca nos detenemos por horas para comer con invitados, en lugar de ello frecuentamos el autoservicio cuando vamos de camino a algún evento. La hospitalidad podría ser un arte que está en sus últimos momentos, pero podemos revivirlo.

Para nosotros es importante ser intencionales cuando interactuamos con invitados que vienen a nuestro hogar sin ponerle importancia a cómo se ven nuestras casas, a lo fabulosas que pueden ser los platillos y sin tomar en cuenta cuánto tiempo se quedarán. Para los seguidores de Jesús, hay algo sagrado acerca de compartir un alimento juntos en una casa con otra familia. Los momentos en los que compartimos el pan, en los que hablamos de la vida y la fe, y todo lo demás que hagamos ahí, se convierten en momentos santos. Haz espacio para tener momentos así. Es interesante que, en el libro de Apocalipsis, Jesús menciona tocar a la puerta para entrar y compartir un alimento. Tal vez tiene que ver con el tema de hoy.

Dios, ayúdame a ser abierto y proactivo al invitar a personas a mi hogar.

HUMILDAD O CONFIANZA

Humíllense bajo el poder de Dios, para que él los enaltezca cuando llegue el momento oportuno.

1 Pedro 5:6-7 NBV

En la cultura estadounidense, pareciera que todos quieren ser los mejores y estar por encima de todo. De hecho, es algo que promovemos. En nuestro ADN se encuentra el deseo de tener éxito y es el aire que respiramos. Generalmente, tratar de estar a la cabeza va en contra de la humildad y la confianza, características que se perciben como débiles o pasivas.

Sin embargo, como seguidores de Jesús, humillarse uno mismo es el inicio del verdadero carácter y de la integridad. Como hombres, es posible que tengamos dificultad con esta situación. Casi siempre queremos demostrarle a los demás que lo tenemos todo, porque si mostramos alguna debilidad, puede que no confíen en nosotros o que no se sientan seguros con nosotros. No obstante, seguimos a Dios, quien, en Jesús, se sometió a sí mismo a la muerte de cruz en humildad. Confiemos en que nuestra humildad nos llevará a una confianza mayor en Dios y mientras tanto, desechamos la inseguridad y seamos honestos de nuestros temores y ansiedades. No tenemos que impresionar a Dios, ¡qué maravilloso!

Dios, acepto que no puedo lograrlo por mis propios medios. Te necesito, no soy invencible. Lléname con confianza.

MUNDANERÍA

No amen este mundo ni las cosas que les ofrece,
porque cuando aman al mundo
no tienen el amor del Padre en ustedes.
1 JUAN 2:15 NTV

Hay tantas cosas en nuestro mundo que son atractivas y es que así debe ser. Fuimos creados a la imagen de Dios, por lo que somos seres con creatividad. La humanidad se ha inventado creaciones realmente únicas. Sin embargo, existen algunas creaciones en el mundo que nos distraen de Dios. En muchas maneras, reflejan lo opuesto del carácter que Dios quiere producir en nosotros. No hay necesidad de hacer una lista, tú sabes cuáles son esas distracciones que alejan tu vida de Dios.

En lugar de buscarlas, piensa en el amor de Dios. ¿Cómo te imaginas que se vería tu corazón al estar tan lleno del amor de Dios que no quería espacio para ninguna de las atracciones del mundo? La meta no es escapar de todo, pues eso produce miedo y separación. La meta es enfrentarnos a los desafíos del mundo y no que nos ganen (ni que nos controlen). ¿Qué puedes hacer hoy para aumentar el amor de Dios en tu vida?

Dios, prepara mi corazón para que esté seguro en ti. Ayúdame a resistir las tentaciones del mundo que me alejan de ti.

DOLOR Y GOZO

Él les secará toda lágrima de los ojos,
y no habrá más muerte ni tristeza ni llanto ni dolor.
Todas esas cosas ya no existirán más.
APOCALIPSIS 21:4 NTV

Como seguidores de Jesús, es importante que vivamos con esperanza sin importar las circunstancias. La esperanza que tenemos en Jesús nos lleva a algo como lo que Juan escribió en Apocalipsis. Vio una imagen que ya no tenía tristeza, todo era gozo. La pregunta es, ¿cómo empezamos a vivir en esa realidad en este momento? ¿Cómo animamos a otros a que entiendan eso también?

A una edad muy temprana, la mayoría de los niños entienden el concepto de gozo y de dolor, pero a medida que crecemos, nos acostumbramos a complicar estas ideas. Trata de imaginar un mundo en donde ya no exista más dolor, sufrimiento ni tristeza. Describe cómo se ve el gozo para ti. Puede ser algo que parece serio o incluso algo chistoso. La idea es empezar a crear el hábito de pensar en el futuro, imaginar un futuro sin nada más que gozo y esto te permitirá empezar a vivir en el futuro desde ahora. Así es como se ve la esperanza en Jesús. ¡Sé creativo!

Dios, desarrolla una esperanza mayor en mí para ver tu reino venir y para que tu voluntad se haga una realidad en la tierra ahora, como es en el cielo. Ayúdame a imaginar un mundo sin dolor.

TODO NUEVO

Y el que estaba sentado en el trono dijo: "¡Miren, hago nuevas todas las cosas!". Entonces me dijo: "Escribe esto, porque lo que te digo es verdadero y digno de confianza".

APOCALIPSIS 21:5 NTV

A todos nos gustan los objetos nuevos: ropa nueva, accesorios nuevos, teléfonos nuevos, vehículos nuevos, no importa de qué se trate, siempre que sea nuevo de paquete. También nos gusta comprar este tipo de novedades, ya sea para nosotros o para alguien con quien compartimos.

Existe una forma diferente de "nuevo" que viene con ser un seguidor de Jesús. Cada día se ve como una nueva oportunidad para crecer en nuestra fe, de encontrar a alguien que tenga necesidad del amor de Dios, o simplemente que tenga necesidad de respirar otro poco de aire. Dios promete que nos hace nuevos en esta vida, incluso al final existe una visión de que Dios hará todo nuevo. Es casi como si Jesús tomara todo lo que está roto y lo restaurara, vuelve a reenfocarlo en su propósito o lo revitaliza. ¿Dónde necesitas tener algo nuevo en tu vida? ¿Qué es eso nuevo que puedes hacer para mostrar tu amor por otros hoy? Considera lo nuevo de cada día, es otra oportunidad para mostrarle a las personas de tu vida cuán especiales son en realidad.

Dios, recuérdame que cada día es una bendición. Sin importar qué desafíos enfrente, ayúdame a nunca olvidar el regalo de la vida.

PEQUEÑOS COMIENZOS

No menosprecien estos modestos comienzos, pues el Señor se alegrará cuando vea que el trabajo se inicia y que la plomada está en las manos de Zorobabel.

Zacarías 4:10 NTV

Las grandes visiones son solo eso. Grandes, enormes, pero cada una de ellas empieza con los pasos más pequeños. La reconstrucción del templo del Señor después de que el pueblo regresó de Babilonia no fue diferente. Antes de arreglar los detalles del interior, estaba el techo; antes del techo estaban los muros; antes de los muros estaba el piso; antes del piso estaban los cimientos. ¿Y los cimientos? Todo empezó con un solo ladrillo que se colocó en el piso.

De acuerdo con Zacarías, fue Zorobabel quien colocó el primer ladrillo del cimiento y quien presuntamente colocó la última piedra. Un ladrillo puede ser algo pequeño, uno muy pequeño, pero fundamental. La vida es muy similar a eso. Los hombres estamos acostumbrados a tener grandes metas para nosotros, pero no sabemos dónde o cómo empezar. Empieza con una meta pequeña y sigue construyendo sobre ella.

Dios, no desprecies las cosas pequeñas. Muchas veces me siento como un pequeño ladrillo en un enorme muro, pero tú ves gozo en esos pequeños inicios porque sin ellos no se podría completar la obra. Ayúdame a estar dispuesto a tomar pasos pequeños.

FAVORITOS

Israel amaba a José más que a sus otros hijos porque lo había tenido en su vejez. Por eso mandó que le confeccionaran una túnica muy elegante.

GÉNESIS 37:3 NVI

El tema de tener favoritos no era nuevo para la familia de Jacob. Su propia madre, Rebeca, lo tuvo como favorito sobre su hermano Esaú. Juntos, engañaron a Isaac para que bendijera a Jacob y le diera el derecho de nacimiento que le correspondía a Esaú. Y cuando Jacob dejó ver que José era su favorito, no sabía que estaba entregando a su hijo a un camino de orgullo y arrogancia. Esto le causó muchos problemas a José con sus hermanos mayores.

Cada persona tiene diferentes dones y talentos que fueron otorgados por Dios. Los seres humanos podríamos vernos tentados a sentir preferencia por algunos de esos talentos pensando que son mejores que otros, pero cuando hacemos algo así, podemos transferir ese favoritismo a ciertas personas en nuestra vida, lo que dejaría malos sentimientos entre los amigos y familiares, y resentimiento hacia nosotros. Los hombres debemos prestar atención a cómo mostramos amor a los que están cerca de nosotros; hagámoslo conforme al propósito con el que Dios los creó.

Padre, tú no tienes favoritos. Revelas tu gracia a todos mediante el sacrificio de tu hijo, Jesucristo. Cuando das diferentes dones y medidas de gracia, tu amor por cada uno es total, completo y perfecto. Ayúdame a amar a las personas de esta misma forma.

ESCUCHA

Escucha, Israel: El Señor nuestro Dios es el único Señor.

Deuteronomio 6:4 NVI

El versículo de hoy es el principio de una oración judía comúnmente conocida como *shema*, palabra hebrea que significa "escuchar". Es la palabra que marca el inicio de la oración porque guía a la persona que ora hacia quien está elevando la oración. El pueblo de Dios, Israel, debe escuchar mientras se describe a Dios: su nombre, naturaleza y carácter.

Somos nosotros los que debemos escuchar porque estamos rodeados de dioses que "no son dioses" (Jeremías 16:20). Debemos llamar a otros para escuchar del "Señor nuestro Dios", el gran y único Señor y libertador para que no se confundan. Los hombres que se dirigen así hablarán con honestidad, claridad y congruencia acerca de quién es Dios. Solo podemos proclamar de esta manera cuando lo conocemos personalmente.

Padre, estoy aquí para escucharte, a ti, al único Dios, el único y verdadero Dios, mi Dios. Eres claro y directo conmigo, dame la misma claridad cuando llame a otros para que escuchen de ti.

AMOR TOTAL

Ama al Señor tu Dios con todo tu corazón, con toda tu alma y con todas tus fuerzas.

Deuteronomio 6:5 NVI

Cuando hemos reconocido quién es Dios (nuestro Dios, el único Dios) es necesario que tomemos una decisión, una acción. La decisión correcta es amar a Dios con todo lo que somos porque el amor es un verbo. Este amor es pleno y completo, todo nuestro corazón, toda nuestra alma y toda nuestra fuerza.

Todos los días, los hombres tenemos la oportunidad no solo de amar al Señor totalmente, sino también de mostrar este mismo amor a los demás, no solo como un acto hacia ellos, sino también como una demostración de amor hacia Dios. Experimentan este amor de corazón cuando ven nuestra emoción, nuestro amor del alma, cuando ven nuestra sinceridad y nuestro amor de fortaleza, cuando ven en nosotros una energía que los contagia. Las personas en nuestra vida aprenden sobre toda la devoción que nosotros rendimos a Dios, ¡así que amémoslos también!

Dios, muéstrame las áreas en mi vida en donde mi amor activo por ti no logra cumplir tus mandamientos. ¿Tengo mi corazón en ti? ¿Estoy sintiendo un amor solo por emoción? ¿Mi amor por ti muestra mi esfuerzo? ¿Estoy trabajando arduamente por amarte con todo lo que soy? Gracias por amarme tanto.

COMPROMISO

Debes comprometerte con todo tu ser a cumplir cada uno de estos mandatos que hoy te entrego.

DEUTERONOMIO 6:6 NTV

Vivimos en una época con demasiados compromisos y mucho de lo que hacemos requiere que nos comprometamos totalmente. Nuestros dispositivos electrónicos dicen que estamos disponibles las 24 horas del día. Las actividades en las que participamos requieren tiempo, dinero y esfuerzo, hoy más que nunca. En cuanto una actividad termina, otra empieza. Muchas veces pareciera que apenas podemos seguir el ritmo.

Dios también tiene un requisito, no para una actividad o disponibilidad, sino para sus mandamientos. Necesitamos comprometernos con ellos, seguirlos y obedecerlos. Como hombres, la manera en la que obedecemos los mandamientos de Dios revela mucho del compromiso que tenemos con Él. Estar comprometido es más que solo saber los mandamientos; también necesitamos seguirlos y comprender que nos mantienen enfocados en Él y que su propósito es protegernos. Cuando muestras tu compromiso total a los mandamientos de Dios sobre los que te rodean, les muestras dónde está tu corazón.

Dios, abre mi corazón a tus mandamientos. Permíteme no solo aprenderlos, sino mantener mi compromiso con ellos y verlos como un regalo que me has dado para mantenerme en armonía con tu voluntad y para protegerme de las complicaciones y la maldad.

REPETIR

Repíteselos a tus hijos una y otra vez. Habla de ellos en tus conversaciones cuando estés en tu casa y cuando vayas por el camino, cuando te acuestes y cuando te levantes.

DEUTERONOMIO 6:7 NTV

La mejor forma de aprender es con la repetición. La mejor forma de aprender es con la repetición. La mejor forma de aprender es con la repetición. (No, ¡no se trata de errores tipográficos!). Estudiamos las palabras para aprender a deletrear. Ejecutar un instrumento musical tiene como base la memoria muscular simple. Conducimos por la misma ruta todos los días para conocer el tiempo exacto en el que solo nos den paso las luces verdes. Muchos de nosotros hemos pasado muchas horas haciendo tiros libres también.

Los mandamientos de Dios no son diferentes. Leemos las escrituras no solo para poder vivir, sino para conocer y entender la manera de vivir de Jesús. Los aprendemos y luego hablamos de ellos, siempre. Nos familiarizamos tanto con la palabra de Dios que fluye desde nosotros y hablamos de ella con las personas cuando tenemos oportunidad. Aprovechamos al máximo cada momento porque trasladar nuestra fe es nuestra tarea principal. Cuando conducimos, cuando nos acostamos, cuando nos levantamos, siempre.

Padre, ayúdame a enamorarme tanto de tu palabra que fluya y contagie de manera absoluta cada conversación con los amigos y los familiares. Quiero estudiar y aprender tus mandamientos una y otra vez para que siempre estén en mi mente.

REPETIR

Átalos a tus manos y llévalos
sobre la frente como un recordatorio.
DEUTERONOMIO 6:8 NTV

A los hombres les encanta mantenerse ocupados haciendo algo. Nos sentimos más cómodos cuando decidimos accionar, ya sea en un juego, en casa, en el trabajo. Nos da temor que otros nos vean como holgazanes. En ocasiones, hacemos tanto que simplemente nos ocupamos y hacemos lo contrario a una actividad valiosa. Pero cuando atamos los mandamientos de Dios a nuestras manos, nuestras acciones se basan en ellos. Caminamos más allá de nuestro entendimiento y los ponemos en práctica. En realidad, servimos a otros y tomamos acción. Llevar estos mandamientos sobre la frente se da cuando somos transparentes acerca de a quién servimos y por qué hacemos lo que hacemos. Hablamos acerca de Jesús y no nos da miedo compartir la motivación de nuestras acciones. Todo esto no se trata solo de ocuparse, sino de darle un valor relevante y valioso a lo que hacemos.

Cuando llevamos los mandamientos de Dios, la gente puede vernos vivir lo que decimos y creemos. Cuando nuestro actuar se basa en estos principios, aprendemos que lo que creemos es más importante que todo lo que simplemente sabíamos académicamente. En lugar de ello, es realmente quiénes somos.

Señor, permíteme actuar según lo que escuche, ame, mantenga el compromiso y repita de tus mandamientos. Todos los días conozco personas que te necesitan, no solo de tus palabras, sino de ti. Como Santiago dice, que mis hechos revelen tu fe. ¡Permite que sean una realidad!

ESCRIBE

Escríbelos en los marcos de la entrada de tu casa y sobre las puertas de la ciudad.

DEUTERONOMIO 6:9 NTV

Tómate unos minutos para ver la ropa que usas. Hay bastante probabilidad de que una de las marcas sea claramente visible para que todos la vean. Somos anuncios comerciales caminantes y es un servicio que damos sin cobrar un centavo. De hecho, pagamos por usar esa marca. Tal vez solo nos guste el estilo o cómo nos queda, pero es probable que la marca signifique algo para nosotros.

Cuando escribimos los mandamientos de Dios en nuestras puertas y marcos, los estamos anunciando. Y Él sí nos pagó por eso. Primera de Corintios 6:20 nos dice que hemos sido comprados por un precio: por la vida de su hijo Jesucristo. Al aceptarlo, lo evidenciamos. Él es nuestra marca y le pertenecemos, no en la forma de una rima pegajosa, sino en la forma de nuestras acciones de amor, misericordia y gracia. Empecemos a mostrar esta marca en casa con nuestros amigos y familia. ¡Mostremos a Cristo!

Dios, cuando me vista hoy, ayúdame a ver cada marca en mi ropa y preguntarme qué dicen esas etiquetas y logotipos de la marca. Luego, dame la presencia de pensamiento para preguntar cómo mis pensamientos, palabras y hechos te revelan a todos los que me vean hoy.

SÉ FUERTE

Sé fuerte y valiente, porque tú entrarás con este pueblo a la tierra que el SEÑOR juró dar a sus antepasados. Tú harás que ellos tomen posesión de su herencia.

DEUTERONOMIO 31:7 NVI

El corazón de Dios está lleno de fuerza y valentía. Aunque sabemos esto por muchas razones, la más conocida es por su hijo Jesús. Dios no solamente entrega a su pueblo un conjunto de reglas y normas que tienen que obedecer, sino que entró a su mundo y participó en las actividades cotidianas. También tuvo dificultades, enfrentó la tentación y conoció el hambre y la sed. Estuvo cansado, trabajó, rio, confrontó el pecado y las actitudes egoístas y es quien sigue con nosotros hasta hoy.

De la misma forma, un hombre que es líder también entra al mundo de quienes lo rodean para animarlos, para trabajar y lograr objetivos junto con ellos. Los instruye desde una perspectiva cercana. Requiere fuerza y valor porque pareciera que es fácil solo dar órdenes y establecer las reglas, pero un buen líder, como Cristo, está cerca de los que dirige y comparten sus desafíos.

Señor, quiero ser fuerte y valiente. Quiero seguir el ejemplo de Jesús y entrar a la vida de quienes lidero. Quiero conocer sus experiencias, sus heridas y sus éxitos. Quiero conocerlos profundamente. Quiero que sepan que estoy con ellos.

SORPRENDENTEMENTE CREADO

¡Te alabo porque soy una creación admirable!
¡Tus obras son maravillosas y esto lo sé muy bien!
SALMOS 139:14 NVI

Este versículo es fácil de contemplarlo para nosotros mismos de forma individual. También podríamos pensar de esa forma con otras personas, pero no siempre, a veces el pensamiento se detiene cuando esas personas dejan de cumplir sus promesas. Por ejemplo, alguien necesita otro favor, este otro amigo otra vez cancela su asistencia, otra persona no paga sus deudas, otro sábado más se va en ayudar a un amigo en su mudanza.

Las personas pueden necesitar mucho de nosotros, pero incluso en esos momentos la verdad de Dios resuena: los humanos fueron creados formidable y maravillosamente.

Padre, tú has hecho a cada persona a tu imagen. En esa imagen has establecido tu propósito e intenciones. Ningún detalle se dejó al azar, cada uno de los aspectos de los humanos a los que les has dado vida refleja tu gloria y revela algo de ti mismo en ellos. Amo los momentos de gozo y es fácil verte en ellos, pero la vida también está llena de desafíos y situaciones inesperadas, a veces incluso de acciones que nos desilusionan, pero ahí también estás. Déjame apreciarte ahí.

BONDAD

La respuesta amable calma la ira,
pero la agresiva provoca el enojo.

PROVERBIOS 15:1 NVI

La bondad es un fruto del Espíritu y es la evidencia de que Dios obra en nosotros cuando el espíritu Santo vive permanentemente en nuestro corazón. Debido a ello, la forma en la que hablamos a las personas puede revelar el grado en el que el Espíritu Santo influye e impacta nuestra vida.

A veces, los que están más cerca de nosotros son los que pueden irritarnos más. Todos tenemos un amigo específico o un familiar que necesita una medida adicional de gracia. Es alguien que puede poner a prueba nuestra paciencia, pero la forma en la que respondemos será proporcional directamente a la medida de gracia que hayamos recibido del Espíritu Santo. Y cuando se trata de la gracia, Dios nos da libremente, que es lo que deberíamos hacer. La bondad requiere que estemos conscientes de que estamos ahí en ese momento y que recordemos que nuestras palabras son poderosas y que las palabras con bondad serán las mejores.

Señor, recuerdo muchas palabras ásperas que me respondieron cuando dije o hice algo. A menudo, esas situaciones escalaron hasta llegar a malentendidos mayores que se convirtieron en sentimientos de revancha, acompañados de palabras hirientes. Ayúdame a reflexionar en esos momentos y dame el deseo de responder de forma que te honre.

NOVIEMBRE
Es por esto que me deleito en
mis debilidades, y en los insultos,
en privaciones, persecuciones y
dificultades que sufro por Cristo.
Pues, cuando soy débil,
entonces soy fuerte.
2 Corintios 12:10 NTV

SÉ REAL

Me acuerdo de tu fe sincera, pues tú tienes la misma fe de la que primero estuvieron llenas tu abuela Loida y tu madre, Eunice, y sé que esa fe sigue firme en ti.

2 Timoteo 1:5 NTV

La palabra "sincera" que usa el apóstol Pablo en este versículo es un término que significa real o sin hipocresía. En realidad, significa que existe una armonía entre lo que dices que eres y quién eres. Es un desafío hacia la autenticidad, hacia estar firme y sin titubeos. Las palabras sorprendente, maravilloso y épico parecen pequeños montes frente a la montaña de la fe auténtica.

La fe auténtica que se vive en el contexto de amigos y familiares nos da esperanza, es una característica para admirar y para seguir. ¡Timoteo la aprendió de su madre y de su abuela! ¿Te gustan los desafíos y tus seres amados necesitan que escales una montaña? ¡Empieza hoy mismo a escalar tu montaña!

Dios, ayúdame a enderezar los caminos torcidos que puedo tener en mí. Hazme una persona auténtica, por dentro y por fuera, que permita que las personas en mi vida puedan ver cómo se aprecia la fe sincera, una relación real entre Jesús y yo.

SÉ APASIONADO

Por eso te recomiendo que avives la llama del don de Dios que recibiste cuando te impuse las manos.

2 TIMOTEO 1:6 NVI

El apóstol Pablo aceptó a algunos hombres jóvenes en su equipo de liderazgo y los trató como si fueran parte de su familia. Uno de ellos era Timoteo, quien tuvo dificultades con las demandas del liderazgo. En 2 Timoteo 1:6, podemos dar un vistazo tras bambalinas de cómo un padre motiva a su hijo para que pueda lograr todo lo que se propone. Pablo usó la metáfora de una llama, una pequeña llama que puede extenderse hasta un gran fuego a la mañana siguiente. Cuando se tiene algunas brasas encendidas, con un poco de esfuerzo puede llegar a ser un incendio voraz. Pablo le dijo a Timoteo que era tiempo de avivar la llama de su corazón. Este fue un momento real de reflexión para el joven pastor. Le estaba preguntando: "¿Todavía existe el amor por Jesús en tu corazón? ¿Así como el que hubo en el pasado?". Pablo le está diciendo: "He visto una fe apasionada en ti. Es hora de dejarla arder grandemente otra vez".

Hombres, tómense un tiempo para recordar cuando sentían pasión por Cristo. Recuerden cuando Él había captado su afecto y las buenas nuevas de Jesús eran todo para ustedes, así también cuando el fuego ardía en su corazón en Jesucristo. Pidámosle a Dios que nos ayude a redescubrir una fe apasionada.

Dios, gracias por encender mi corazón con poder, amor y dominio propio. Ahora te pido que enciendas el fuego, que dejes que un viento fresco de tu Espíritu avive la llama y permita que mi corazón arda por ti una vez más.

SÉ VALIENTE

Pues Dios no nos ha dado un espíritu de timidez, sino de poder, de amor y de dominio propio.
2 Timoteo 1:7 NVI

Los hombres también podemos tener muchos momentos de temor. Puede ser miedo por la incertidumbre de nuestro futuro, miedo por las continuas responsabilidades que se agregan a nuestra lista diaria, miedo por aquellos que amamos que nos rechazan o nos olvidan, o incluso que nos aborrecen. La vida puede estar llena de espacios de temor. Reconozcamos que hay temor, pero no dejemos que nos impida seguir avanzando.

En lugar de ellos, reconozcamos que Dios vive dentro de nosotros y que las herramientas con las que nos ha equipado (poder, amor y dominio propio) son más grandes que el temor. Cuando el miedo llena tu corazón y permites que hasta tus rodillas tiemblen, es tiempo de seguir adelante con el recordatorio de que Dios está contigo y en ti.

Dios, permíteme ser valiente, arriesgado y aventurero en donde tu poder, amor y dominio propio superen mis temores. Mayor es el que está en mí que el que está en el mundo.

SÉ LEAL

Comparte nuestros sufrimientos, como buen soldado de Cristo Jesús. Ningún soldado que quiera agradar a su superior se enreda en cuestiones civiles.

2 Timoteo 2:3-4 NVI

Cuando el apóstol Pablo desafió a su hijo espiritual, el joven Timoteo, a que fuera un hombre de milicia, no le estaba pidiendo que tomara las armas, que se uniera al ejército o que aprendiera a pelear. Lo que le estaba diciendo es que fuera leal. En esos años, muchos de los soldados que peleaban en nombre del imperio romano eran mercenarios. De hecho, legiones enteras eran financiadas con el respaldo de ir a la guerra en nombre de una u otra nación. La historia nos cuenta de ejércitos completos que se cambiaban bandos porque recibían menor remuneración económica.

Los hombres, al ser líderes y creyentes, tenemos ya un compromiso, un juramento al rey Jesús. Esta escritura nos anima a permanecer leales. No nos distraigamos ante lo que parece un mejor trato, no existe otro trato mejor en realidad, pues ya eres parte del equipo ganador. La victoria es nuestra en Cristo Jesús. La muerte ha sido derrotada, el pecado está debajo de nuestros pies y la gloria espera para aquellos que complacen al oficial a cargo. No nos distraigamos, arrodillémonos, sometámonos a la orden que nos dé, seamos obedientes.

Rey Jesús, me humillo ante tu liderazgo. Eres mi comandante en jefe y por eso te entrego el lugar que te corresponde como Señor y Rey. Ayúdame a permanecer leal a ti y a tu llamado.

SÉ INDIVISIBLE

Asimismo ningún atleta puede obtener el premio a menos que siga las reglas.
2 Timoteo 2:5 NTV

Las olimpiadas de Río de Janeiro pasaron por un mal momento cuando hubo denuncias de que la delegación rusa de deportistas supuestamente había abusado del dopaje y hecho trampas para participar. Cuando ellos competían, el público se mofaba de ellos o los abucheaban. Esto no es nada nuevo. Desde los inicios de los juegos olímpicos se conoce de muchos atletas que no competían obedeciendo las reglas. Algunos fueron descubiertos al usar sobornos, hacer arreglos en los marcadores e incluso al intoxicar a sus oponentes para poder ganar ventaja sobre ellos.

La entrada del antiguo estadio en Grecia estaba cubierta con las estatuas doradas de Zeus y otros dioses. Estas estatuas estaban colocadas aquí, no como un tributo a los dioses, sino como un recordatorio para que los deportistas no fueran a hacer trampa. Si había engaño, el atleta podía recibir una paliza pública y después tendría que pagar la enorme suma de una de las estatuas a levantarse en honor de los dioses por la trampa. En la parte inferior de la estatua deberían colocar el nombre del tramposo para inmortalizarlo y se conocería como alguien que no compitió de acuerdo con las reglas. Para ser un atleta verdadero en medio de una cultura que acepta lo contrario, debes ser un hombre de integridad, vivir con una conciencia plena e indivisible. En otras palabras, eres la misma persona dentro y fuera de la pista.

Dios, ayúdame a ser indivisible. Hazme un hombre de integridad, muéstrame cómo puedo crecer y equiparme para la carrera de la fe.

ENSÚCIATE LAS MANOS

Y el agricultor que se esfuerza en su trabajo debería ser el primero en gozar del fruto de su labor.
2 Timoteo 2:6 NTV

El apóstol Pablo amaba comunicar sus palabras con la representación de imágenes mentales. Como un papá espiritual a su joven hijo que estaba en el camino del aprendizaje de pastor, le gustaba que sus enseñanzas fueran memorables y significativas. Una vida de fe y liderazgo es como ser un soldado, un deportista y un granjero. La vida de un soldado está marcada por una búsqueda de gloria. Un deportista busca el sueño del oro, la fama y el honor. Sin embargo, la jornada del agricultor es diferente. No recibe honor ni gloria en el campo, todo es lodo, sudor y lágrimas. No obstante, después de un arduo trabajo, en el tiempo y la temporada correcta, se cosecha y el agricultor es el primero en disfrutarla.

Ser hombre no es cosa fácil. Nos tenemos que ensuciar las manos con el ir y venir de la vida. Trabajamos entre la suciedad y el asco de este mundo caído. Hay estaciones en donde todo es sudor y lágrimas El agricultor esforzado sabe que la cosecha viene y que está a punto de actuar para ser testigo de primera mano. No huyas del trabajo esforzado de ser un hombre. ¡Arremángate y empieza a ensuciarte!

Dios, dame el corazón de un agricultor. Ayúdame a comprender cuál es la estación en la que estoy y a confiar en ti en que la cosecha se acerca.

PREPÁRATE

Timoteo, es bueno que sepas que,
en los últimos días, habrá tiempos muy difíciles.
2 TIMOTEO 3:1 NTV

Cuando el apóstol Pablo escribió sobre los tiempos difíciles en los últimos días, hablaba de las muchas veces que nos encontramos viviendo el ahora. La palabra dificultad viene de un término que se usaba para describir a un animal salvaje, una embestida o un barco en el mar que atravesaba una peligrosa tormenta. En otras palabras, habrá gente y circunstancias que se aproximen en contra tuya. Seguir a Jesús bien está relacionado con navegar en un laberinto completo de relaciones y circunstancias de las cuales ninguna será de comodidad y seguridad. Estas fueron palabras importantes de Pablo a su verdadero hijo en la fe. Era importante que equipara a Timoteo para la vida real.

Esto mismo está sucediendo en nuestro llamado a ser hombres. Es una aventura de desafíos que están empaquetados en acción, de subidas y bajadas, de relaciones reales con conflicto y sanidad, así como de situaciones reales: algunas buenas y otras malas. No solo es nuestra labor como hombres la de navegar en estas experiencias, sino también es parte de nuestro llamado de equipar a otros a hacer lo mismo. Pablo estaba escribiendo desde el calabozo de una prisión en Roma, estaba esperando por su ejecución y estaba solo, con dificultades y extrañando a Timoteo. Esta es una buena palabra para nosotros como hombres. Permitámonos usar nuestras experiencias de vida para preparar y equipar a otros para sus propias batallas.

Padre celestial, dame la sabiduría para ver las oportunidades que tengo en mi vida para preparar a otros para su propia vida. Dame la valentía para enfrentar las tormentas de la vida y mostrarles a mis amigos y familia cómo confiar en ti en medio de sus circunstancias.

MANTENTE ENFOCADO

La gente estará llena de egoísmo y avaricia; serán jactanciosos, arrogantes, blasfemos, desobedientes a los padres, ingratos, impíos.

2 TIMOTEO 3:2 NVI

"El dinero mueve el mundo", dice el viejo dicho. Aunque es cierto que el dinero es necesario para proveer nuestras necesidades básicas, la Biblia nos advierte que el amor al dinero es el primer paso para lanzarse a todo tipo de pecados (1 Timoteo 6:10).

Como hombres, tenemos un fuerte impulso para proveer para nuestras necesidades y las de los demás. Se trata de un deseo natural y no precisamente porque tengamos un sentimiento incorrecto e inherente con el dinero. No obstante, los problemas empiezan a formarse cuando nos enfocamos en el dinero en sí y no en lo bueno que podemos hacer con él. Después de todo, el dinero tiene el propósito de servirnos y nosotros servimos al Señor. ¿Cuáles son otras formas en las que puedes reenfocar tus prioridades para asegurar que tu corazón no está atrapado por el amor al dinero?

Dios, ayúdame a tener una visión bíblica del dinero y ver las riquezas que has provisto como bendición. Permíteme usar tu bendición para bendecir a los demás.

SIGUE ADELANTE

Tú, sin embargo, persiste en las cosas que has aprendido y de las cuales te convenciste, sabiendo de quiénes las has aprendido.
2 TIMOTEO 3:14 NBLA

Cuando se trata de demostrar tu hombría, ¡lo haces genial! Has invertido un buen tiempo en tus amigos y familia, así como te has dedicado a tu carrera en tiempo y esfuerzo, además de que has dedicado tiempo a la oración de rodillas y a buscar la presencia del Señor. Hoy, cobra ánimo. Estás haciendo un trabajo excelente. Ser un hombre se siente a veces como un combate de boxeo, pero sea lo que estés haciendo, no te rindas.

El joven Timoteo, un pastor y líder de una iglesia del Nuevo Testamento, quería renunciar. Su llamado era difícil, pero su padre espiritual le dio estas palabras de sabiduría: "Sabes quién eres. Sabes qué es lo que hay en tu vida, así como sabes lo que hay en la mía". Sabes quién eres y Dios te ha llamado. Sabes qué es lo que hay en tu vida, así que vuelve a enfocar tus valores y recuerda lo que es importante. Hoy regresa a la pelea nuevamente.

Dios, habla hoy a mi identidad y úsalo para llamarme nuevamente al ruedo. Ayúdame a seguir adelante. Confío en ti, guíame.

LA PALABRA

Toda Escritura es inspirada por Dios y útil para enseñar, para reprender, para corregir, para instruir en justicia.
2 TIMOTEO 3:16 NBLA

No existen muchos hombres que se sientan adecuadamente equipados para el llamado. Estamos creciendo, aprendiendo y estamos siendo transformados, pero en verdad, los hombres seguimos sintiendo el peso de la vida, ¡es pesada! Se trata de un tema muy serio. En medio de los cambios, la transformación continua, el caos de las relaciones y las penas al crecer, Pablo le recuerda al joven Timoteo que existen dos elementos que nunca cambian: la palabra de Dios y su regalo de la salvación por medio de Jesucristo. Sin importar a dónde te esté lanzando tu travesía, aprende a sujetarte fuertemente a estos dos factores inamovibles.

Permite que la palabra de Dios sea tu guía diaria. Permite que te forme y que te fortalezca para el llamado a la masculinidad. Sujétate fuertemente al regalo sorprendente de tu salvación. Ya no eres tú mismo, pues tu vida ahora está escondida en Cristo. Estás seguro en Él. Sin importar lo que se aproxime hoy, elige escuchar su palabra y aferrarte a aquel que te sujeta con firmeza.

Dios, permite que tu palabra santa guíe mi día, que me equipe para ser un buen hombre piadoso a causa de Jesucristo.

LO MÁS IMPORTANTE

Predica la palabra de Dios. Mantente preparado, sea o no el tiempo oportuno. Corrige, reprende y anima a tu gente con paciencia y buena enseñanza.
2 TIMOTEO 4:2 NTV

Cada hombre cuenta una historia. Con la vida que llevamos, la forma en la que manejamos los recursos y cómo dejamos huella en las relaciones que tenemos en la comunidad también dejamos un ruido y una marca. Tú también eres así. ¿Qué historia le estás contando a tu mundo?

En el versículo anterior, Pablo le enseñaba a Timoteo de la importancia de conectar nuestra historia a la historia de Dios y de permitir que el ruido que hacemos sea el mismo ruido de Dios. Este joven pastor estaba recibiendo ánimo para que mantuviera como lo principal, aquello que realmente es lo principal. El ánimo que recibía era para que abriera su corazón y se preparara para que Dios lo usara. Finalmente, el recordatorio que recibía era que todo lo que hubiera aprendido, que lo usara para seguir construyendo a los que viven a su alrededor. ¿Cómo puedes conectar la palabra de Dios a tu historia hoy? ¿Cómo Dios puede usarte para ver su historia ampliada en tu mundo? ¿Cómo puedes tomar su palabra y usarla para animar a tus amigos y familia, para construirlos y conectarlos con la historia de Dios?

Dios, hazme un hombre de tu palabra y cuando la lea, permite que ella lea mi vida. Haz que tu palabra esté viva en mí para que pueda aprender tus caminos y ayudar a otros a que la descubran.

NO SIGAS A LA MULTITUD

Llegará el tiempo en que la gente no escuchará más la sólida y sana enseñanza. Seguirán sus propios deseos y buscarán maestros que les digan lo que sus oídos se mueren por oír. Rechazarán la verdad e irán tras los mitos.

2 Timoteo 4:3-4 NTV

Los padres aman ver que sus hijos destacan. Se emocionan cuando logran hacer un gol en los juegos de fútbol, cuando hacen una asistencia en los partidos de hockey o cuando brillan en el papel estelar de la obra escolar. Les encanta ver a sus hijos deslumbrar y se emocionan cuando destacan de lo ordinario a lo extraordinario. En pocas palabras, les encanta cuando sus hijos van en contra de la corriente. El apóstol Pablo estaba pronosticando un momento en el futuro cuando su joven hijo Timoteo pudiera estar bajo la presión para ser parte del fluir abrumante de su cultura. La presión para correr con todos suena bien, pero entonces la brillante luz del llamado de Timoteo se extinguiría.

Así como un buen entrenador en los vestidos, Pablo veía a su jugador estrella a los ojos y los inspiraba para que volviera a salir al campo y lograr la victoria. Timoteo recibió el desafío de vestirse para el encuentro y de hacer su mejor esfuerzo. Es tiempo de brillar. Qué hermosa palabra para nosotros. La presión ahí está y la cultura está presionando, pero nosotros fuimos hechos para mucho más. Tú fuiste hecho para mucho más.

Padre, gracias por hacerme único, especial y específico en mi llamado. Ayúdame a brillar para ti hoy.

TERMINA EL TRABAJO

Ocúpate en decirles a otros la Buena Noticia y lleva a cabo todo el ministerio que Dios te dio.
2 Timoteo 4:5 NTV

A los hombres les encanta ser prácticos. Nos encanta ver que nuestro equipo se mueva, esté activo y que participe en las realidades prácticas de la vida, ya sea en deportes, trabajo o en la familia. Como seguidores de Jesús, somos llamados a hacer lo mismo. Cuando el apóstol Pablo escribió a su hijo Timoteo, lo incentivó a mantener el mensaje vivo, con lo que le decía que era hora de ser práctico. No estaba hablando de predicar, sabemos eso porque solo un par de versículos antes le había instruido a este joven pastor a predicar la palabra (versículo 2).

No, en este versículo en especial, estamos siendo desafiados como creyentes a asegurar que nuestro mensaje tenga manos y pies. Así como Jesús vino a servir y a demostrar las buenas nuevas, también nosotros hemos recibido el mismo llamado. De esta manera, hoy busca formas prácticas y tangibles de expresar el mensaje que proclamamos. Muestra a los que te rodean que no solo somos un grupo de personas con un libro, sino que ¡somos un grupo de personas con una misión!

Dios, eres sorprendente. Gracias porque no todos necesitamos ser predicadores. Muéstrame hoy formas prácticas y útiles para que pueda demostrar, en amor, el reino de Dios a mi mundo.

OJOS EN EL GALARDÓN

He peleado la buena batalla, he terminado la carrera, me he mantenido en la fe. Por lo demás me espera la corona de justicia que el Señor, el Juez justo, me otorgará en aquel día; y no solo a mí, sino también a todos los que con amor hayan esperado su venida.

2 Timoteo 4:7-8 NVI

Posiblemente, no vamos a encontrar un versículo tan varonil como el que leemos en 2 Timoteo 4:7-8. El apóstol Pablo considera que su vida ha sido una contienda de lucha. Para nosotros también, pues hemos pasado muchos días así. Algunos se convierten en una lucha real, como cuando un amigo te trata de hacer una llave en son de broma. Algunos días, la lucha toma niveles profundos, espirituales y de transformación. Es difícil, crudo y sucio, pero fuimos hechos para estar en la pelea.

Nuestra travesía también es muy parecida a una carrera de larga distancia. Tal vez te gusta practicar el atletismo y conozcas bien cómo crear tu estrategia, cómo organizar tu energía y cómo esforzarte para encontrar la fuerza interior que te presione para llegar a la meta final. Hombres, escuchen, estamos en mejor condición y somos más fuertes de lo que creemos. Fuimos hechos para pelear y estamos diseñados para tomar esa carrera. La clave para el éxito es mantener fijos los ojos en el galardón y los oídos sintonizados con el entrenador. La corona de justicia nos espera y tu entrenador, el rey Jesús, es quien te anima, te da las instrucciones y quien comparte su experiencia. No dejes de esforzarte y no dejes de correr.

Rey Jesús, lléname con valentía para pelear la buena batalla, para llenar mi alma de energía y poder seguir corriendo hoy. Ayúdame a tener fija la mirada en el premio.

HERMANDAD

Pero el Señor estuvo a mi lado y me dio fuerzas para que por medio de mí se llevara a cabo la predicación del mensaje y lo oyeran todos los paganos.

2 Timoteo 4:17 NVI

En las guerras antiguas, no había nada más importante que el hombre que estaba a tu lado. Cuando las tropas romanas se preparaban para defenderse contra las flechas que venían por el aire, formaban un denso muro y cada escudo del soldado cubría al hombre que estaba a su derecho. Dependías completamente del hombre que se encontraba a tu izquierda, por lo que él se convertía en tu escudo y tu defensor.

Es tiempo de tener buenos hombres alrededor de nosotros. Esta pelea de fe es monumental, extremadamente peligrosa y feroz como para ir solos a la batalla. Sí, queremos que el Señor esté de nuestro lado, pero parte de cómo diseña el discipulado es que nos mantenemos firmes, un hermano al lado del otro. Cuidan de nosotros y nosotros cuidamos de ellos. No fuimos diseñados para estar solos en esto. ¿Sabes si hay algún hombre a tu lado que te cubre con su escudo, que pelea por ti, que te incentiva y hasta protege tu espalda? Si conoces a alguien así, alaba a Dios por ese hombre o aquellos hombres que cuidan de ti. Si no conoces a alguien así ahora, es momento de pedirle a Dios que acerque a este tipo de hombres a tu vida.

Dios, ayúdame a alcanzar a otros hombres hoy. Quiero estar firme al lado de otros hombres que pelean en la buena batalla de la fe. Conéctame con hombres de valor, honor e integridad.

TODO LO QUE NECESITAS

El Señor esté con tu espíritu. Que la gracia sea con ustedes.
2 Timoteo 4:22 NVI

Otro día descabellado en la vida de un hombre. Conducir, trabajar, seguir conduciendo, los amigos, la familia, la iglesia y los deportes. Toquemos suelo por un momento: es muchísimo qué hacer, no se detiene y es difícil. Todo esto es como una partida de lucha libre. Es una carrera de larga distancia. ¡La vida puede sentirse demasiado ocupada! El apóstol Pablo, en las partes concluyentes de su vida en el ministerio, dejó una última palabra para su joven hijo espiritual, Timoteo. Este pastor novato, abrumado por su llamado, su debilidad y sus limitaciones, seguramente debía tomar un profundo respiro cuando el apóstol experimentado le entregó el liderazgo del movimiento evangelístico. En la última oración de su carta final, Pablo le dice a Timoteo que todo lo que necesita para todo lo que viene se encuentra en dos pilares: en la presencia de Dios y en la gracia de Dios.

Hombres, aprendamos a depender de estos dos pilares importantes hoy. Dios está con nosotros, así como su gracia que nos defiende. Nuestros recursos serán limitados, pero los de Él no lo son. Nuestra capacidad emocional es pequeña y nuestra capacidad de luchar contra la tentación y el pecado es diminuta, pero su gracia es enorme, es robusta, es suficiente. Hoy tu desafío es recordarte de la implacable y duradera presencia de Jesús y aceptar su gracia en tu vida.

Dios, ayúdame a respirar profundamente y en lugar de estresarme o abrumarme, permíteme darme cuenta de que estás conmigo, estás en mí y que tu gracia está sobre mí.

NUEVAS SORPRENDENTES

"Se ha cumplido el tiempo —decía—.
El reino de Dios está cerca.
¡Arrepiéntanse y crean las buenas noticias!".
MARCOS 1:15 NVI

Dios está cerca, realmente cerca. Está a solo una decisión de distancia. ¿Alguna vez pintaste las paredes cuando eras niño, pero al momento de limpiar simplemente no fuiste capaz de hacer el trabajo? Tal vez tuviste que acercarte con lágrimas en los ojos y decir: "Papá, ayúdame".

El arrepentimiento es un hermoso regalo. Es simple, es un momento en donde te dirige el espíritu para darte cuenta de que no tenemos la capacidad de lavar los muros de nuestra vida. Entonces, por la gracia sorprendente de Dios, simplemente giramos y en ese momento nos damos cuenta de que Dios está cerca. El rey y su reino están al alcance de nuestra mano. La ayuda de nuestro Abba Padre ha llegado.

Dios, no puedo creer que estés tan cerca. Lamento que siempre trate de hacer todo en mis propias fuerzas. Perdóname y permite que el poder de tu reino venga a mi vida.

COSAS NUEVAS

Al pasar vio a Leví, hijo de Alfeo, sentado a la mesa de recaudación de impuestos. "Sígueme" —dijo Jesús. Y Leví se levantó y lo siguió.

MARCOS 2:14 NVI

Jesús llamó a Leví para que fuera su discípulo a pesar de que no le caía bien a nadie, de que no confiaban en él porque nadie se relacionaba con los recolectores de impuestos, como era el caso de Leví. Es sorprendente que alguien tan despiadado podría ser tan bienvenido a una comunidad religiosa. Sin embargo, detrás de todo este escenario hay una gran historia. Leví se identifica como el hijo de Alfeo. Existe una gran probabilidad de que Leví se convirtiera en un recolector de impuestos porque su familia era comerciante. Leví era quien era porque su padre era quien era. Luego Jesús entra en la escena y llama a este publicano para invitarlo a ser parte de otra historia. Leví aceptó y nunca más fue identificado como el hijo de Alfeo. Esta es una historia que libera de una forma increíble, pero que también es igual de desafiante.

Primero, los hombres no necesitamos ser definidos por quiénes fueron nuestros padres ni cómo nos criaron. Segundo, debemos enfrentar la realidad de nuestra vida y el impacto que tenemos sobre los que están cerca de nosotros. Necesitamos desesperadamente a Jesús para que nos llame a ser parte de una nueva historia y para que nos equipe solo para seguirle.

Señor Jesús, gracias por el bello llamado que me diste para seguirte. Quiero vivir en tu historia hoy. Gracias porque no me defines por mi pasado, sino que tu llamado me atrae a nuevas historias.

BIENVENIDO A LA FAMILIA

Cualquiera que hace la voluntad de Dios es mi hermano, mi hermana y mi madre.

MARCOS 3:35 NVI

Cada familia tiene problemas, incluso la de Jesús. Sopesa la situación por un momento y es posible que te dé cierta alegría y un ánimo profundo que la escritura nos dé este sencillo pensamiento. Jesús, el hijo de Dios, tenía una familia disfuncional. No todo era como la imagen perfecta para un Instagram. Jesús estaba muy ocupado con su ministerio, con la capacitación de sus discípulos, con la enseñanza de su reino y con la sanidad a los enfermos. Las multitudes lo seguían y todos se emocionaban. Bueno, todos, menos la propia familia de Jesús. Su respuesta es sumamente impactante: "Cuando se enteraron sus parientes, salieron a hacerse cargo de él, porque decían: 'Está fuera de sí'" (Marcos 3:21). Después que se calmaron las aguas, Jesús explicó a sus seguidores que su movimiento, su reino emergente, así como su comunidad, familia y pertenencias, se estaban redefiniendo.

Para estar en la familia de Jesús, la prioridad debe ser descubrir y hacer la voluntad de Dios. Como hombres es fundamental que recordemos cómo funciona la familia en el reino. Necesitamos asegurarnos de que estamos ayudando a las personas en nuestra vida, primero para descubrir y segundo para hacer la voluntad de Dios. En ocasiones, esto podría significar definir nuestros planes, nuestro liderazgo y nuestra comprensión fuera del camino.

Señor, gracias por mi familia y amigos. Son un regalo y quiero honrarlos. Como hombre, ayúdame a buscar apasionadamente tu voluntad y darme el valor para ayudar a otros a hacer lo mismo.

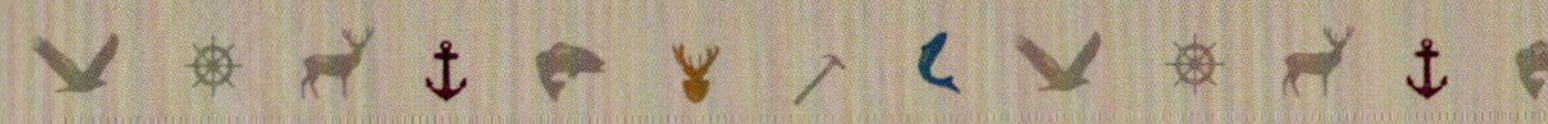

JESÚS, MESÍAS

—¿Por qué tienen tanto miedo?
—dijo a sus discípulos—. ¿Todavía no tienen fe?
MARCOS 4:40 NVI

El pueblo de Israel tenía una relación de amor y odio con el agua. Habían sido liberados por medio del mar Rojo durante el Éxodo, pero su temor a las profundidades seguía vigente desde la inundación en tiempos de Noé. Mientras esperaban a que llegara el Mesías prometido, un hombre llamado Isaías predijo su venida y su relación con el agua: "Cuando cruces las aguas, yo estaré contigo; cuando cruces los ríos, no te cubrirán sus aguas" (Isaías 43:2).

Cuando Jesús permaneció en la popa del bote después de calmar la tormenta y de amonestar a los discípulos, lo que estaba haciendo era llevarlos a las promesas de Isaías sobre su liberación. En esencia estaba diciendo: "¿Todavía no lo entienden? Soy el prometido y como tal, puedo encargarme de una pequeña tormenta sobre el mar". Los discípulos necesitaban conectar las promesas en la palabra con el prometido que se mencionaba en la palabra. Hombres, tomemos a Jesús en su palabra, no tenemos que amedrentarnos ante ninguna tormenta. Él estará con nosotros.

Señor y Dios, gracias por enviar a tu mesías, el rey Jesús. Toma mis temores de la tormenta en mi vida y permite que tu presencia redentora sea real para mí hoy.

CUENTA LA HISTORIA

Jesús no lo permitió, sino que le dijo: —Vete a tu casa, a los de tu familia, y diles todo lo que el Señor ha hecho por ti y cómo te ha tenido compasión.

MARCOS 5:19 NVI

La narración de las historias siempre han sido el vehículo principal para transferir la fe de una generación a la siguiente. Sin embargo, en nuestros tiempos, la tradición se ha convertido en un arte perdido. Muchas veces los padres o los abuelos fracasan en ayudar a conectar la vida de sus hijos con las buenas nuevas de Jesús. En realidad, esta situación se aleja del mero plan de Dios de mostrar las escrituras a su pueblo. El salmista explica: "a la próxima generación le contaremos de las gloriosas obras del Señor, de su poder y de sus imponentes maravillas" (Salmos 78:4). Nuestra responsabilidad es contar las historias de fe a la siguiente generación.

No tienes que ser un padre o abuelo para ser parte de la narrativa. Tampoco tienes que ser un egresado de la facultad bíblica, ni un ministro ordenado. Solo necesitas descubrir tu propia historia nuevamente. Tómate hoy un tiempo para contarles a tus seres amados sobre las maravillas que Dios ha hecho en tu vida.

Señor, eres sorprendente. Gracias por las muchas formas en las que has cambiado mi vida. Dame una pasión renovada para contar historias a la siguiente generación: historias de esperanza, historias de provisión e historias de misión.

ENVIADO

Reunió a los doce y comenzó a enviarlos de dos en dos, dándoles autoridad sobre los espíritus malignos.

MARCOS 6:7 NVI

¡Qué situación tan trascendental para estos jóvenes comunes cuando recibieron el llamado de ser seguidores de Jesús! La mayoría eran trabajadores de bajo rango, sin muchas destrezas ni estudios bíblicos y dañados por el legado cultural negativo. Eran hombres de Galilea, es decir, ciudadanos de segunda clase, por decirlo así. Eran personas sin la calificación mínima para llevar a cabo la tarea que les esperaba. No tenían experiencia, ni educación ni madurez. Lo más sorprendente acerca de la generosidad de Dios es que no solo nos invita a que seamos parte de su trabajo, sino que abundantemente provee todo lo que necesitamos para vivir en una misión con Él. Los discípulos, prácticamente eran compañeros de aventura que oraban juntos, que podían darle respaldo y cuidado. También proveía espiritualmente la capacidad de terminar lo que empezaban. Se necesita de ciertas herramientas para la construcción del reino y el rey generosamente las suple.

En tu vida has recibido un llamado gigantesco. Recuerda que no tienes experiencia, que eres una obra en progreso y que no tienes las más mínimas calificaciones para hacerlo. La buena noticia es que cuando el rey llama, el rey suple. Todo lo que necesitas hoy puedes encontrarlo en Él, así que pídele a Dios que te muestre hoy su generosidad. Has sido llamado, por lo que estarás equipado.

Señor, sustituye mis dudas, mis temores y mis sentimientos de carencia con un sentido profundo del llamado, una confianza profunda de que tú me has enviado. Te veo para que suministres todos los recursos que necesito hoy para terminar el trabajo.

SIN TEMOR

No temas, porque Yo estoy contigo; no te desalientes, porque Yo soy tu Dios. Te fortaleceré, ciertamente te ayudaré, sí, te sostendré con la diestra de Mi justicia".

ISAÍAS 41:10 NBLA

Cuando te enfrentas a un temor (puede ser miedo al futuro, miedo a que no puedas proveer o incluso miedo al fracaso) ten en mente que no estás solo. Dios ha prometido que estará contigo y que te ofrecerá la fuerza que necesiten. Él te sostendrá y te protegerá. Puedes encontrar refugio en su presencia.

Como un niño que corre hacia su padre cuando le teme a algo, así debes correr hacia Dios cuando tienes temor. Él te abrazará fuertemente y te recordará de su presencia perfecta, poderosa e inmutable.

Dios, ayúdame a tener la voluntad de venir ante ti con mis temores. Gracias porque has prometido ser un refugio para mí. Ayúdame a encontrar consuelo, ánimo y fortaleza a través del descanso en tu presencia.

DAR GRACIAS

Y todo lo que hagan o digan, háganlo como representantes del Señor Jesús y den gracias a Dios Padre por medio de él.
COLOSENSES 3:17 NTV

En ocasiones, el tema del cristianismo queda relegado a ir a la iglesia, pronunciar una oración antes de los alimentos o tal vez a leer la Biblia de vez en cuando. Todos esos son elementos buenos, los cuales deberían ser parte de la fe de cada persona. No obstante, de acuerdo con el versículo que vemos hoy, todos nosotros estamos aquí para reflejar la imagen de quién es Jesús realmente. Todo lo que hacemos y decimos debe mostrar gratitud.

Pareciera tratarse de una tarea imposible, pero en realidad es una ciencia. Los humanos practicamos la gratitud desde la mente y en la forma de hablar. Esta práctica lo que hace en realidad es reconectar las vías cerebrales de una forma que se sientan capacitados para vivir plenamente bajo el lente de la gratitud. Piensa en manejar un diario de agradecimiento o bien, practicar la gratitud con palabras una o dos veces al día con las personas en tu vida. De esta forma verás si cambia algo en ti. Puedes ser la persona en su vida que puede ser la mejor imagen de Jesús para ellos. No tomes esto a la ligera. ¡Que tengas una excelente jornada de gratitud!

Dios, capacita mis pensamientos y mi forma de hablar para que sea tan agradecido que pueda reflejar el corazón y el carácter de Jesús.

AVARICIA

¡Tengan cuidado! —advirtió a la gente—. Absténganse de toda avaricia; la vida de una persona no depende de la abundancia de sus bienes.

LUCAS 12:15 NVI

¿Alguna vez has ido de compras en esos días llamados de *Black Friday*? Tal vez has tenido que esperar en pasillos llenos de personas con la esperanza de que podrás llenar tu carrito de compras con todo lo nuevo y genial que hay. ¡Es un caos! Todo porque queremos comprar cosas al precio más bajo. Vivimos en una cultura en la que se cree que más es mejor: una cultura que nos dice que, si podemos tener las cosas correctas, seremos felices y estaremos satisfechos. Sin embargo, ¿no será que nuestra cultura está equivocada?

La realidad es que dentro de los siguientes 12 a 24 meses, la mayoría de las cosas que compraste este año en viernes negro estará quebrado, lo habrás desechado o ya no lo estarás usando. En lugar de esto pensemos, ¿cómo podemos dar mejores regalos que no vayan a perder su valor con el tiempo? ¿Has pensado para esta Navidad cómo tú y los tuyos pueden dar regalos que ayuden a compartir el verdadero mensaje de la Navidad con los demás? No solo estarás compartiendo el regalo del evangelio con otros, sino también estarás creando recuerdos, recuerdos que permanecerán durante toda su vida.

Dios, protégeme de la avaricia de tener más cosas. Ayúdame a conocer mi identidad como seguidor de Cristo. Ayúdame en esta época para compartir el verdadero mensaje de la Navidad.

RESTAURACIÓN DE RELACIONES

No me alejes de tu presencia ni me quites tu Santo Espíritu.
Devuélveme la alegría de tu salvación;
que un espíritu de obediencia me sostenga.
SALMOS 51:11-12 NVI

¿Puedes escuchar el lamento de este corazón que clama en estos versículos? No me alejes. Sé que estaba mal, pero quiero permanecer en tu presencia. "Límpiame de mi pecado", dice el salmista unos versículos antes (v. 2). Sabía que la relación se había roto.

El salmista sabía que no había nada peor que ser desterrado de la presencia y la comunión con el Señor. Sin embargo, también sabía que la forma en la que podía restaurar su relación era mediante la búsqueda del perdón, la súplica de misericordia de un Dios amoroso. Hoy, descansa seguro que tu amoroso padre celestial quiere que te mantengas en una relación con Él como tú quieres mantener una relación con tus hijos.

Padre, gracias por Jesús y porque me ha dado una relación restaurada contigo sin importar lo que yo haya hecho. Restaura mi gozo en tu salvación. Permíteme estar pleno en relación contigo. Muéstrame dónde está la impureza y límpiame.

COMPROMISO FIEL

Jesucristo es el mismo ayer, hoy y siempre.

HEBREOS 13:9 NTV

Jesús nunca ha dejado un proyecto sin terminar. Nunca empezó una temporada para dejarla abandonada porque se aburriera con el deporte. Su bodega no está llena de compras impulsivas de último minuto que haya comprado por televisión y que usara solo una vez y nunca más volviera a usarla. Jesús y su misión son los mismos ayer, hoy y siempre.

Ánimo, que el Salvador sigue con planes para ti. Puede ser que no tengas el vehículo de último modelo ni la ropa de última moda, pero Jesús sigue comprometido con su relación contigo y cumple su plan para tu vida. ¡Está comprometido contigo!

Jesús, gracias por quedarte conmigo, incluso en mis días más oscuros. Nunca me has dejado y nunca cambiarás tus planes por mi bienestar. Permite que sea fiel en tu fidelidad.

AFIRMACIÓN DE LOS DEMÁS

Y este es mi mandamiento: que se amen los unos a los otros como yo los he amado.

JUAN 15:12 NVI

Es fácil amar a los que ya nos aman. Lo difícil es amar a aquellos que se comportan con mezquindad. A pesar de ello, nos dieron un mandamiento, el de amar a los demás como hemos sido amados. Mientras Jesús hablaba esto con sus discípulos, puede ser que ellos hayan recordado que eran mentirosos recolectores de impuestos o sucios pescadores cuando Cristo empezó a amarlos.

Amar a otros como Cristo los ha amado a ustedes. Amar a tu compañero de trabajo que hizo trampa para obtener el ascenso que tú te merecías. Ama a tu vecino cuando pises el regalo que te dejó su perro. Ámense los unos a los otros como Cristo los amó.

Jesús, ayúdame a amar a quien es imposible amar. Ayúdame a obedecerte al amar como tú has amado, al amar a aquellos que parece que no se lo merecen. Gracias por amarme como soy.

ADORACIÓN

Guarda tus pasos cuando vas a la casa de Dios, y acércate a escuchar en vez de ofrecer el sacrificio de los necios, porque estos no saben que hacen el mal. No te des prisa en hablar, ni se apresure tu corazón a proferir palabra delante de Dios. Porque Dios está en el cielo y tú en la tierra; por tanto sean pocas tus palabras.

HEBREOS 13:9 NTV

Muchas veces hablamos sin pensar. Se hace realidad el que hablamos con el pie en la boca. En ocasiones, apenas han pasado uno o dos segundos después que han salido nuestras palabras; en otras, pasan días cuando retrocedemos en la conversación y nos damos cuenta por qué aquella persona está molesta. La advertencia aquí es mantener ese pie lejos de la boca delante de Dios. ¿Nos creemos santos al entrar a la casa de Dios para adorarle, aunque hayamos pasado nuestras semanas en un pecado sin haberlo confesado? ¿Nos apresuramos a decirles a otros cómo deberían vivir y amar, aunque ignoramos nuestro propio consejo?

Servimos a Dios de los cielos que nos conoce completamente. Saber esto nos da gran libertad. También es de gran consuelo saber que podemos entrar en adoración porque Dios nos conoce y nos ama a pesar de todo. Seamos sinceros en nuestra adoración.

Dios, ayúdame a mantener pocas palabras y que mi adoración sea auténtica, permite que mi sinceridad se derrame delante de ti.

ACCESO AL TRONO

Teniendo, pues, un gran Sumo Sacerdote que trascendió los cielos, Jesús, el Hijo de Dios, retengamos nuestra fe. Porque no tenemos un Sumo Sacerdote que no pueda compadecerse de nuestras flaquezas, sino Uno que ha sido tentado en todo como nosotros, pero sin pecado. Por tanto, acerquémonos con confianza al trono de la gracia para que recibamos misericordia y hallemos gracia para la ayuda oportuna.

HEBREOS 4:14-16 NBLA

Todos queremos tener acceso especial: derechos administrativos, pases con acceso a todos los servicios, condición VIP o la llave a la habitación presidencial. Por medio de Cristo Jesús, nos han dado algo mucho mejor que todos esos privilegios. Se nos ha concedido acercarnos al trono de Dios. Podemos caminar ahí como si estuviéramos en nuestra casa y podemos acercarnos al trono de la gracia con confianza. Es un lugar en el que no nos atemoriza no pertenecer ni donde otros piensen que nuestras credenciales no son suficientes.

Lo maravilloso aquí es que no dependemos de esas credenciales, sino de las de Cristo. Nos ha otorgado acceso al trono donde recibimos misericordia y gracia, exactamente lo que necesitamos. Todo lo que necesitamos hacer es entrar y pedir. Entremos, ya nos han dado acceso.

Dios, permite que me acerque con confianza a darte mis peticiones. Gracias, Jesús, por darme el acceso al trono de Dios. Permíteme entrar delante del trono en plena admiración, pero con el conocimiento de que es el lugar al que pertenezco gracias a lo que tú has hecho.

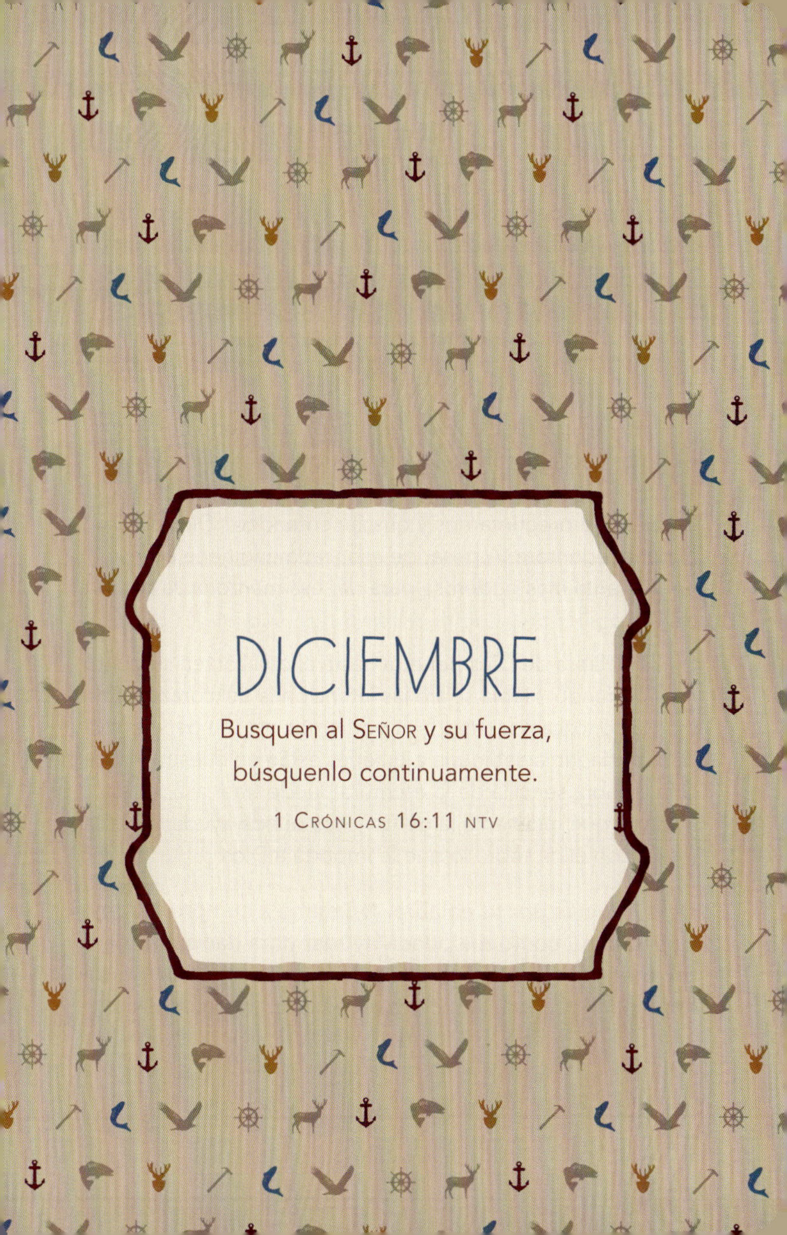

DICIEMBRE

Busquen al Señor y su fuerza,
búsquenlo continuamente.

1 Crónicas 16:11 NTV

CORTE DE CORAZÓN

Porque la palabra de Dios es viva y eficaz, y más cortante que cualquier espada de dos filos. Penetra hasta la división del alma y del espíritu, de las coyunturas y los tuétanos, y es poderosa para discernir los pensamientos y las intenciones del corazón.

HEBREOS 4:12 NBLA

Una de las situaciones más difíciles para todo hombre es tratar de trasladar nuestra fe a otros. Muchas veces nos sentimos inadecuados, sin preparación, en especial cuando empiezan a preguntarnos y buscan entender a Dios con su historia redentora. A pesar de eso, cada uno tiene acceso a la herramienta más poderosa para dar esa mentoría: la palabra de Dios.

La palabra de Dios penetra hasta el corazón en su punto más profundo. Habla sobre las intenciones del corazón. Entre más la conozcamos, más fácil podremos usar su perspectiva para trasladar la sabiduría a quienes están en nuestra vida. Una palabra sencilla de la escritura puede traer a la luz los motivos que mueven a la gente y nos puede ayudar a hablar mejor con ellos sobre lo que le importa a Dios.

Dios, gracias por tu palabra. Ayúdame a comprender mejor tu palabra y cómo me puede ayudar para dar mentoría a quienes me rodean. Permite que tu palabra me lave y me llene para que esté lleno y pueda compartir con otros.

INTEGRIDAD

Si nos arrojan al horno ardiente, el Dios a quien servimos es capaz de salvarnos. Él nos rescatará de su poder, su majestad; pero aunque no lo hiciera, deseamos dejar en claro ante usted que jamás serviremos a sus dioses ni rendiremos culto a la estatua de oro que usted ha levantado.

DANIEL 3:17-18 NTV

Sadrac, Mesac y Abednego se enfrentaron a la muerte cuando mantuvieron su firmeza ante la única persona que podía haberlos liberado. Solo se necesitaba una palabra para que el rey Nabucodonosor hubiera mandado a apagar el horno y los hubiera dejado libres y felices. Sin embargo, los tres, en lugar de ceder, se aferraron mucho más al Dios al que servían. Su firmeza se basaba en esa certeza que venía de caminar de la mano con Dios, pusieron su esperanza exclusivamente en Él.

Qué fácil es para nosotros ceder para tener una vida más fácil. La integridad de estos tres hombres es sorprendente. Solo tenían que arrodillarse, eso era todo para que los liberaran. Dios hubiera conocido la verdad de sus corazones, pero ellos también sabían que, ante Dios, su integridad podría ser más importante que su propia vida. También nosotros podemos tener este tipo de resolución cuando encaramos el declive moral que nos rodea. Mantente firme con la convicción de que Dios es fiel, a pesar de las circunstancias.

Dios, gracias por el ejemplo de integridad de los hombres que nos han antecedido. Ayúdame a vivir honrándote en cada pequeña circunstancia, así como en cada suceso dramático.

DIOS ES SUFICIENTE

"Yo soy el Alfa y la Omega", dice el Señor Dios, "el que es y que era y que ha de venir, el Todopoderoso".

APOCALIPSIS 1:8 NBLA

¿Te has preguntado qué traerá el futuro? ¿Has pensado si tendrás trabajo el próximo año? ¿Qué piensan realmente tus amigos de ti? ¿Por qué tus seres amados se enferman? ¿Será posible que se recuperen?

Sin importar cuál es la pregunta que te mantiene despierto en la noche, Dios ya te respondió. Nos dice en nuestras preocupaciones y preguntas: "soy el que es y que era y que ha de venir". Él ha visto todos los tiempos, es poderoso y sabe la respuesta a tus preguntas. Mientras te quedas viendo el futuro, tratando de preguntarte qué vendrá, Dios te sostiene en sus manos y te dice: "¡Soy Dios, el Todopoderoso!".

Dios, cuando mis preocupaciones me rodeen y sienta que me están abrumando, permíteme descansar en ti. Deseo encontrar consuelo en ti y que seas mi Alfa primero y mi Omega después. Gracias por conocer y sujetar el futuro para que no dependa de mí.

PERDÓN

Sean más bien amables unos con otros, misericordiosos, perdonándose unos a otros, así como también Dios los perdonó en Cristo.

EFESIOS 4:31 NBLA

Frecuentemente, uno de los primeros pensamientos que viene a la mente de quien lee esto es: "pero es que no sabes lo que me hicieron", o "creo que perdonaremos cuando pidan perdón".

Ser bondadoso y amar a otros es una situación con la que los hombres también tienen que batallar muchas veces. A veces, pensamos que nuestro lenguaje del amor es sarcasmo y comentarios burlones, mientras menospreciamos a la gente con palabras, en lugar de construirlas. Estamos en este mundo con el ánimo de perdonar, amar, ser bondadosos y no como cargas, sino como formas de vivir que nos permitirán ser libres de la amargura y la falta del perdón.

Cristo, perdonaste mis pecados en la cruz, ayúdame a perdonar como tú perdonas. Deja que mi vida esté llena de bondad y amor por los demás. Ayúdame a hablar palabras de consuelo y afirmación para quienes me rodean.

LLAMADOS A PREDICAR

Así que los que habían sido esparcidos iban predicando la palabra.
HECHOS 8:4 NBLA

Los creyentes del primer siglo que huyeron no eran los líderes de la iglesia, tampoco eran personas que podríamos considerar como predicadores en la sociedad de hoy. Eran los seguidores llenos del espíritu de Cristo. A pesar de vivir bajo la amenaza de persecución y muerte, estos seguidores compartieron el amor de Cristo con quienes los rodeaban.

Somos llamados a predicar también. Podemos empezar a compartir las buenas nuevas de Jesús con nuestra familia y luego incluimos a los que nos rodean para difundir estas buenas noticias y así, iremos profundizando en nuestra relación con Jesús. Cuando conozcamos más a Jesús, ¡podremos predicar mejor sus buenas nuevas!

Jesús, ayúdame a conocerte más. Ayúdame a predicar las buenas nuevas a los que me rodean. No permitas que me atemorice compartir tu amor a quienes lo necesitan.

DEVOCIÓN A JESÚS

Al ver la confianza de Pedro y de Juan, y dándose cuenta de que eran hombres sin letras y sin preparación, se maravillaban, y reconocían que ellos habían estado con Jesús.

HEBREOS 4:13 NBLA

¡Qué gran elogio! Claro que decir que eran "sin letras" y "sin preparación" no sean cualidades con las que queremos que nos reconozcan, pero era claro que fueron puntos que dejaron maravillados a los líderes. Pedro y Juan habían dejado sin palabras a quienes los acusaban. Declararon con plena confianza la verdad del evangelio a los eruditos de la ley.

Estos hombres quedaron sorprendidos porque gente sin educación había hablado con tal verdad, que no podían debatir ni contradecirlos. Luego vino el elogio más hermoso que podría recibir un seguidor de Cristo: "reconocían que ellos habían estado con Jesús". ¡Qué declaración! También queremos que las personas vean que hemos estado con Cristo.

Jesús, dame la misma confianza que le diste a Pedro y a Juan. Recuérdame pasar tiempo en tu presencia. Permite que tu luz brille a través de mí para todos aquellos que necesitan escuchar de tu verdad.

REFUGIO Y FORTALEZA

Dios es nuestro refugio y fortaleza, nuestro *pronto auxilio en las tribulaciones. Por tanto, no temeremos aunque la tierra sufra cambios, y aunque los montes se deslicen al fondo de los mares;* aunque *bramen y se agiten sus aguas,* aunque *tiemblen los montes con creciente enojo.*

SALMOS 46:1-3 NBLA

Pareciera que el mundo se cae en pedazos alrededor de nosotros. Vemos las noticias y nos sentimos abrumados por la cantidad de situaciones dolorosas que se están dando en todo el mundo. El dolor ha llegado muy cerca de nuestro hogar: hay familias con angustias, cargas financieras, la muerte de seres queridos y la lista podría seguir y seguir.

El salmista no estaba escribiendo este salmo con una ignorancia feliz. Sabía que el mundo estaba lleno de quebrantos, pero se mantenía firme a la promesa que había visto, que Dios es nuestro refugio y fortaleza, siempre listo para ayudar. En nuestra situación, Dios está ahí. Quiere ayudarnos y lo hará sin importar lo que suceda en nosotros o a nuestro alrededor. Es nuestro refugio, pues aunque las tormentas devasten a nuestro alrededor e incluso encima de nosotros, Él seguirá aquí protegiéndonos.

Dios, necesito tu refugio y fortaleza. Las presiones de este tiempo abruman mi esperanza. Revela tu fuerza y permite que mi esperanza no se desvanezca, incluso por el mundo rugiente en el que vivo.

ANHELO POR DIOS

Como el ciervo anhela las corrientes de agua,
así suspira por Ti, oh Dios, el alma mía.
SALMOS 42:1-2 NBLA

Cuando estamos sedientos, significa que estamos ligeramente deshidratados. Es la forma en la que nuestro cuerpo no está diciendo que necesitamos hidratarnos. Necesitamos fluidos antes de que nuestros sistemas empiecen a apagarse. Cuando crecemos identificamos más rápidamente los síntomas de la deshidratación: boca seca, garganta irritada, sensación de necesidad de líquidos. Cuando estamos sedientos, tenemos que beber algo.

Sin embargo, ¿qué pasa con el alma? ¿Conocemos los signos de un alma sedienta? ¿Conocemos las señales del anhelo de Dios? En ocasiones, nuestra alma sedienta queda expuesta porque tenemos un temperamento volátil, palabras desagradables hacia quien amamos o la sensación de que estamos lejos de Dios. ¿Cuál será la respuesta a un alma sedienta? Tiempo con Dios. Como el ciervo corre hacia las corrientes de agua para beber, en nuestros tiempos de sed del alma lo que necesitamos es correr hacia Dios y dejar que su río de agua viva restaure nuestra alma.

Dios, cuando mi alma esté sedienta, permite que sea solo sed de ti. Ayúdame a reconocer las señales de mi alma cuando está sedienta para correr hacia tu presencia. Deseo anhelarte a ti y a tu presencia, así como el ciervo anhela las corrientes de agua.

TIEMPO CON DIOS

Su fama se difundía cada vez más, y grandes multitudes se congregaban para oír a Jesús y ser sanadas de sus enfermedades. Pero con frecuencia Él se retiraba a lugares solitarios y oraba.

LUCAS 5:15-16 NBLA

Jesús sabía que las multitudes lo querían ver a Él. Sabía que era el único que podía traer sanidad y esperanza para la gente que presionaba alrededor de Él. A pesar de estar en medio de tan grandes multitudes, con toda la presión de sanar a esta gente, Jesús se retiraba a lugares de quietud para orar. Sabía que la prioridad era estar en una relación correcta con el Padre mientras ministraba.

Como hombres, lo mejor que podemos hacer es asegurarnos que estamos bien con Dios. En ocasiones, retirarte calladamente significa programar tu alarma más temprano que los demás o quedarte un poquito más tarde después que los demás se van para invertir tiempo y hablar con el Padre. Lo mejor que un hombre puede hacer es pasar tiempo hablando con su Padre celestial.

Dios, ayúdame a seguir el ejemplo de Cristo. Ayúdame a retirarme para estar contigo. Despiértame para estar contigo. Mantenme despierto para estar contigo. Permite que nuestras conversaciones sean renovadoras cuando me retire calladamente a pasar tiempo con mi Padre celestial.

LO QUE IMPORTA ES EL ÁNIMO

Por tanto, confórtense los unos a los otros, y edifíquense el uno al otro, tal como lo están haciendo.

1 TESALONICENSES 5:11 NBLA

Todos hemos recibido, en un momento o en otro, una palabra o una nota de ánimo que nos revitaliza. Una palabra de ánimo puede iluminar nuestro día. Las palabras de ánimo pueden ayudarnos a hacer más cosas juntos. La escritura aquí nos anima para que nos demos esas palabras de edificación.

Muchas veces lo más fácil es elevar una crítica porque se piensa que eso anima a la gente a hacer mejor las cosas. Sin embargo, una palabra de ánimo es mucho más poderosa. Una forma en la que podemos edificar a los demás es cuando les decimos a los que están cerca, lo que significan para nosotros. Como hombre, tus palabras pueden revitalizar. ¡Ten el valor para hacerlo!

Dios, quiero edificar a los que están cerca de mí. Ayúdame a ver entre los que me rodean quién podría necesitar una palabra de ánimo hoy. Abre mi boca para pronunciar palabras de ánimo a quienes lo necesiten.

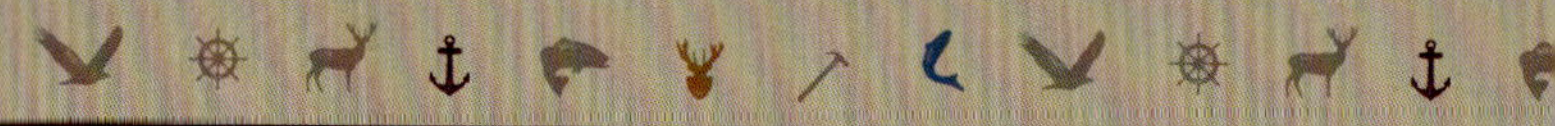

SALVACIÓN POR MEDIO DE CRISTO

Este mensaje es digno de crédito y merece ser aceptado por todos: que Cristo Jesús vino al mundo a salvar a los pecadores, de los cuales yo soy el primero.

1 Timoteo 1:15 NVI

Esta porción no es un escrito que muchos incluiríamos en una carta que va dirigida a nuestra iglesia. Sin embargo, en ella Pablo recuerda quién es gracias a Cristo y recuerda dónde estaría si no fuera por Él. Cristo vino a salvar a los pecadores. Todo lo que necesitamos es Jesús. Todos necesitamos ser salvados de nuestros pecados. Esa es la razón por la que Jesús vino a la tierra.

Pablo, quien dio su aprobación para asesinar a los que seguían a Cristo, nunca olvidó de dónde lo había salvado y gracias a ello había dejado de vivir en condenación. Sabía bien que su pecado había sido pagado en la cruz y que por esa razón libremente podía decir "a los pecadores, de los cuales yo soy el primero". Sin importar cuál fue nuestro pasado, en Cristo somos salvos. También hemos sido salvados de la muerte y nos trajo a vida para poder vivir en libertad, porque Jesucristo vino al mundo a salvar a los pecadores, ¡a nosotros!

Gracias, Jesús, por tu salvación. Gracias por perdonar todos mis pecados. Mis pecados son perdonados, tanto del pasado, del presente y del futuro. ¡Gracias!

INTERCESIÓN

Exhorto, pues, ante todo que se hagan plegarias, oraciones, peticiones y acciones de gracias por todos los hombres, por los reyes y por todos los que están en autoridad, para que podamos vivir una vida tranquila y sosegada con toda piedad y dignidad. Porque esto es bueno y agradable delante de Dios nuestro Salvador, el cual quiere que todos los hombres sean salvos y vengan al pleno conocimiento de la verdad.

1 Timoteo 2:1-4 NBLA

Nuestra lista de oración se acaba de alargar. Puede que tengamos por costumbre orar por los que están cerca de nosotros: nuestra familia, amigos y compañeros de trabajo. Sin embargo, Pablo agrega a unos cuantos más a la lista: a todos. Esa lista acaba de abarcar un poco más de siete mil millones de nombres. ¿Y qué deberíamos orar? Oremos para que todos tengan la oportunidad de ser salvados y de venir al conocimiento de la verdad.

Tenemos personas que nos rodean que sabemos que necesitan el amor del Salvador, pero también hay miles de millones de personas de las que no conocemos si necesitan salvación. Una de las funciones como seguidor de Cristo es orar. Al orar, nos hacemos parte de la obra de Dios. Se nos invita a orar por otros en todo el mundo, no solo por los que están cerca de nosotros. Podemos pedirle a Dios que interceda en su vida y que se revele a ellos.

Dios, revélate a quienes te necesitan. Te suplico que intercedas en su vida de formas poderosas. Que tu amor sea revelado a quienes están cerca y lejos y que necesitan tu amor.

PREPARACIÓN

Pelea la buena batalla de la fe. Echa mano de la vida eterna a la cual fuiste llamado, y de la que hiciste buena profesión en presencia de muchos testigos.

1 Timoteo 6:12 NBLA

No es fácil. Cada día tenemos distintas oportunidades, ya sea para engañar, para mentir, para tomar atajos o para dejar de ser hombres íntegros. Estas batallas no son nada nuevo. En esta porción, Pablo está dándole la preparación necesaria a su protegido, a Timoteo, para que pelee la buena batalla de la fe.

Muchas veces, la batalla de la fe es interna. Puede ser que lleguemos a cuestionar nuestras convicciones, pero lo que debemos hacer es aferrarnos a la salvación a la que fuimos llamados. Puede que peleemos una batalla cada día para estar con los pies firmes en la fe, pero siempre con ánimo, pues es una batalla que vale la pena pelear.

Dios, ayúdame a pelear esta buena batalla de la fe. Ayúdame a aferrarme a la esperanza de la vida eterna. A medida que sienta las presiones a mi alrededor, permite que pelee por lo que es justo y verdadero. Gracias por la fuerza que me das para pelear.

SALVADO POR MISERICORDIA

Él nos salvó, no por las acciones justas que nosotros habíamos hecho, sino por su misericordia. Nos lavó, quitando nuestros pecados, y nos dio un nuevo nacimiento y vida nueva por medio del Espíritu Santo.

TITO 3:5 NTV

Frecuentemente, estos versículos son difíciles de entender. Somos salvos, no por algo que nosotros hayamos hecho, sino solo por su misericordia. Cuando vemos esto como cierto, nuestra fe se profundiza. Si hubiéramos hecho algo que hubiera podido ganar la salvación, entonces en nuestra mente tendría sentido el hecho de que merecemos la salvación. Podemos creer que la salvación depende de nuestras buenas obras o nuestras acciones justas, pero en la economía de Cristo, nuestras obras no pueden traer salvación, así que debemos mantener fe en sus promesas.

Es por fe que nos salva su misericordia para después darnos un nuevo nacimiento y vida por medio del Espíritu Santo, para vivir de acuerdo con la misericordia que nos ha dado. Nuestras acciones justas fluyen de la salvación, no para traerla. Hacemos lo que es justo por la misericordia que Dios nos ha dado y no para ganar su favor.

Dios, aumenta mi fe para que pueda seguir viviendo en esta comprensión de cómo funciona tu misericordia. Me amas y me has salvado por tu misericordia, no porque las acciones que he hecho. Gracias.

CEREMONIA DE INICIACIÓN

El Señor te bendiga y te guarde; el Señor haga resplandecer Su rostro sobre ti, y tenga de ti misericordia; el Señor alce sobre ti Su rostro, y te dé paz".

Números 6:24-26 NBLA

Dios instruyó a Moisés para enseñarle a Aarón a usar estas palabras para bendecir al pueblo de Israel. Desde entonces, estas palabras han sido una oración sobre muchos al finalizar los servicios de adoración y se han repetido frecuentemente cuando los jóvenes cambian a otra fase de su vida. No son solo palabras que se repitan, son una oración de bendición sobre el pueblo de Dios.

Así también, nosotros podemos orar con estas palabras de bendición sobre otras personas. Dios no solo escucha esta oración, sino que también la responde. Cuando oramos con ellas sobre las personas que tenemos cerca, las instruimos en ellos para que comprendan de dónde viene lo bueno. Cuando le pedimos a Dios que sea bueno con ellos, podemos tener conversaciones acerca de dónde vienen las cosas buenas. Estas palabras pueden convertirse en una conversación recurrente mientras hablamos, no solo a Dios, sino también acerca de Dios.

Dios, te suplico que bendigas y protejas a mis seres amados de todo aquello que pudiera lastimarlos. Muéstrales misericordia y más bondad de la que podrían llegar a comprender. Dios, sé bueno, tan bueno con ellos, dales paz que sea real, duradera y eterna.

TRASLADA LA FE

Sea esto una buena señal entre ustedes,
y más tarde cuando sus hijos pregunten:
"¿Qué significan estas piedras para ustedes?",
entonces les responderán:
"Es que las aguas del Jordán quedaron cortadas
delante del arca del pacto del Señor."

Josué 4:6-7 NBLA

Dios sabía que nosotros olvidaríamos muy rápido. Él sabía que dejar de compartir nuestra historia de fe con futuras generaciones podría ser muy fácil. Olvidamos rápidamente los actos sorprendentes que Dios ha hecho por nosotros. Olvidamos la provisión financiera y la sanidad que nos ha dado.

Es importante que mantengamos recordatorios que nos ayuden a trasladar nuestra fe a los demás. Así como Dios instruyó al pueblo de Israel para que construyeran monumentos, también nosotros podemos construir esos monumentos modernos para pasar sus historias de fe a la siguiente generación

Dios, recuérdame las cosas que has hecho en mi vida. Ayúdame a compartir estas historias con la nueva generación. Cuando lo olvide, recuérdame nuevamente todo lo que has hecho.

FE Y CONFIANZA

"Ahora pues, dame esta región montañosa de la cual el Señor habló aquel día, porque tú oíste aquel día que allí había anaceos con grandes ciudades fortificadas. Tal vez el Señor esté conmigo y los expulsaré como el Señor ha dicho".

Josué 14:12 NBLA

Caleb tenía 85 años en esa época. Después de andar errantes en el desierto durante cuarenta años y pelear por cinco más para lograr esa tierra que le habían prometido hacía 45 años, no se amedrentó de las batallas que seguían ahí ante él, en lugar de ello, se aferró a la promesa en el Señor.

Dios no siempre busca al más joven, al más rápido o al más preparado para hacer su voluntad. Busca a personas de fe que recuerden sus promesas y que digan: "Ahora pues, dame esta región montañosa porque Dios prometió que me la daría". Recuerda las promesas de Dios siempre que enfrentes las montañas de tu vida y confía en Él para que te acompañe.

Dios, permite que tenga la fe de Caleb. Ayúdame a recordar tus promesas y confiar solo en ellas. Permíteme ver tus promesas y no las batallas que tengo enfrente. Ayúdame a tener esa fe de confianza hoy, así como la que Caleb tuvo cuando tenía 85 años.

INTEGRIDAD

Cuando su señor escuchó las palabras que su mujer le dijo: "Esto es lo que tu esclavo me hizo", se encendió su ira. Entonces el amo de José lo tomó y lo echó en la cárcel, en el lugar donde se encerraba a los presos del rey. Allí permaneció en la cárcel.

GÉNESIS 39:19-20 NBLA

El mundo nos dice que, si hacemos lo correcto, cosas buenas nos pasarán. Dios dice que las acciones correctas se deben hacer porque es lo correcto por hacer. José se mantuvo firme ante la tentación sexual. Mantuvo su pureza y en lugar de recibir una recompensa por ello, fue encarcelado. El versículo 20 concluye con "Allí permaneció en la cárcel". José había actuado correctamente, pero, aun así, lo encarcelaron.

A pesar de ello, lo correcto siempre será lo correcto. Como hombres queremos que las personas vean que hacemos lo correcto, aunque tenga un costo. Hacer lo correcto siempre es lo correcto.

Dios, mi oración es que me ayudes siempre a hacer lo correcto. Quiero hacer lo correcto, no para recibir una recompensa por hacerlo, sino porque quiero que sea lo correcto en tus ojos. Gracias por revelarme las acciones correctas que debo hacer hoy y cada día.

PERDÓN

Ahora pues, no se entristezcan ni les pese el haberme vendido aquí. Pues para preservar vidas me envió Dios delante de ustedes.

Génesis 45:5 NBLA

Lo vendieron como esclavo, lo acusaron falsamente y después fue encarcelado. Todo esto sucedió porque los hermanos de José lo odiaban. A pesar de ello, aquí vemos cómo José no solo perdonó a sus hermanos por sus malos tratos, sino que también les pidió que se perdonaran entre ellos. Imagina cuántas veces José tuvo la oportunidad de reflejar las malas acciones que le habían hecho porque sus hermanos lo odiaban. Sin embargo, no se amargó. En lugar de ello, por la gracia de Dios, empezó a ver todo a través de los ojos de Dios.

Todo esto sucedió para que pudiera salvar vidas más adelante. José otorgó el perdón a sus hermanos porque podía ver que Dios estaba en control y que tenía un plan, incluso para el dolor que tuvo que soportar. Lo mismo es cierto para nosotros. Dios tiene un plan para todo lo malo que nos han hecho y necesitamos perdonar, con la convicción de que Dios puede redimir el dolor que hemos pasado.

Ayúdame a perdonar como José perdonó. Quiero ver todo a la luz de la eternidad.

DISCIPLINA

El que es bueno, de la bondad que atesora en el corazón produce el bien; pero el que es malo, de su maldad produce el mal, porque de lo que abunda en el corazón habla la boda.

Lucas 6:45 NVI

Si queremos que palabras buenas fluyan de nuestra boca para que llegue a la vida de aquellas personas que nos rodean, necesitamos invertir el tiempo necesario para llenar nuestro corazón con todo lo bueno y vaciarlo de cualquier cosa mala. Cuando confesamos nuestros pecados a Dios, vaciamos nuestro corazón de todo ello.

Llegar delante de Dios es una excelente práctica. Pídele que te revele todo mal que pueda haber en ti y confiésale esa situación, pídele que reemplace el mal con el bien. Nuestro corazón debe estar lleno congruentemente con Cristo para que podamos hablar palabras buenas para nuestra familia y amigos. La lectura diaria de la palabra nos ayuda a llenar nuestro corazón y mente con la palabra y con las buenas acciones.

Dios, te confieso la maldad que he albergado en mi corazón y te pido que llenes mi corazón contigo para que pueda hablar palabras justas y buenas a mis seres amados.

LLENO HASTA REBOSAR

Y el Dios de la esperanza los llene de todo gozo y paz en el creer, para que abunden en esperanza por el poder del Espíritu Santo.

GÉNESIS 15:13 NBLA

La esperanza es contagiosa. Cuando la esperanza empieza a verse en alguien, no puede esconderse y se esparce a los demás. En este pasaje, el autor de Romanos eleva una operación pidiendo que seamos llenos con todo gozo y paz para que podamos rebosar de esperanza, por el poder del Espíritu Santo.

No es que podamos disimular la esperanza, el gozo o la paz, pues todo esto viene del Dios de esperanza. Estos elementos nos llenan hasta rebosar. No almacenamos esperanza solo para nosotros, es para contagiar a los que nos rodean por el poder del Espíritu Santo. La esperanza en nosotros trae esperanza a los demás y abre las puertas para compartir el evangelio con los que conocemos.

Señor, lléname para rebosar con esperanza, gozo y paz. Permite que los que me rodean vean la esperanza que tengo en ti. Guía mi corazón en paz, tráeme gozo, incluso en el dolor y da esperan hasta que sobreabunde a todos los que me rodean.

DIOS ES FIEL

Fiel es Dios, por medio de quien fueron llamado a la comunión con Su Hijo Jesucristo, nuestro Señor.

1 Corintios 1:9 NBLA

Algunas garantías son mejores que otras. Existen algunas garantías de por vida que son buenas solo por unos cuantos años y, por otro lado, también existen garantías que ni siquiera valen el papel en el que están escritas. La garantía es buena solo mientras la persona o la empresa la respalden.

La garantía que se nos da aquí es una que vale más de lo que el oro o la plata podría comprar. Se nos contará como libres de todo pecado y culpa porque nuestra garantía está en el mismo Dios. Dios siempre hace lo que dice. Esta garantía no la tuvimos que comprar, nos la entregaron mediante Cristo y fue sellada con el Espíritu Santo.

Gracias, Dios, por mantener tus promesas. Gracias por ser fiel y verdadero con lo que dices.

DAR BUENOS REGALOS

Ustedes, los que son padres, si sus hijos les piden un pescado, ¿les dan una serpiente en su lugar? O si les piden un huevo, ¿les dan un escorpión? ¡Claro que no! Así que si ustedes, gente pecadora, saben dar buenos regalos a sus hijos, cuánto más su Padre celestial dará el Espíritu Santo a quienes lo pidan.

LUCAS 11:11-13 NTV

No hay nada como la cara de un niño en la mañana de Navidad, en especial ese momento que podríamos llamar el de "la primera mirada" cuando bajan las escaleras o giran para entrar a la habitación donde está el árbol de Navidad. Es una mirada de gran gozo. A los padres les encanta darles regalos a sus hijos y siempre que puedan, les darán exactamente lo que ellos querían. Ningún señuelo o regalo genérico logrará esa mirada. Al darles lo que los niños quieren, no solo es para complacer un deseo egoísta de su parte, sino que indica que su padre ha escuchado con claridad sus palabras y quiere que estén felices, gozosos y plenos.

Nuestro Padre celestial también sabe lo que es mejor para nuestros intereses: el Espíritu Santo. Es el regalo más importante de todos. Cuando recuerdes con añoranza esos regalos que recibiste en tu niñez, piensa en ellos como el símbolo de los regalos que tu Padre celestial nos ha dado.

Dios, sabes exactamente lo que necesito. Cuando pido al Espíritu Santo, eso es lo que recibo y me lo das porque eres un buen padre que ama mostrar a sus hijos con lo que es mejor para ellos. Gracias por mostrarme cuáles son los buenos regalos.

UNA HISTORIA MÁS RELEVANTE

Pero cuando él estaba considerando hacerlo, se le apareció en sueños un ángel del Señor y le dijo: "José, hijo de David, no temas recibir a María por esposa, porque ella ha concebido por el poder del Espíritu Santo".

MATEO 1:20 NVI

Incluso para un carpintero de Nazaret, esta situación era difícil. Su futura esposa estaba embarazada de un bebé que no era suyo. De hecho, su novia dijo había concebido por medio del Espíritu Santo. José amaba a María, pero no quería avergonzarla, pero la reputación de José y su medio de vida estaba en juego. José estaba bien con su derecho de retirarse secretamente de la relación.

Ahí fue cuando el ángel se le apareció y le dijo: "José, no temas recibir a María por esposa". En esencia, el ángel le estaba reasegurando algo así: "Sí, es una situación estresante, pero la historia detrás es mucho más relevante. Dios está en esto, José. Dios quiere que te mantengas firme, que la ames y que estés con ella en todo lo que va a suceder, que aceptes el gozo, la salvación y la esperanza que vendrán mediante este niño".

Dios, ayúdame a ver la realidad relevante de Jesús en mi vida. Permíteme ver la responsabilidad que tengo de amar y servir a los que me rodean, en tu nombre.

ESTE NIÑO

Dará a luz un hijo y le pondrás por nombre Jesús, porque él salvará a su pueblo de sus pecados.

MATEO 1:21 NVI

Imagina tratar de criar un niño cuyo nacimiento lo anunciaron los ángeles. Imagina mecerlo para que duerma, sacarle los gases, limpiarlo, jugar al escondite y hacer ruidos chistosos con él. Imagina su manita que envuelve tu dedo. Imagina el sonido de su respiración rítmica y los movimientos pocos convencionales de sus brazos que se extienden.

Imagina este niño, con todo el mundo en sus manos, confiando en tus manos callosas de trabajador. La responsabilidad de quien cargaría con los pecados del mundo, puesta sobre los hombros de este padre inexperto. A José le dieron el increíble privilegio y la enorme responsabilidad de tomar a Jesús como su propio hijo. "Jesús", dijo José. "Ese es el nombre que te doy. Serás llamado Jesús, que significa que el Señor salva". Ese es el mensaje de la Navidad. Este bebé, tan manso y apacible, tan lleno de poder, listo para que lo tomes en tus brazos.

Dios, vuelvo a comprometerme totalmente con la salvación que viene a través del nacimiento del Salvador.

RESTAURACIÓN DE OTROS

Hermanos, si alguien es sorprendido en pecado, ustedes que son espirituales deben restaurarlo con una actitud humilde. Pero cuídense cada uno, porque también puede ser tentado.

GÁLATAS 6:1 NVI

Como hombres, en ocasiones nos sentimos tentados a colocar a las personas en el lugar en donde queremos que estén. Vemos que se comportan mal y solo decimos: "¡Alto!". En ocasiones puede que necesitemos hacerlo cuando ellos mismos se someten a situaciones que podría lastimarlos. Sin embargo, es más difícil caminar con gentileza con ellos, mientras vemos que están actuando mal.

Queremos forzar a que tomen decisiones correctas, lo cual podría funcionar por un tiempo, pero eso no les ayudará a profundizar en su fe y a tomar las decisiones correctas cuando no estemos con ellos. Necesitamos trabajar con gentileza para orientarlos en las elecciones correctas, para dejarlos que asuman las consecuencias naturales que vienen mientras los ayudamos con amor para que entiendan la importancia de sus elecciones.

Dios, ayúdame a ser gentil al orientar a los demás. Ayúdame a conocer cuando involucrarme y cuando retirarme. Dame paciencia con ellos.

SEÑALAMOS A JESÚS

Al día siguiente, Juan estaba en el mismo lugar con dos de sus discípulos. Cuando vio que Jesús pasaba por allí, les dijo: "¡Miren, aquí viene el Cordero de Dios!" Al oír eso, los discípulos lo siguieron.

JUAN 1:35-37 TLA

Juan el Bautista realmente entendió qué significaba señalar a Cristo. Aquí vemos un breve encuentro entre dos de sus seguidores y Él. Estas dos personas habían acordado, hasta cierta medida, en seguir a Jesús y escuchar sus enseñanzas. Estaban ahí, tal vez estaban aprendiendo de Juan cuando este ve a Jesús y les dice a sus seguidores: "Vean, ¡ahí está el cordero de Dios!".

Sea que Juan no supiera cómo enfocarse solo en sus asuntos o que supiera su función como el que prepararía el camino para el Salvador. Nuestra función como hombres de Dios es similar a la de Juan: estamos aquí para seguir señalando a Cristo y cuando nuestros seres amados se vuelvan sus discípulos, que los dejemos ir y lo seguimos a Él.

Dios, ayúdame a señalar a Jesús en la vida de quienes me rodean. Ayúdame a soltarlos mientras te siguen. Quiero conocerte lo suficientemente bien para saber cuándo y dónde te estás moviendo y así, pueda señalarte y decir a mis seres amados: "Vean, ¡ahí está el cordero de Dios!".

FE

*Simón Pedro le respondió: "Señor, ¿a quién iremos?
Tú tienes palabra de vida eterna.*

JUAN 6:68 NBLA

En muchas ocasiones, Simón Pedro no pensó lo que iba a decir, eso nos dice la escritura. No era el tipo de persona que pensaba antes de hablar. Sin embargo, aquí dijo algo que puede y debe repetirse.

Jesús, después de que muchos de los que le seguían le abandonaban, les preguntó a sus seguidores más cercanos si ellos también se irían. Pedro dijo estas palabras y con ellas dijo una confesión que se ha repetido a lo largo de los siglos: "Tú tienes palabras de vida eterna". Pedro se dio cuenta y nosotros también podemos verlo. Las palabras de Cristo traen vida para la eternidad. Por siglos, las personas siguen buscando de dónde salen estas palabras y buscan por todos lados, pero solo se encuentran en Jesús.

Jesús, gracias porque tus palabras y enseñanzas son muy diferentes a las que hemos escuchado. Tus palabras traen vida eterna a aquellos que las escuchan y las creen. Gracias.

MISIONES

Pero recibirán poder cuando el Espíritu Santo venga sobre ustedes; y serán mis testigos en Jerusalén, en toda Judea y Samaria, y hasta los confines de la tierra.

HECHOS 1:8 NBLA

Justo antes de que Jesús ascendiera al cielo ante sus ojos, les dijo a sus seguidores cómo vendrían los siguientes sucesos. El Espíritu Santo vendría y podrán compartir su historia con todas las personas en todo lugar.

El creador y sustentador del universo nos ha dado la tarea de compartir su historia con el mundo. Elige involucrarnos y confiar en nosotros para que sigamos compartiendo su historia en cualquier lugar, incluso en nuestro patio trasero. Sin embargo, lo más maravilloso es que tenemos al Espíritu Santo para que ayude a darnos el poder de hacerlo.

Dios, ayúdame a involucrarme para compartir tu historia con todos los que vive en el mundo. Ayúdame a inclinarme al Espíritu Santo y seguir su liderazgo para contar la historia de Jesús.

UNIDAD

Miren cuán hermoso y cuán agradable es que los hermanos habiten juntos en armonía.

SALMOS 133:1 NBLA

Frecuentemente, olvidamos reunirnos en persona con las personas. Nuestras vidas están tan llenas de mensajes de texto, correos electrónicos, llamadas de Skype y actualizaciones de Facebook, lo que hace fácil que olvidemos que no hemos visto a nuestros amigos por cierto tiempo. En el versículo de hoy, el salmista está de acuerdo que es bueno habitar juntos.

Habitar es una buena palabra aquí; significa pasar tiempo juntos, un tiempo significativo y no solo preguntar "Hola, ¿cómo estás?", para compartir las respuestas, sino que necesitamos habitar y conversar con los demás de forma que logremos una relación verdadera. La risa a todo pulmón, las conexiones profundas y la presión honesta, así como la responsabilidad, pueden incluirse en la palabra habitar. Es bueno habitar juntos en unidad.

Padre celestial, ayúdame a habitar en tu presencia con los demás. Ayúdame a estar presente en la vida de los demás para que podamos bendecirnos unos a los otros y recibir tu bendición.

DIOS ESTÁ CERCA

El Señor está cerca de quienes lo invocan,
de quienes lo invocan en verdad.
Salmos 145:18 NVI

Dios nunca está fuera de alcance cuando lo llamamos. Podría parecer distante, pero Dios está cerca. Quiere escuchar nuestro llamado y quiere responder a ese llamado también. Nunca deja que nuestra llamada se vaya al buzón de voz, ni nos pide que le mandemos un texto porque no tiene tiempo para nosotros.

Está cerca de todo aquel que lo invoca. Está ahí. En ocasiones, nuestra percepción de Él está nublada por nuestro pecado, pero Él sigue cerca. Siempre está cerca de nosotros. Reflexiona en esto mientras piensas en el año que estás terminando y el nuevo año que está por empezar.

Dios, ayúdame a ver cuán cerca estás de mí. Ayúdame a no sentir que estás fuera del área. Quiero sentir tu presencia y saber que estás aquí cuando te invoque. Me has prometido que estarás cerca y quiero saber que estás cerca.